Wallimann/Dobkowski **Das Zeitalter der Knappheit**
Herausgeber

: Haupt

Isidor Wallimann
Michael N. Dobkowski
Herausgeber

Das Zeitalter der Knappheit

Ressourcen, Konflikte, Lebenschancen

Mit einem Vorwort von John K. Roth

Verlag Paul Haupt
Bern Stuttgart Wien

Publiziert mit der freundlichen Unterstützung des
WWF Sektion Aargau, Asylstraße 1, CH-5000 Aarau,
und des WWF Schweiz   www.wwf.ch

Die amerikanische Originalausgabe erschien 2002
bei Syracuse University Press, Syracuse, New York
unter dem Titel *On the Edge of Scarcity*, herausgegeben
von Isidor Wallimann und Michael N. Dobkowski
Copyright © 2002 by Syracuse University Press

Aus dem Amerikanischen übersetzt von:
Coralie Wink, D-Dossenheim
und Monika Niehaus, D-Düsseldorf

Gestaltung und Satz: Atelier Mühlberg, Basel
Umschlagfoto: Andrew Judd, zefa blueplanet

Bibliografische Information der *Deutschen Bibliothek*:
Die Deutsche Bibliothek verzeichnet diese Publikation
in der Deutschen Nationalbibliografie;
detaillierte bibliografische Daten sind im Internet
über http://dnb.ddb.de abrufbar.
   ISBN 3-258-06594-2

Alle Rechte vorbehalten
Copyright © 2003 by Paul Haupt Berne
Jede Art der Vervielfältigung
ohne Genehmigung des Verlages ist unzulässig
Printed in Germany

http://www.haupt.ch

Inhaltsverzeichnis

Vorwort: Engpässe und Auswege 9
John K. Roth

Danksagung 19

Autorenverzeichnis 21

Einleitung: Das Zeitalter der Knappheit 25
Isidor Wallimann und Michael N. Dobkowski

Teil 1 Das Problem

Einleitung 41

1 Globalisierung und Sicherheit:
Die Aussichten der Underclass 43
John B. Cobb, Jr.

2 Die globale Industriegesellschaft:
Der unausweichliche Zusammenbruch 59
Chris H. Lewis

Teil 2 Knappheit und Konflikte

	Einleitung	77
3	Biophysikalische Grenzen der Naturausbeutung *John M. Gowdy*	79
4	Unsere nicht nachhaltige Gesellschaft – und die Alternativen *Ted Trainer*	95
5	Bevölkerung, Technologie und Entwicklung: Das Teufelskreisprinzip und die Theorie der menschlichen Entwicklung *Craig Dilworth*	109
6	Knappheit und ihre sozialen Folgen: Wahrscheinliche politische Reaktionen *Kurt Finsterbusch*	129
7	Grundlagen und Zusammenhänge heutiger Konflikte *Joseph A. Tainter*	149

Teil 3 Fallstudien über Knappheit und Massensterben

	Einleitung	167
8	Knappheit und Genozid *Roger W. Smith*	169
9	Globalisierung und Genozid: Ungleichheit und Massensterben in Rwanda *David Norman Smith*	183

| 10 | Die Feminisierung von globaler Knappheit und Gewalt *Waltraud Queiser Morales* | 213 |
| 11 | Knappheit, Genozide und das postmoderne Individuum *Leon Rappoport* | 227 |

| | Literaturverzeichnis | 243 |

John K. Roth

Vorwort: Engpässe und Auswege

> Verzweiflung ist keine Lösung. Die Lösung liegt im Analysieren, im angestrengten Nachdenken und Nachfragen und im zielstrebigen und informierten Handeln. Diesem Ziel ist das Buch gewidmet.
> (Isidor Wallimann und Michael Dobkowski, «The Coming Age of Scarcity»)

Wenn Menschen das fehlt, was sie benötigen oder sich wünschen, kommt es in der Folge häufig zu schrecklichen Szenen. Knappheit ist bitter. Aber natürlich sind Knappheit und *Knappheit* nicht dasselbe. Ersteres bezieht sich auf einen Zustand, in dem die Versorgung knapp ist, das Problem jedoch prinzipiell behoben werden kann. Diese Knappheit kann dazu führen, dass man hart arbeitet, um das Gewünschte zu erlangen. Sie kann Fortschritte anstoßen, die den Mangel beheben. Sie kann sogar zum Partner von Reichtum werden, denn es sind schon Vermögen verdient worden, indem man Wege aus der Not gefunden hat. Optimisten können diese Knappheit ertragen; was aber, wenn die Knappheit tiefer geht? Wenn Knappheit nicht ein zeitweiliges Defizit oder einen relativen Mangel an Dingen bedeutet, die die Menschen brauchen oder wünschen? Könnte es eine echte *Knappheit* geben, nicht einen Zustand, in dem unsere Bedürfnisse und Wünsche nur zeitweilig nicht zu erfüllen sind, sondern einen Zustand, in dem diese Dinge endgültig verbraucht sind und nicht mehr ersetzt werden können? Wenn wir diese Frage bejahen müssen, dann können wir die Knappheit als Schimpfwort Seite an Seite mit den schlimmsten Geißeln der Menschheit stellen: mit Armut, Krankheit, Gier, Ausbeutung, Krieg, «ethnischer Säuberung» und Genozid.

Dieses Buch untersucht zwar die vielfältigen Dimensionen der Knappheit, sein wichtigstes Anliegen betrifft jedoch nicht zeitweiligen Versorgungsmangel. Es konzentriert sich vielmehr auf eine Knappheit der grundlegenderen und schlimmeren Art, denn es lenkt die Aufmerksamkeit auf eine vom Verbrauch angetriebene und vom Reichtum besessene Politik. Diese Politik treibt uns nicht nur bis an den Rand der Knappheit, sondern in den Abgrund hinein und in Zustände, die wir kaum zugeben und noch weniger korrigieren wollen. Während ich also die Artikel überdenke, die Isidor WALLIMANN und Michael DOBKOWSKI in dieser Neuausgabe ihres Buches versammelt haben, kommen mir zwei faszinierende Figuren der westlichen Zivilisation in den Sinn, beide so unterschiedlich, wie sie wichtig sind: Kassandra und Wittgenstein.

Kassandra ist eine Figur aus der griechischen Mythologie; sie war die Tochter des König Priamus und der Königin Hekuba aus Troja. Apoll, der Gott des Lichtes und der Wahrheit, liebte Kassandra und verlieh ihr die Gabe der Prophezeiung. Als sie seine Liebe jedoch verschmähte, nahm Apoll raffiniert Rache. Zwar ließ er der Priesterin ihre prophetische Gabe, sorgte aber dafür, dass niemand ihre wahrheitsgetreuen Vorhersagen glaubte; diese bezogen sich häufig auf Warnungen vor tragischen Ereignissen, die einträfen, wenn man die Warnungen missachtete. Und wie von Apoll geplant, nahmen Trojaner und Griechen Kassandras Prophezeiungen zu ihrem eigenen Nachteil nicht ernst.

Die Autoren dieses Bandes, Sozial- und Geisteswissenschaftler, sind die Kassandras der heutigen Zeit. Gleichwohl müssen wir hoffen, dass dies nur teilweise zutrifft. Nach meiner Lektüre habe ich den Eindruck, dass die Autoren wie die antike Kassandra die Gabe der Erleuchtung, der Wahrheit und der Prophezeiung besitzen – aber nicht gottgegeben, sondern durch harte Gedankenarbeit und Infragestellen erworben. Die Frage ist, ob ihre Einsichten und Warnungen vor der Knappheit so wie die Vorhersagen der Kassandra auf Unglauben stoßen und abgetan werden – nicht weil eine Gottheit Rache genommen hat, sondern weil diejenigen Menschen, die weltweit Reichtum und Macht kontrollieren, in ihrer Selbstgefälligkeit nicht fähig sein werden, die großen Nöte der Zukunft zu verstehen.

Erst als es zu spät war, verstanden die Menschen, dass Kassandra wusste, was passieren würde. Das muss nicht unser Los sein, was die Knappheit betrifft – an diesem Punkt kommt Ludwig Wittgenstein ins Spiel. Er ist wohl der bedeutendste Philosoph des 20. Jahrhunderts, und berühmt geworden ist sein Ausspruch, das Ziel der Philosophie müsse sein, «der Fliege den Ausweg aus dem Fliegenglas zu zeigen». Dabei stellte er sich ein Szenarium vor, in dem eine Fliege versehentlich durch einen Flaschenhals geflogen war und nicht mehr hinausfand. Es gab einen Ausweg, doch durch zielloses Umherfliegen erschöpfte sich die Fliege bis zum Tode und konnte nicht entkommen. Hätte sie Hilfe gehabt, dann wäre die Geschichte vielleicht anders ausgegangen.

WALLIMANN und DOBKOWSKI schreiben über die Flaschenhälse und Engpässe der Zukunft, die uns in potenziell katastrophale Situationen führen. Es sind vier Faktoren – Bevölkerungswachstum, Knappheit an Land- und Knappheit an Energieressourcen sowie die Grenzen unseres Ökosystems –, die aus ihrer Sicht gemeinsam und auf neue Weise zu einem «absoluten Mangel» und «unüberwindbaren Engpässen» führen werden. Diese können das kapitalistische Marktsystem, eine erhöhte Produktivität oder der wissenschaftliche Fortschritt nicht mehr überwinden. Deshalb musste ich bei der Lektüre dieses Buches an Wittgenstein und sein Fliegenglas denken, das eine gute Metapher für den Zustand der Menschheit zu Beginn des 21. Jahrhunderts ist. Unabsichtlich und ohne es zu merken, ja in der festen Überzeugung, dass wir genau das Gegenteil tun, sind wir vielleicht schon in das Fliegenglas der Knappheit geflogen. Und ohne Hilfe finden wir vielleicht nicht mehr heraus. Zum Glück teilen die Autoren dieses Buches Wittgensteins Zielsetzung. Die letzten Abschnitte in ihren Beiträgen zeigen Wege aus dem Dilemma, das sie vorhersehen. Diese Wege aus der Krise werden natürlich erst erkannt und befolgt, wenn die Problemanalysen ernst genommen werden. Wittgenstein kann nicht helfen, wenn man Kassandra nicht glaubt. Die Autoren dieses Buches spielen diese beiden Rollen hervorragend. Der Erfolg des Buches hängt jetzt davon ab, was seine Leser/innen tun werden.

The Coming Age of Scarcity war der Titel der amerikanischen Erstauflage dieses Buches von 1998. Unter dem Eindruck des beginnenden 21. Jahrhunderts haben die Herausgeber Isidor WALLIMANN und Michael DOBKOWSKI Titel und Einleitung revidiert, während die Autoren ihre Beiträge überarbeitet haben. Weder der neue Titel, *On the Edge of Scarcity*, noch die aktualisierten Beiträge geben Grund zu Optimismus. Denn von der Schwelle zur Knappheit geht – besonders dann, wenn die meisten gar nicht glauben, dass wir uns bereits dort befinden – eine viel unmittelbarere

Bedrohung aus als von einem Zeitalter der Knappheit, das in unbestimmter Zukunft liegt, aber noch nicht eingetroffen ist. In meinem Vorwort zur Erstauflage sagte ich, dieses Buch mache mir Angst, weil ich glaubte, was WALLIMANN und DOBKOWSKI in ihrem einleitenden Artikel schrieben. Die auch in der Neuauflage niederschmetternde Aussage lautet: «Die Genozide des 20. Jahrhunderts haben das wahre Herz der Humanität entblößt. Tief in uns liegt eine Fähigkeit, Böses von fast unvorstellbarem Ausmaß zu begehen [...]. Das Undenkbare ist schon passiert; die Vorstellung zukünftiger Katastrophen ist deshalb nicht undenkbar.»

Viel von dem, was ich über *The Coming Age of Scarcity* gesagt habe, trifft für *Das Zeitalter der Knappheit* ebenfalls zu. Auch dieses Buch handelt vom Bösen. Es dokumentiert Vertreibungen und Massengräber in aller Welt. Bereits jetzt sieht das Buch kommende Völkermorde und Massensterben voraus, obwohl es dies gerade verhindern möchte.

Die Autoren möchten, dass ihre Leser/innen das Böse auch erkennen. Damit haben sie Erfolg – so sehr, dass dieses Buch mir mehr als Angst macht; nach seiner Lektüre bin ich deprimiert, fast hoffnungslos. Vielleicht wird es Ihnen genauso ergehen. Die wachsenden Megastädte und Flüchtlingsmassen, der Druck für oder Proteste gegen Einwanderung, das alles ist nur ein Zeichen für eine unerbittliche globale Bevölkerungsexplosion, durch die sich zunehmend mehr Menschen auf dieser Welt finden. Eine Welt mit mehr Menschen als nötig ist ein tödlicher Platz. Es ist eine Bühne, die ständig bereit ist für Massensterben und Genozid. Ein Überschuss an Menschen ist nur *eine* der Voraussetzungen für Massensterben und Genozid: Roger SMITHS Beitrag legt ganz richtig dar, dass Knappheit eine weitere Voraussetzung ist. Und das gesamte Buch lässt erwarten, dass sich das Spektrum der Knappheiten – die meisten vom Menschen verursacht – im 21. Jahrhundert eher noch verschlimmert. Diese Beurteilung ist plausibel – trotz der Lobpreisungen der Globalisierung, der ungezügelten Märkte und des wirtschaftlichen Wohlstands, die alle angeblich «diesmal wirklich anders» sind. Als ob die gegenwärtige Geld- und Unternehmenspolitik jemals schwere Wirtschaftsrezessionen beseitigt hätte, als ob die Lösung für das wachsende Ungleichgewicht zwischen Arm und Reich ein High-Tech-Boom wäre, der alle gleichermaßen beglückt! *Das Zeitalter der Knappheit* wird besonders in den zunehmend materialistischen Vereinigten Staaten nicht so leicht Gehör finden, aber auch bei der privilegierten jungen Generation mit kurzem Gedächtnis, die den momentanen wirtschaftlichen Wohlstand leicht als selbstverständlich hinnimmt und mit Versprechungen überschüttet wird, es gebe keine Grenzen für den zukünftigen Lebensstandard. Und wie uns Kassandra gelehrt hat, wird die Menschheit dies auf eigene Gefahr tun. Was vom Menschen verursachte Tötungen angeht, ist bisher kein Jahrhundert so schrecklich wie das 20. Jahrhundert gewesen. Der Politologe R. J. RUMMEL, ein Buchhalter der von Menschen begangenen Massentötungen, dokumentierte diese Tatsache in seinem Buch *Death by Government* (1994). Schon vor dem Genozid in Rwanda und den «ethnischen Säuberungen» im Kosovo schätzte RUMMEL, den «Verlust an Menschenleben und Demozid insgesamt» im 20. Jahrhundert auf mehr als 203 Millionen. (Demozid wird als «der Mord an irgendeiner Person oder einem Volk durch Regierungen» definiert und schließt Kriegstote nicht mit ein.) Obwohl das «Nie wieder!» nach Auschwitz immer noch nachklingt, hat die Geschichte der Postholocaustära diesen Ruf fast in ein hohles Klischee verwandelt. Tatsache ist, dass seit dem Ende des Holocaust durch Genozid mehr Menschen getötet worden sind als in der ersten Hälfte des 20. Jahrhunderts. Und der Beginn des neuen Jahrhunderts wird vermutlich keine Besserung bringen. Im 21. Jahrhundert droht der menschengemachte Tod noch mehr Opfer zu fordern als im 20. Jahrhundert.

Bisherige Versuche, diejenigen zur Rechenschaft zu ziehen, die in Rwanda und im ehemaligen Jugoslawien Genozide und Verbrechen gegen die Menschlichkeit begangen haben, geben wenig Anlass zur Hoffnung, dass Haft- oder Strafandrohung in dieser Beziehung einen Abschreckungseffekt haben werden. Auch die Tatsache, dass Zukunftsprojektionen stets unsicher sind, da der Lauf der Welt immer wieder Überraschungen birgt, kann nicht optimistisch stimmen, denn bei genauer Betrachtung wird leider klar, dass die Überraschungseffekte der Geschichte meistens tödlich, wenn nicht katastrophal sind. Jeder Artikel in diesem Buch enthält genug Grund zum Verzweifeln. John B. COBB, Jr., analysiert präzise die Entwicklungen in den USA, die zur Underclass (Unterklasse) von Dauerarbeitslosen führen. Er befürchtet zu Recht, dass diese Underclass wahrscheinlich nicht nur als überflüssig, sondern als Krebsgeschwür angesehen und dementsprechend behandelt werden wird. Kurt FINSTERBUSCH zeigt, wie Knappheiten zu sozialer Ungleichheit führen, die wiederum die Demokratie bedroht. Waltraud MORALES stellt heraus, dass die mit wirtschaftlichen Entbehrungen einhergehende Gewalt besonders Frauen und Kinder trifft. Ted TRAINER hält die gegenwärtige Gesellschaftsform für nicht länger tragfähig, und Chris LEWIS beschreibt, was aus seiner Sicht der «Zusammenbruch der globalisierten modernen Industriegesellschaft» bedeutet. An diesen Beispielen wird sichtbar, dass jeder Beitrag unangenehme Überraschungen für all jene Leser/innen enthält, die glauben, die Zukunft sei für immer positiv und offen.

Das Zeitalter der Knappheit macht uns unmissverständlich klar, dass wir uns auf die eine oder andere Art dem Ende der menschlichen Welt nähern, wie wir sie kennen. Verstehen Sie mich nicht falsch: Es droht in unmittelbarer Zukunft kein apokalyptischer Jüngster Tag. Die Welt wird nicht plötzlich aufhören, sich zu drehen, aber das Zeitalter der Knappheiten ist definitiv ein anderes Zeitalter.

Das Ende einer Ära gibt manchmal Anlass zum Feiern. Leider ist eine derartige Annahme in einem Zeitalter von Tod und Genozid unrealistisch. Da die Autoren sicherlich wissen, wie unpopulär ihre Ansichten sind, sind sie sich bewusst, dass ihre Prophezeiungen vermutlich ähnlich wie die der Kassandra aufgenommen werden. Dies feuert sie jedoch eher dazu an, sich noch mehr zu bemühen, als zu resignieren. Gleichgültig, was passiert, der Wandel wird selbst dann schmerzhaft sein, wenn die von den Autoren vorgeschlagenen konstruktiven Veränderungen durchgeführt werden. Bevor die Dinge besser werden, werden sie erst einmal schlechter – falls sie besser werden. Zum Teil liegt das daran, dass zu viele unter uns zu lange diese angenehme Welt genossen haben – sogar die Menschen, die dieses Buch kaufen können und auch die Zeit zum Lesen haben. Wir mögen Massensterben und Völkermord noch so sehr beklagen, es fällt uns dennoch äußerst schwer, den globalen Wandel einzuleiten, der zur Beendigung nötig wäre. Selbst wenn wir versuchen, diese Gräuel im 21. Jahrhundert zu verhindern, werden wir uns unter Umständen den nötigen Veränderungen widersetzen, besonders dann, wenn es sich um wirtschaftliche Veränderungen handelt.

Die vielen Nutznießer der gegenwärtigen Verhältnisse werden ihre Privilegien nicht leicht aufgeben, aber gleichzeitig werden die in Armut Lebenden ihre Entbehrungen nicht noch länger gleichmütig akzeptieren. Mit steigendem Druck werden alle Parteien ihre Interessen immer heftiger verteidigen, und zwar häufig mit allen – auch gewalttätigen – Mitteln. Die Geschichte mag diese Einschätzungen Lügen strafen, doch das wäre sehr erstaunlich.

Dieses Buch versetzt mich in eine düstere Stimmung, aber das ist nicht alles. Vielleicht wird es Ihnen genauso ergehen. Zumindest bei mir stehen diese «Und-doch-Stimmungen» weder getrennt noch jenseits der düsteren Stimmung, mit der mich dieses Buch erfüllt. Es ist eher wie eine unbestimmte Bewegung in der Dunkelheit, die sich nicht einfach benennen lässt. Mein Gefühl lässt sich *nicht* mit *Hoffnung* oder *Überzeugung* beschreiben, und etwas wie dieser glatte Ausdruck *Optimismus* wäre noch weniger am Platz. Das, was ich angesichts von *Das Zeitalter der Knappheit* fühle, lässt sich am besten mit einer Verneinung beschreiben, wie sie sich in den Worten von WALLIMANN und DOBKOWSKI ausdrückt: «*Verzweiflung ist keine Lösung.*»

Ich schreibe meine Gedanken als Philosoph und als Lehrer auf, der den größten Teil einer 35-jährigen Hochschullaufbahn damit verbracht hat, Folgen und Schaden des Holocaust und anderer Formen des Völkermords zu untersuchen. Während ich über die Beiträge in diesem Buch nachdenke, ist mir wieder bewusst geworden, dass Lehrer – und gelegentlich auch ihre Studenten – ständig von Verzweiflung bedroht sind. Wie könnte es auch anders sein?

Die meisten Lehrer sind Idealisten. Mögen wir auch irgendwann verbraucht sein, die meisten von uns sind Lehrer geworden, weil wir die Welt verbessern wollten. Diese Hoffnung wird jedoch fortwährend enttäuscht. Die Geschichte, insbesondere die Geschichte des Völkermords, sorgt dafür, aber auch das Unterrichten selbst, das kaum eine beruhigende Tätigkeit ist, wenn die Zukunft der Menschheit auf dem Spiel steht.

Wir alle sind jeden Tag Anfänger. Wir Lehrer mögen uns noch so bemühen, die Gleichgültigkeit besteht fort, das Vorurteil bleibt, die Unwissenheit überdauert, und kein Ort der Erde kann Sicherheit vor der Zerstörung bieten, die durch solche Kräfte freigesetzt wird. Der Gewinn, den wir aus Erziehung und Bildung ziehen, setzt sich nur gegen große Widerstände durch; Lernprozesse sind nicht eine Frage des evolutionären Fortschritts. Jeder Jahrgang, jede Klasse bedeutet einen Neuanfang, da sich Weisheit nicht ansammelt. Lehrer wissen oft, wie es Kassandra zumute gewesen sein muss.

Wenn ich heute über Holocaust und Genozid referiere, macht mich das melancholischer als früher. Es macht mir klar, wie viele Gefahren vor jeder Klassenzimmertür lauern. Derartiges Unterrichten macht mir jedoch noch stärker bewusst, dass diese Erkenntnisse nicht die Schlussfolgerung sind, sondern eher die Bewegung inmitten der Dunkelheit, die Hartnäckigkeit, die insistiert, dass Verzweiflung keine Lösung ist. Wenn wir der Verzweiflung ihren Lauf ließen, wäre das eine Kapitulation vor jedem Völkermord, und das dürfen wir nicht zulassen.

Wo aber liegt im Fall von Knappheiten, Massensterben und Genozid die Lösung? Gibt es so etwas? Vielleicht ja, aber wenn, aus welchen Komponenten setzt sie sich zusammen? Antworten auf diese Fragen – gute und nachdenkliche – finden sich in diesem Buch, insbesondere in den Abschnitten «Wege aus der Krise». Diese Antworten beginnen mit dem Beharren der Herausgeber, dass «die Lösung im Analysieren, im angestrengten Nachdenken und Nachfragen und im zielstrebigen und informierten Handeln liegt», in den Zielen, denen dieses Buch gewidmet ist. Ich möchte darüber hinaus nichts von den Auswegen vorwegnehmen, die die Autoren vorschlagen. Entdecken und erproben Sie diese lieber selbst. Als Vorbemerkung zu diesen Auswegen aus den drohenden und tödlichen Engpässen, die durch Bevölkerungswachstum, Knappheit von Land- und Energieressourcen sowie durch die Grenzen des Ökosystems entstehen, möchte ich zweierlei hinzufügen: eine Warnung und eine Tatsache.

Die Warnung: «Wenn wir aufhören, uns zu erinnern, hören wir auf zu sein», sagt der Holocaustüberlebende Elie WIESEL. Die Erinnerung und die in diesem Buch erfolgte Analyse von Knappheiten, Massensterben und Genozid warnen uns vor der Verzweiflung. Wenn wir es besser machen als die Zuhörer von Kassandra, kann uns diese Warnung gegen die Gleichgültigkeit sensibilisieren. Denn die Gleichgültigkeit ist die Gefährtin der Verzweiflung und die Verbündete des Bösen. Nun zur Tatsache: Die Aufsätze dieses Buches können uns gegen Verzweiflung und Gleichgültigkeit aufrütteln, weil die Geschichte zeigt, dass die Bedrohungen von Massensterben und Genozid menschengemacht sind. Diese Gefahren sind, genau wie die damit zusammenhängenden Ereignisse, nicht unausweichlich. Massensterben und Völkermord, gewöhnlich auch die Knappheiten, gehen von Entscheidungsträgern und Institutionen aus, die auf ganz gewöhnliche Menschen angewiesen sind – auf Menschen wie uns, die für ihre Handlungen verantwortlich sind und häufig anders und besser handeln könnten.

Wenn wir die Warnung beachten und die Tatsachen nicht leugnen – besonders in einem Zeitalter von Knappheiten, Massensterben und Genozid –, dann haben wir eine Chance, etwas zu verbessern, und vielleicht doch noch unseren Weg aus dem Fliegenglas der Knappheiten zu finden. Dieses Buch rüttelt mich auf, verfolgt mich und fordert mich trotz seines überwiegend düsteren Inhalts auf eine Art, die, wenn ich sie ignoriere, alle gefährdet. Sie werden ebenso empfinden.

Danksagung

Die Erforschung von Knappheit und Konflikten hat uns beide aus verschiedenen Disziplinen und von zwei Seiten des Atlantiks zusammengeführt. Dass uns dieses Gemeinschaftsprojekt gelingen konnte, spricht für die zentrale Bedeutung der Problematik wie auch für unseren gegenseitigen persönlichen und beruflichen Respekt und für die Bedeutung, die interdisziplinäre Arbeit und Austausch für uns besitzen.

Seit mehr als einem Jahrzehnt beschäftigen wir uns mit Themen wie Genozid, Faschismus und mit anderen Formen menschlicher Grausamkeit. Wir erforschen Massensterben in der Hoffnung, damit Leben retten zu können. Wir möchten nicht, dass unsere Thematik abgedroschen oder zum Allgemeinplatz wird, wir möchten jedoch, dass sie in der öffentlichen Diskussion an vorderster Stelle steht.

Unser Dank gilt Kolleginnen und Kollegen in unseren Instituten, Freunden und Studierenden, denen wir eine geistige Atmosphäre verdanken, die für schöpferische Arbeit ideal war. Insbesondere den Autoren und der Autorin möchten wir für die pünktliche Ablieferung der Manuskripte und den hohen Standard ihrer Arbeit danken. Sehr hilfreich waren die Ratschläge von Louis Kriesberg, auf dessen ehrliche, verständnisvolle Kritik und Unterstützung wir uns immer verlassen konnten. Für sämtliche etwaigen Irrtümer sind natürlich wir verantwortlich.

Wir möchten insbesondere Melody Joyce danken, die das Manuskript abgetippt, formatiert, vereinheitlicht und insgesamt für die Endredaktion vorbereitet hat. Dank auch an Robert Mandel, den früheren Verlagsleiter von Syracuse University Press, der dieses Projekt von Anfang an unterstützt hat, wie auch an Mary Selden Evans vom Verlag Syracuse University Press, in dem die Originalfassung des vorliegenden Buches erschienen ist. Für die deutsche Ausgabe möchten wir dem Verlag Paul Haupt für seine Unterstützung, Frau Heidi Müller für die äußerst kompetente Redaktion und Herrn Frank Heins für die perzeptive Beratung in Sachen Werbung danken.

Schließlich möchten wir unsere Studentinnen und Studenten sowie Kolleginnen und Kollegen in den jeweiligen Instituten und Freunde und Familien erwähnen, die uns unterstützt, abgelenkt und ermutigt haben:

Karen Dobkowski, die mein Leben mit Freude und Sinn erfüllt, meine Mutter Bronia, die immer eine Quelle von Kraft und Ratschlag ist, meine Kinder Batsheva (ihren Mann Dov und ihre wunderbare Tochter Leora), Jonathan und Tamar. Auch sie haben ihren Teil beigetragen, indem sie mich stets daran erinnert haben, warum die Fragen in diesem Buch wichtig sind. Und schließlich die vielen Freunde und Kolleginnen und Kollegen von Isidor Wallimann auf der ganzen Welt, die seine Bemühungen unterstützen, die Faktoren zu verstehen, die zu Knappheit, Ungleichheit und Massengewalt beitragen.

Autorenverzeichnis

John B. COBB, Jr., ist Emeritus für Theologie an der School of Theology am Claremont College und außerdem Direktor am Center for Process Studies. Er ist Autor von *Sustainability and Sustaining the Common Good* sowie Koautor von *The Liberation of Life* (mit Charles BIRCH) und *For the Common Good* (mit Herman DALY).

Craig DILWORTH ist Dozent für Theoretische Philosophie an der Universität Uppsala in Schweden. Seine wichtigsten Veröffentlichungen sind *Scientific Progress*, *The Metaphysics of Science* und *Sustainable Development and Decision Making*. Außerdem ist er Herausgeber des Werkes *Intelligibility in Science*.

Michael N. DOBKOWSKI ist Professor für Religionswissenschaften an den Hobart and William Smith Colleges. Er ist Autor von *The Tarnished Dream: The Basis of American Anti-Semitism*, *The Politics of Indifference: Documentary History of Holocaust Victims in America* und von *Jewish American Voluntary Organizations*. Gemeinsam mit Isidor WALLIMANN ist er Autor verschiedener Bücher, darunter *Genocide and the Modern Age: Etiology and Case Studies* sowie *Genocide in Our Time*.

Kurt FINSTERBUSCH ist Professor für Soziologie an der University of Maryland, College Park. Seine Forschungsschwerpunkte sind Umwelt und Gesellschaft, Sozialverträglichkeitsprüfung sowie die Soziologie von sozialem Wandel und sozialer Entwicklung. Er ist Autor von *Understanding Social Impacts* (1980), *Social Research for Policy Decisions* (mit Annabelle Bender MOTZ, 1980) und *Organizational Change as a Development Strategy: Models and Tactics for Improving Third World Organizations* (mit Jerald HAGE, 1987). Ferner hat er Bücher zur Einführung in die Soziologie, über soziale Probleme und zur Sozialverträglichkeitsprüfung herausgegeben. Sein neustes Buch behandelt die Einflüsse der Gesellschaft auf die Umwelt und die Einflüsse der Umweltbedingungen auf die Gesellschaft.

John M. GOWDY ist Professor für Wirtschaftswissenschaften und Leiter des Doktorat-Studienganges in Ecological Economics am Rensselaer Polytechnic Institute in Troy, New York. Sein neuestes Buch (Koautor Carl

McDaniel) ist *Paradise for Sale: A Parable of Nature*. Er ist Autor und Herausgeber mehrerer Bücher zum Thema Nachhaltigkeit, Jäger-und-Sammler-Gesellschaften und Evolutionstheorie in den Wirtschaftswissenschaften. Neuere Veröffentlichungen sind in *Ecological Economics, Land Economics*, im *Review of Income and Wealth* sowie im *Review of Social Economy* erschienen. Im Jahr 1995 war er als Fulbright-Stipendiat Gastprofessor an der Wirtschaftsuniversität Wien, im Jahr 2000 lehrte er als Gastprofessor an der Universität Zürich und der Tokushima-Universität in Japan.

Chris H. Lewis ist Oberassistent am Sewall Academic Program der University of Colorado in Boulder. Das letzte Projekt des Historikers ist eine größere Studie über den Zusammenbruch der globalen Industriegesellschaft. Sein Engagement gilt den lokalen Gemeinschaften und der regionalen Wirtschaft.

Waltraud Queiser Morales ist Professorin für Vergleichende und Internationale Studien in der Politikwissenschaft an der University of Central Florida in Orlando. Sie ist gebürtige Österreicherin und promovierte an der Graduate School of International Studies an der University of Denver. Ihre Forschungsschwerpunkte sind die Dritte Welt und Lateinamerika, insbesondere Bolivien und die Andenregion. Zu ihren Veröffentlichungen zählen *Bolivia: Land of Struggle* (1992) sowie zahlreiche Zeitschriftenartikel über nachhaltige Entwicklung, revolutionären Wandel, Drogenkriegpolitik, humanitäre Interventionen und globale Geschlechterproblematik. Sie ist Herausgeberin der *Political Chronicle* (Organ der Florida Political Science Association).

Leon Rappoport ist Professor für Psychologie an der Kansas State University. Er ist Autor zahlreicher wissenschaftlicher Arbeiten und eines Lehrbuchs über Persönlichkeitsentwicklung; außerdem ist er zusammen mit George Kren Autor von *The Holocaust and the Crisis of Human Behavior*.

John K. Roth ist *Russell K. Pfitzer*-Professor (besonders distinguierte Professur) für Philosophie am Claremont McKenna College, wo er seit 1966 lehrt. Er war Mitglied des United States Holocaust Memorial Council und des Herausgebergremiums für *Holocaust and Genocide Studies*. Außerdem hat er mehr als 25 Bücher und hunderte von Artikeln und Besprechungen veröffentlicht wie *A Consuming Fire: Encounters with Elie Wiesel and the Holocaust, Approaches to Auschwitz* (mit Richard L. RUBENSTEIN), *Holocaust: Religious and Philosophical Implications* (mit Michael BERENBAUM), *Different Voices: Women and the Holocaust* (mit Carol RITTNER) und zuletzt *Ethics after the Holocaust*; ferner hat er wichtige Beiträge für die *Holocaust Chronicle* geschrieben. ROTH wurde 1988 vom Council for Advancement and Support of Education und von der Carnegie Foundation for the Advancement of Teaching zum U.S. National Professor of the Year ernannt.

David Norman SMITH ist außerordentlicher Professor für Soziologie an der University of Kansas. Er ist Autor verschiedener Bücher, darunter *Marx's «Kapital» for Beginners* und *Who Rules the Universities?* Außerdem ist er Herausgeber der ersten englischen Ausgabe der *Ethnologischen Exzerpthefte* von Karl MARX.

Roger W. SMITH ist Professor of Government am College of William and Mary. Er hat Publikationen über Natur und Geschichte des Genozids, Sprache und Genozid, Ratifizierung der Völkermordkonvention durch den US-Senat und das Leugnen des armenischen Völkermords geschrieben. Sein neustes Projekt befasst sich mit dem Thema Frauen und Genozid.

Joseph A. TAINTER ist Projektleiter von Cultural Heritage Research, Rocky Mountain Research Station, in Albuquerque, New Mexico. Aus der Forschung über die Entwicklung der soziokulturellen Komplexität entstand sein Buch *The Collapse of Complex Societies*. TAINTER ist Autor vieler Zeitschriftenartikel und Monographien und außerdem Mitherausgeber der Bücher *Evolving Complexity and Environmental Risk in the Prehistoric Southwest* (mit Bonnie Bagley TAINTER) sowie *The Way the Wind Blows: Climate, History, and Human Action* (mit R. J. MCINTOSH und S. K. MCINTOSH). TAINTERS Forschungsergebnisse sind in die Arbeit des Umweltprogramms der Vereinten Nationen (Kenia) eingeflossen, in die Arbeiten der Europäischen Kommission, des Nationalen Instituts für Ernährung (Italien), des Beijer-Instituts (Schweden), des Center for International Forestry Research (Indonesien) und in Gremien in den Vereinigten Staaten und in Kanada. Er wurde eingeladen, seine Forschung vor dem Getty Research Center und der International Society for Ecological Economics vorzutragen. TAINTERS Lebenslauf steht in *Who's Who in Science and Engineering, Who's Who in America* und *Who's Who in the World*.

Ted TRAINER hält Vorlesungen in Soziologie an der School of Social Work an der University of New South Wales. Seine neuesten Veröffentlichungen sind *The Conserver Society: Alternatives for Sustainability* und *Towards a Sustainable Economy*.

Isidor WALLIMANN ist Professor für Soziologie, Wirtschaftswissenschaften und Sozialpolitik an der Fachhochschule Basel und internationales assoziiertes Fakultätsmitglied an der University of North Texas. Er hat zahlreiche deutsche und englische Bücher zu diversen Themen publiziert. *The Coming Age of Scarcity* und *Genocide and the Modern Age* (beide gemeinsam mit Michael DOBKOWSKI als Herausgeber) wurden kürzlich von Syracuse University Press veröffentlicht. Beim Verlag Paul Haupt sind erschienen: *Armut: Eingliederung als neue Herausforderung für die Sozialhilfe* (zusammen mit Isabelle BOHRER); *Entmündigung und Emanzipation durch Soziale Arbeit* (mit Stefan EUGSTER und Esteban PINEIRO); *Armut: «Der Mensch lebt nicht vom Brot allein»* (mit Susanne SCHMID); *Weg von der Armut durch soziokulturelle Integration* (mit Jonas STROM und Matthias SCADROWSKY); *Bürgergeld: Armut bekämpfen ohne Sozialhilfe (*mit Alban KNECHT) und bei Luchterhand: *Soziale Arbeit und Ökonomie*.

Isidor Wallimann und Michael N. Dobkowski

Einleitung: Das Zeitalter der Knappheit

Dieses Buch ist einem der dringlichsten und wichtigsten Themen gewidmet, denen die Menschheit je gegenüberstand. Trotz der drängenden Natur des Problems gibt es jedoch nur wenige Versuche, die drohenden Gefahren zu analysieren und Strategien zu entwickeln, um die bevorstehende Katastrophe abzuwenden. Wir behaupten, dass die Industrialisierung und Urbanisierung der Welt und die damit einhergehenden Sozialsysteme und -techniken – wie das globale Marktsystem oder zentralisierte Planungsbürokratien – nur für relativ wenige Privilegierte und um den Preis von Massensterben bis zum Genozid (Völkermord) aufrechterhalten werden können. Die Alternative, nämlich ein Verzicht auf die globale Industrialisierung und die Industriegesellschaft, wie wir sie heute kennen, bringt ebenfalls die Gefahr eines immensen Massensterbens mit sich.

Es ist wahr, dass Modernisierung und Industrialisierung uns schon früher mit großen Problemen konfrontiert haben, wobei Millionen von Menschen Entbehrungen, Armut, Kriege und vorzeitigen Tod erleiden mussten. Trotzdem ist die Weltbevölkerung im Zuge der weltweiten Modernisierung deutlich gewachsen. Man könnte daher versucht sein, zu hoffen, dass die Sozial- und Wirtschaftssysteme, die der Industrialisierung den Weg bereitet und sie angetrieben haben, auch diesmal wieder rechtzeitig reagieren, um ein Massensterben und einen Teufelskreis menschlicher Zerstörung, schlimmer als je zuvor, zu verhindern. Diese Einstellung wäre jedoch verhängnisvoll.

Als Sozialwissenschaftler und Humanisten tun wir also gut daran, unsere Prioritäten zu überdenken und unser wissenschaftliches Handeln zunehmend darauf auszurichten, *ausdrücklich*, und zwar lokal und global, für die Bewahrung des Lebens zu arbeiten. Welchem Problem genau stehen wir jedoch gegenüber? An welchen vorhersehbaren Engpässen könnte die traditionelle Modernisierung in eine Sackgasse geraten? Welche Engpässe könnten zu Massensterben führen? Um diese Fragen zu beantworten, sollten wir zuerst die Industrialisierung kurz diskutieren.

Industrialisierung

Es ist wichtig, sich in Erinnerung zu rufen, dass der Übergang von Agrargesellschaften zu modernen, städtischen (urbanisierten) und industrialisierten Gesellschaften immer schon von der bäuerlichen Bevölkerung finanziert worden ist; so war es im 19. Jahrhundert in dem Gebiet, das jetzt als Zentrum oder Kernregion, und im 20. Jahrhundert in dem Gebiet, das jetzt als Peripherie bezeichnet wird. Gleichgültig, ob dieser Werttransfer aus dem Agrarsektor durch politische und bürokratische Mittel oder durch indirekte und anonyme Marktzwänge bewirkt wurde – Tatsache ist, dass ausschließlich der Mehrwert aus der landwirtschaftlichen Produktion die industrielle Produktion finanziert und damit städtisches und industrielles Leben erst möglich gemacht hat. Das bedeutet nicht, dass nicht gleichzeitig die landwirtschaftliche Produktivität stieg, und dies zum Teil dank der in den Städten konzentrierten Wissenschaften und der erst durch die Landwirtschaft ermöglichten industriellen Produktion. Dieser Strukturwandel ist jedoch immer zum großen Teil mit ungeheuren Entbehrungen für die ländliche Bevölkerung verbunden gewesen, gleichgültig, ob sie weiterhin auf dem Land gelebt hat oder als Lohnarbeiter/innen in die wachsenden Städte abgewandert ist. Während die Lebenserwartung (besonders für Säuglinge) deutlich anstieg, starben gleichzeitig viele Menschen in jungen Jahren aufgrund von Armut, Krankheit und schlechter medizinischer Versorgung. Die Altersstruktur der Bevölkerung verschob sich dadurch zu einem Mittel von zwanzig Jahren oder niedriger; die mittlere Lebenserwartung bei der Geburt nahm auf ungefähr sechzig Jahre zu.

Bevölkerungswachstum

Jede Industrialisierung ist von einem deutlichen Bevölkerungswachstum begleitet worden. Die Weltbevölkerung hat sich von 1750 bis 1900 und nochmals von 1900 bis 1950 ungefähr verdoppelt. Um 1800 dauerte es noch wesentlich länger als hundert Jahre, bis sich die Weltbevölkerung verdoppelte, heute sind es nur mehr 38 Jahre. Um 1900 lebten etwa 1,7 Milliarden Menschen auf der Erde, 1990 waren es 5,3 Milliarden, und im Jahr 2025 werden es 8,5 Milliarden sein. Nur etwa ein Fünftel der Weltbevölkerung lebt im vollständig industrialisierten Teil der Welt (einschließlich Osteuropa). Allein zwei Fünftel leben in Indien und China (in China etwas mehr als in Indien). 60 Prozent der Gesamtbevölkerung leben in Asien, ca. 9 Prozent in Lateinamerika und etwa 12 Prozent in Afrika. Die Gründe für das immer schnellere Bevölkerungswachstum sind bekannt. Die Geburtenraten haben zwar tendenziell abgenommen, jedoch nicht schnell genug, um die Zunahmen auszugleichen, die durch geringere Säuglingssterblichkeit und die insgesamt höhere Lebenserwartung verursacht werden. Dieser Zuwachs ist nicht durch eine «High-Tech-Medizin», sondern durch relativ einfache Maßnahmen, wie bessere Ernährung, Verhindern von bakteriellen Infektionen (Hygienemaßnahmen, Wasserversorgung, Lebensmittellagerung, Antibiotika) sowie Impfungen gegen ansteckende Krankheiten, bewirkt worden. Die Hauptgründe für die immer rasantere Bevölkerungsexplosion waren also die Kenntnisse in der Gesundheitsfürsorge, die überdies mit geringen Kosten und global eingesetzt werden können, aber auch die weltweite Aufklärung über soziale und medizinische Probleme, politischer Druck, die Notwendigkeit sozialer Kontrolle und schließlich menschliches Mitleid. Trotz der Zunahme von Aids, Cholera oder Tuberkulose wird zurzeit keine messbare Auswirkung auf das Bevölkerungswachstum erwartet.

Mit der Modernisierung gekoppelt ist unter anderem eine sinkende Geburtenrate bei zunehmender Urbanisierung und höherem Lebensstandard. Die Erfahrung in vollständig industrialisierten Ländern zeigt insgesamt, dass sich das Bevölkerungswachstum bei einer geringen positiven Rate stabilisiert; einige Länder haben sogar leicht negative Wachstumsraten. Deshalb hat sich die Vorstellung durchgesetzt, auch das Wachstum der Weltbevölkerung werde sich stabilisieren, wenn die Welt erst den Strukturwandel hin zu Modernisierung, Industrialisierung und wirtschaftlicher Entwicklung durchlaufen hat. Entscheidend ist hier natürlich die Vorstellung, dass die gesamte Welt den Lebensstandard der Industrieländer erreichen kann, unabhängig von Wirtschaftssystemen (insbesondere der Kapitalismus neigt inhärent zu Überproduktion und Krisen) und ökologischen Gesichtspunkten.

Die Erfahrung zeigt, dass die meisten Programme zur schnellen Senkung der Geburtenrate nur in Gesellschaften mit genügend hohem Lebensstandard Erfolg haben. Sie können jedoch auch in relativ armen Gesellschaften mit niedrigem Lebensstandard verwirklicht werden, wenn, und nur dann, gleichzeitig der sozialen und ökonomischen Gerechtigkeit eine hohe Priorität eingeräumt wird. Je verwundbarer die Menschen wirtschaftlich werden und je stärker die Bedrohung durch Modernisierung und Industrialisierung ist, desto eher halten sie an einer Geburtenrate fest, die das Bevölkerungswachstum fördert. Häufig wird dies als Beispiel von irrationalem Verhalten gesehen. Angeblich hindert es Familien daran, das menschliche, soziale und finanzielle Kapital anzusparen, das für das wirtschaftliche Fortkommen der Familie nötig ist. Ferner macht dieses Verhaltensmuster vermeintlich jeden Produktivitätszuwachs auf der Makroebene zunichte, der den Lebensstandard erhöht. Entwicklungshelfer/innen und Landwirtschaftsexperten wissen jedoch genau, dass Menschen, die am Rande des Existenzminimums leben müssen, dazu neigen, *alle Risiken zu minimieren, und nicht dazu, Profite und Akkumulation zu maximieren*. Dadurch, dass diese Menschen an einer höheren Geburtenrate festhalten, versuchen sie, das Existenzrisiko auf mehrere Individuen zu verteilen – aus ihrer Sicht eine nachvollziehbare Einstellung.

Es ist jedoch auch wahr, dass Frauen häufig mehr Kinder zur Welt bringen, als sie möchten, und dass Kinder für das Überleben der Familie und das Weiterbestehen nötig sind. Da diese Situation häufig durch ungleiche Geschlechterchancen ausgelöst wird, folgt daraus, dass man die Geburtenrate teilweise auch dadurch senken kann, dass man die Stellung der Frau in der Gesellschaft stärkt. Insgesamt besteht wenig Hoffnung, die Geburtenrate so stark zu verringern, dass kein Bevölkerungswachstum mehr stattfindet, solange nicht auf der Mikro- und der Makroebene genügend Gleichheit herrscht.

Migration und Beschäftigung

Da der Anteil der in der Landwirtschaft (primärer Wirtschaftssektor) tätigen Bevölkerung durch den Strukturwandel gesunken ist, und auf dem Land nicht genug andere Verdienstmöglichkeiten bestanden haben, sind die Menschen in die Städte abgewandert. Durch den Wandel der Agrargesellschaft im 19. Jahrhundert wurden Migranten in die Industriearbeit (sekundärer Wirtschaftssektor) geschleust – soweit sie überhaupt Arbeit fanden. Der tertiäre Sektor, das heißt der hauptsächlich Dienstleistungen umfassende Wirtschaftsbereich, entwickelte sich erst später. Heute hat sich die Lage geändert: Der formelle Wirtschaftssektor («offizielle» Wirtschaft) begünstigt die Ausdehnung des Dienstleistungsbereichs; ferner gehört der riesige informelle Wirtschaftssektor («Schattenwirtschaft») seinerseits mehr zum tertiären als zum sekundären Wirtschaftssektor. Dieses Muster bestätigt offenbar die Vermutung, dass wir weit davon entfernt sind, zu einer echten globalen Industriegesellschaft zu werden. Aus der Landwirtschaft verdrängt, haben die Menschen kaum Perspektiven und Visionen, die sie zu Teilhabern einer neuen Ära machen könnten. Zu dieser Ära gehörten beispielsweise die Errichtung von Nationalstaaten, industrielle Produktion und Mobilität, wie sie für das 19. Jahrhundert typisch waren.

Energie und andere Ressourcen

Bisher sind Industrialisierung und Urbanisierung immer mit einem gesteigerten Energieverbrauch einhergegangen. Sie haben damit direkt und indirekt die in der Güterproduktion und -verteilung genutzte menschliche und tierische Energie ersetzt und/oder ergänzt. Als Folge stieg der Bereich des überflüssigen Konsums; somit konnten die Weltmärkte und die damit verbundene weltweite Arbeitsteilung entstehen. Diese Ausdehnung des Weltmarkts und die weltweite Arbeitsteilung sind natürlich wiederum Vorbedingungen für eine globale Industrialisierung.

Der Weltenergieverbrauch wuchs zwar stetig, blieb aber bis 1950 relativ gering. Zwischen 1950 und 1990 stieg der Energieverbrauch jedoch um das Siebenfache und damit viel stärker als die Weltbevölkerung, die sich im selben Zeitraum ungefähr verdoppelte. Dieser Anstieg geht hauptsächlich auf den Verbrauch von fossilen Brennstoffen zurück, insbesondere Erdöl und Gas. Atomenergie und Wasserkraft sind nur zu etwa 15 Prozent an der Energieerzeugung beteiligt.

Wenn das Bruttosozialprodukt (BSP) pro Kopf wächst, so steigt gleichzeitig der Energieverbrauch. Deshalb verbraucht heute ein Fünftel der Weltbevölkerung etwa vier Fünftel der erzeugten Weltenergie, hauptsächlich in Form von industriellen Energieträgern. Traditionelle Brennstoffe (Holz, Torf und Dung) decken etwa fünf Prozent des Weltenergiebedarfs und werden fast ausschließlich in den Ländern der Peripherie genutzt. Man schätzt, dass die Welt bei der gegenwärtigen Verbrauchsrate noch über Ölvorräte für 40 bis 60 Jahre, Gasvorräte für 60 bis 80 und Kohlenvorräte für weitere 600 Jahre verfügt.

Wir können an dieser Stelle nicht auf die zukünftige Versorgung mit allen Ressourcen, wie Wasser und Bodenschätzen, eingehen. Erwähnt sei jedoch, dass für die Produktion von pflanzlichen Rohstoffen und Nahrungsmitteln tendenziell immer weniger Ackerland zur Verfügung steht. Jede Vergrößerung der Nutzfläche wird nur auf Kosten von Wäldern und Grasland stattfinden und damit andere Ressourcen, insbesondere Wasser und Mutterboden, gefährden. Die landwirtschaftliche Produktion darf deshalb nur gesteigert werden, wenn gleichzeitig neue Methoden im Pflanzenbau, in der Schädlingsbekämpfung, bei der Bewässerung, beim Einsatz von Düngemitteln und in der Pflanzenzucht entwickelt werden.

Engpässe: Eine historisch einmalige Konstellation

Die drohenden Engpässe konzentrieren sich auf Bevölkerungswachstum, verfügbares Agrarland, Energie- und Umweltengpässe. Entscheidend ist, dass wir uns nie zuvor in einer Situation befunden haben, in der alle vier Faktoren so eng miteinander verknüpft waren. Sicher, wir haben schon früher Bevölkerungswachstum und Bevölkerungsdruck erlebt, aber es gab immer Land, das man in Ackerland umwandeln konnte. Sicher, wir mussten auch schon früher eine große Bevölkerung versorgen, doch eine Steigerung der landwirtschaftlichen Produktivität durch höheren Energieverbrauch und verbesserte Pflanzenzüchtung war immer möglich. Sicher, wir haben auch schon früher mehr Energie benötigt, aber nur wenige Meter unter der Erdoberfläche gab es immer irgendwo ein neues Ölfeld. Sicher, wir haben all diese Zwänge schon früher erfahren. Haben wir sie aber jemals alle gleichzeitig und als unüberwindbare Grenzen erfahren? Mit Sicherheit nicht. Haben wir jemals gleichzeitig einen derart schwer wiegenden Land- und Energiemangel erlebt und uns mit der realen Gefahr eines «ökologischen Kollapses» konfrontiert gesehen? Mit Sicherheit nicht.

Heute leben etwa 6 Milliarden Menschen auf der Erde, im Jahr 2025 werden es 8,5 Milliarden sein. Wir wissen nicht, wie stark die Bevölkerung nach 2025 wachsen wird. Der gängigen Meinung zufolge nimmt man derzeit an, dass die Geburtenrate um 2050 «automatisch» auf etwa zwei Kinder pro Familie fallen wird, da sich aufgrund von wirtschaftlichem Wachstum und der Einkommensentwicklung eine Geburtenrate wie heute in Industrieländern einstellen wird. Das ist eine sehr unrealistische Annahme, und selbst wenn sie sich als richtig erweisen sollte, wird die Bevölkerung im Jahr 2050 ca. 9,5 Milliarden erreichen und sich 2075 bei etwa 10 Milliarden einpendeln. Bis dann werden wir jedoch unsere derzeit bekannten Ölreserven, das heißt 30 Prozent der heute bekannten Energiereserven, erschöpft haben. Im Jahr 2075 werden wir ferner die gesamten derzeit bekannten Gasreserven oder, wenn wir Gas und Öl zusammen betrachten, die Hälfte der Gesamtenergiereserven erschöpft haben, obwohl der Pro-Kopf-Energieverbrauch aufgrund des Bevölkerungswachstums ebenfalls um etwa 40 Prozent zurückgegangen sein wird.

Der Energieengpass wird durch die Grenzen der Umweltbelastbarkeit noch schlimmer. Wir haben die fossilen Brennstoffe in einem solchen Ausmaß genutzt, dass unser irdisches Ökosystem dadurch verändert wird, und damit auch die Vermehrungs- und Überlebensstrategien von Mensch, Tier und Pflanze, die sich im Lauf ihrer Evolution in diesem System entwickelt haben. Wenn der Meeresspiegel steigt und Gletscher abschmelzen, ist das Leben von Millionen Menschen in Gefahr. Man schätzt, dass 30 Prozent der Weltbevölkerung in einem 50 Kilometer breiten Küstenstreifen leben, der hauptsächlich an europäischen und asiatischen Küsten liegt. Unzählige Menschen müssten als Flüchtlinge einer Umweltkatastrophe umgesiedelt werden; ihr Leben wäre von Überschwemmungen und Flutwellen bedroht, und noch mehr Ackerland ginge verloren. Außerdem wird die Erosion im Binnenland wegen stärkerer Regenfälle zunehmen.

Schließlich müssen wir nochmals auf den gravierenden Nahrungsmittelengpass hinweisen. Wir können die Landnutzung intensivieren und unsere Rasenflächen in Gemüsegärten umwandeln, aber wie viele Millionen Menschen zusätzlich können wir auf diese Art ernähren? Wir können vielleicht die Eiweißversorgung mit Hilfe der Weltmeere sicherstellen, aber die Meere sind schon jetzt überfischt. Möglicherweise wechseln wir von tierischem zu pflanzlichem Eiweiß, um mehr Menschen zu ernähren, doch diese Alternative gibt es nur in der bereits industrialisierten Welt und wird aufgrund des Bevölkerungswachstums in der Dritten Welt zunehmend bedeutungslos. Wir können uns auf marine Aquakultur, auf Anbau unter Glas und Hydrokultur besinnen, aber können wir damit die Zerstörung von Agrarland wettmachen, das durch Übernutzung, excessive Bewässerung und Erosion verloren geht? Können wir die Lücke schließen, die durch Urbanisierung und Zersiedelung entsteht? Können wir das Defizit an Pflanzenwachstum und Ernteertrag ausgleichen, das durch die erhöhte UV-Bestrahlung verursacht wird? Wir glauben nicht, dass diese Probleme gelöst werden können, ohne dass Knappheiten entstehen, die Millionen von Menschenleben kosten.

Es scheint jetzt sicher, dass es eine zeitliche Verknüpfung von vier erheblichen Engpässen geben wird: Bevölkerung, Ackerland, Energie und Tragfähigkeit der natürlichen Umwelt. Zwischen ihnen bestehen so enge Beziehungen, dass sie ein komplexes System bilden, dessen Gleichgewicht noch nie so gefährdet und gleichzeitig so wichtig für unser Überleben gewesen ist. Deshalb müssen wir auch zwischen Engpässen unterscheiden, die ständige, aber stabile Herausforderungen darstellen, und solchen, die ungleichmäßig und instabil sind. Das Bevölkerungswachstum ist zum Beispiel eine dauernde Herausforderung. Wenn wir uns jedoch den Energie- und Landnutzungsfragen zuwenden, müssen wir, insbesondere bei Umweltzwängen, mit Herausforderungen rechnen, die diskontinuierlich sind. Obwohl die Energieressourcen vielleicht nicht erschöpft sind, könnte die Energieversorgung aus technologischen, politischen oder wirtschaftlichen Gründen stark schwanken. Ackerland wird für die Nutzung unter Umständen auf sehr diskontinuierliche Weise verloren gehen, wenn man an Ereignisse wie Dürre- oder Flutkatastrophen, Erosion oder massive Übernutzung denkt. Und während das System immer komplexer wird und das

Überleben gleichzeitig immer empfindlicher auf Schwankungen von dieser Komplexität reagiert, wird dieses Überleben mit jeder Erschütterung des Systems immer unmittelbarer zu einer Frage von Leben und Tod.

Hinzu kommen die vom wirtschaftlichen System ausgehenden Erschütterungen, denn Produktionsfaktoren wie Bevölkerung, Land, Energie sowie viele Umweltengpässe werden von den Märkten beeinflusst und koordiniert. Märkte reagieren jedoch bekanntermaßen sehr erratisch, da das Ergebnis wegen der vielfältigen Marktinteraktionen und anonymen Mitspieler unvorhersehbar ist. Somit ist der kapitalistische Markt – angeblich genau *die* Wirtschaftsform, die uns das Überleben *garantieren* soll – in sich selbst eine *Bedrohung* für das Überleben; dies wird durch Spekulationen, Rezessionen und Depressionen, Haussen und Baissen veranschaulicht. Die Marktdynamik selbst bringt das labile Gleichgewicht zwischen Land, Energie, Bevölkerung und Umwelt aus dem Lot und bestimmt damit direkt über Leben und Sterben.

Auch die Instrumente, die in einer Welt von zufälligen, aber bedeutsamen Störungen Kontinuität *garantieren*, können versagen. Schon jetzt vermuten zum Beispiel Versicherungsgesellschaften, dass eine Reihe von Witterungsereignissen nicht länger hinreichend zufällig und/oder unbedeutend sind, um versicherbar zu sein. Der private Versicherungsmarkt ist vielleicht bald nicht mehr in der Lage, bestimmte Ökosystemrisiken abzusichern. Dadurch würde die allgemeine Instabilität zunehmen; einzig die Politik könnte Kontinuität und Stabilität noch potenziell garantieren, wie schon jetzt im Fall von Atomkraftwerken: Kein privater Versicherer ist bereit, diese Risiken vollständig zu versichern, *sie lassen sich auch nicht versichern.* Es fragt sich jedoch, wie viele große Risiken ein politisches System handhaben kann, bevor die Solidarität der Gesellschaft zusammenbricht, Instabilität und Konflikte wachsen und es schließlich zu Massensterben kommt?

In Zeiten von Wachstum und Systemexpansion können potenzielle Konflikte eher außer Acht gelassen werden, denn ihre Lösung ist relativ einfach. Jeder kann pareto-optimale Lösungen liefern. (Ein Zustand wird als pareto-optimal bezeichnet, wenn kein Individuum besser gestellt werden kann, ohne mindestens ein anderes Individuum schlechter zu stellen. Verteilungsaspekte werden nicht berücksichtigt.) Es wird jedoch viel schwieriger (und im wahrsten Sinn des Wortes lebensgefährlicher), wenn Konflikte in Zeiten von Schrumpfungsprozessen, zunehmender Knappheit und schwindenden Überflüssen gelöst werden müssen. Erstens nehmen Anzahl und Schweregrad von Konflikten tendenziell zu. Zweitens darf man Konfliktpotenziale nicht länger einfach ignorieren, denn im Fall eines offenen Ausbruchs käme es zu Unruhen, die die bestehende Knappheit nur verschlimmern und jede Lösung damit unnötig erschweren würden. Drittens sind Konflikte in Zeiten genereller Knappheit und Schrumpfungsprozesse politisch und ökonomisch viel *schwerer* zu lösen.

Zurzeit verlässt sich unsere Welt noch auf Expansion und pareto-optimale Konfliktlösungen. Dadurch werden internationaler Güteraustausch und Freihandel gefördert, wie am Beispiel der NAFTA (Nordamerikanisches Freihandelsabkommen) und der WTO (Welthandelsorganisation) ersichtlich ist. Zudem wird Osteuropa, dessen Wirtschafts- und politisches Regierungssystem früher höchst autark war, zurzeit demontiert und in die globale Arbeitsteilung integriert. China ist zwar noch Selbstversorger, wegen seiner Teilnahme am internationalen Markt und an der weltweiten Kommunikation kann jedoch auch dieses Land destabilisiert und zu einer Expansion seiner Marktbeziehungen gezwungen werden.

Der Kapitalismus ist das derzeit weltweit vorherrschende politische und ökonomische System; er lebt von Marktexpansion. Wie lässt er sich jedoch in Zukunft mit einem langfristigen Null- oder Negativwachstum vereinbaren? Gar nicht! Im Kapitalismus ist es schwierig, derartige Bedingungen ökonomisch und politisch handzuhaben; aus denselben Gründen fallen auch die nötigen Vorbereitungen schwer. Folglich sind Märkte, wenn sie sich selbst überlassen bleiben, nicht in der Lage, mit langfristigen Knappheiten umzugehen. Hat uns der Ölpreis zum Beispiel angekündigt, dass Öl bald sehr knapp sein wird? Im Gegenteil, die Ölmärkte haben, wenn überhaupt, eine immerzu wachsende Ölversorgung signalisiert. Das Gleiche gilt für Land, Holz und viele andere natürliche Ressourcen, die nur begrenzt verfügbar sind.

Die Fähigkeit des kapitalistischen Marktsystems, uns durch die kommenden Jahrzehnte zunehmender Knappheiten und abnehmender industrieller Produktion zu steuern, sind in der Tat sehr begrenzt. Wenn Leben gerettet werden soll, muss das Primat der Politik über den Markt wieder eingeführt werden, so wie es mit Ausnahme der bürgerlich-kapitalistischen Phase fast in der gesamten Menschheitsgeschichte der Fall war.

Wichtige Fragen

Der Eintritt in ein Zeitalter der Knappheiten und der Schrumpfungsprozesse ist gleichzeitig der Eintritt in ein Zeitalter zunehmender Konflikte, die ein großes Potenzial für Massensterben und sogar Völkermord besitzen. Ob es dazu kommt, hängt von den Steuerungsmechanismen ab, mit denen die Knappheit so kanalisiert wird, dass nur bestimmte Gruppen betroffen sind, wie auch von den Mechanismen, mit denen Konflikte gelöst, geregelt oder unterdrückt werden. Wenn die hier vorgestellte Analyse richtig oder auch nur plausibel ist, wenn es ferner unser Ziel ist, der Menschheit ohne oder nur mit geringen Verlusten beim Überleben dieser ungeheuren Herausforderung zu helfen, dann müssen wir (uns) zunehmend Fragen wie diese stellen:

- Wo und wie können wir mit unserem Wissen die allgemeine Öffentlichkeit vor drohenden Engpässen warnen und diese Engpässe damit überall zu wichtigen Diskussionsthemen machen?
- Wie reagiert das kapitalistische System im Allgemeinen, wenn es sich einem Null- oder Negativwachstum nähert? Mit welchen wirtschaftlichen und politischen Mitteln wird dann die Knappheit verwaltet? Wie wahrscheinlich ist es, dass faschistische oder andere autoritäre politische Systeme an die Macht gelangen, um mit der Knappheit fertig zu werden und gleichzeitig die Klassenbeziehungen zu wahren? Wie viele Menschenleben könnte es kosten, wenn die Verteilung von Knappheit dem Markt oder einer autoritären und faschistischen Politik überlassen bliebe?
- Was können wir von Gesellschaften im Krieg oder in einem kriegerischen Umfeld lernen? Wie haben sie diese Knappheiten erfahren und sind mit ihnen umgegangen? Welche Formen von Solidarität und anderen Bewältigungsstrategien haben sie angewandt?
- Welche Lösungsstrategien können bei Konflikten helfen, in denen alle Parteien etwas zu *verlieren* haben? Wie können Konflikte durch eine

langfristige Preiserhöhung für fossile Energieträger gemäßigt werden, wenn die Energiepreise zum Beispiel in zehn Jahren gleichmäßig auf das Doppelte und in zwanzig Jahren auf das Vierfache steigen?
- Was kann man aus dem Verhalten von Genossenschaften und anderen Selbsthilfeorganisationen über das Management der *Knappheiten* lernen?
- Inwieweit ist eine breite gesellschaftliche Kontrolle über die Produktionsmittel eine *Voraussetzung* für stärkere Solidarität und eine gleichmäßigere Verteilung der Knappheiten (oder des Überschusses)?
- Inwieweit können die drohenden Engpässe nur durch eine Wiedereinführung von Selbstversorgung auf regionalem Niveau bewältigt werden?
- Inwieweit kann eine regionale Selbstversorgung, wenn sie mit einem demokratischen Zugang zu Produktionsmitteln gekoppelt ist, Migrationen verhindern, die Geburtenrate senken und den Werttransfer von der Peripherie ins Zentrum vermindern?
- Welche Art und welches Niveau an industrieller Produktion wie auch an modernem wissenschaftlichem, kulturellem und sozialem Leben müssen wir erhalten, damit eine effektive und effiziente «Entindustrialisierung» stattfinden kann und gleichzeitig die wachsenden Engpässe und Bedürfnisse bewältigt werden können?
- Inwieweit sollten Sozialwissenschaftler/innen sich ethisch engagieren, um als Katalysatoren und Organisator/innen von Bewegungen zu wirken, die soziale Gerechtigkeit und den Erhalt des menschlichen Lebens fördern?

Es stellen sich weitere wichtige Fragen. Zudem muss das Repertoire sozialwissenschaftlicher Theorien in Hinblick auf die kommenden Probleme neu bewertet werden. Viele der klassischen und modernen Theorien der Soziologie haben ihre Wurzeln im späten 18. und im 19. Jahrhundert. Diese Theorien beschäftigen sich ausnahmslos mit den starken gesellschaftlichen Umwälzungen, die durch die Öffnung, Expansion und Differenzierung der sozialen und ökonomischen Systeme hervorgerufen wurden, und werden deshalb bald völlig unzulänglich sein. Die äußerst gravierenden zukünftigen Engpässe werden einen genauso drastischen sozialen Wandel bewirken, hervorgerufen durch Knappheiten, Systemabschottung und Herunterfahren der industriellen Produktion, Weltmärkte, weltweite Arbeitsteilung, Urbanisierung usw. Dieser gesellschaftliche Wandel wird nicht nur für die gegenwärtige weltweite Industrialisierung eine Kehrtwende um 180 Grad bedeuten, sondern von ganz anderer Art sein. Der allumfassende, rasante und drastische soziale Wandel der nahen Zukunft wird auf lange Sicht auch zu einer neuen Form von «klassischer» Sozialtheorie führen.

Die Aufklärung im 18. Jahrhundert ging von zwei unterschiedlichen und gegensätzlichen Menschenbildern aus. Hobbes behauptete, die Menschen würden auf den Stand eines Tieres sinken, wenn sie sich selbst überlassen blieben. Ohne die richtige – auch hierarchische – Ordnung von Gesellschaft und Zivilisation würde ein Kampf aller gegen alle herrschen. Die Gegenposition wurde von Rousseau vertreten; er argumentierte, der Mensch sei von Natur aus gut, werde aber durch den Einfluss der gesellschaftlichen Institutionen – auch der hierarchischen Ordnung – verdorben. Moderne Überzeugungen sind weitgehend der Ansicht von Rousseau gefolgt: Das Individuum galt als letztendlich inhärent gut. Nötig sei eine gesellschaftliche Revolution, damit das von Natur aus Gute des Individuums zum Vorschein kommen und sich entfalten könne.

Mittlerweile sind wir sehr skeptisch geworden, was den Glauben an die inhärente Tugend des Individuums angeht. Aufklärung, Erziehung, Kultur und Wissenschaften bringen nicht unbedingt Individuen hervor, die das tun, was für alle lebenserhaltend wirkt. Die Genozide des 20. Jahrhunderts, die ins 21. Jahrhundert ausstrahlen, haben das wahre Herz der Humanität auch entblößt. Tief in uns liegt eine Fähigkeit, Böses gegen die Menschheit von fast unvorstellbarem Ausmaß zu begehen. Wir haben die Natur des Menschen erblickt und erkannt, dass die Durchschnittsmenschen unter uns Millionen von Menschen in den Tod schicken und Himmel und Erde mit den Opfern von Schlachtfeldern füllen können. Täglich ist das inhärente Gute im Menschen im Nazideutschland und bei anderen staatsgeförderten Genoziden und Massakern widerlegt worden. Wenn also Rousseaus Postulat naiv gewesen ist, dann ist auch Hobbes' Begründung entkräftet worden.

Mit der Zeit werden die Genozide des 20. Jahrhunderts in den Hintergrund treten. Doch seit diesen Geschehen können Grundvoraussetzungen über menschliches Verhalten und Zivilisation nicht mehr unangefochten postuliert werden. Das Ereignis liegt zwar in der Vergangenheit, doch das Phänomen bleibt, genau wie die Ursachen, die durch die oben aufgeführten politischen, gesellschaftlichen und wirtschaftlichen Engpässe an Virulenz gewinnen. Das Undenkbare ist bereits passiert; die Vorstellung zukünftiger Katastrophen ist deshalb nicht undenkbar.

Wenn wir unsere jungen Studierenden sehen, bangen wir um ihre Zukunft. Wir würden ihnen gerne sagen können, dass man trotz endloser Gewalt und Desillusionierung den Glauben an die Menschheit und an ihre Fähigkeit zur Problemlösung bewahren muss. Verzweiflung ist keine Lösung. Die Lösung liegt im Analysieren, im angestrengten Nachdenken und Nachfragen und im zielstrebigen und informierten Handeln. Diesem Ziel ist das Buch gewidmet.

Teil 1

Das Problem

Einleitung

Warum sollte es die Überflussgesellschaft in Europa oder Nordamerika kümmern, dass die Dritte Welt eine Bevölkerungsexplosion erlebt, ökologische «Katastrophen» stattfinden und sich in irgendwelchen entfernten Ecken der Welt Massenarmut und Krankheit ausbreiten? Welchen praktischen Bezug hat ein Bankier in Tokyo, ein Geschäftsmann in Kopenhagen, ein Landwirt in Iowa oder eine Hausfrau in Zürich – alle mit ihrem eigenen Leben beschäftigt – zu Hungersnot und Bürgerkrieg in Somalia, Überschwemmungen in Bangladesch und Völkermord in Rwanda, Bosnien oder Osttimor? Zwischen armen und reichen Nationen haben schon immer Welten gelegen. Warum also sollte all dies die Menschen in der entwickelten Welt kümmern? Ganz einfach. Es ist absolut in ihrem eigenen Interesse, das exponentielle Bevölkerungswachstum und die Ressourcenerschöpfung zu begrenzen, Existenz und Lebenschancen überall zu sichern.

Das demographische Ungleichgewicht zwischen Arm und Reich führt zu einer Wanderungsbewegung von den armen zu den reichen Gesellschaften, das die Fähigkeit der reichen Gesellschaften herausfordert, die Armen ohne verheerende Konflikte aufzunehmen. Sicherlich haben die Menschen ihre Umwelt schon immer geschädigt. Von Anfang an haben sie ihren Lebensraum abgeholzt, abgebrannt, überweidet und verschmutzt. Die Umweltkrise, die jetzt auf uns zukommt, ist jedoch quantitativ und qualitativ anders als alles, womit wir es bisher zu tun hatten; denn im Lauf der letzten hundert Jahre haben so viele Menschen weltweit so viel Schaden im Ökosystem angerichtet, dass das System als Ganzes – und nicht nur in Teilen – in Gefahr sein könnte. Wir erkennen dies am Wachstum der Weltbevölkerung, an der zunehmenden Ressourcenverknappung, den Umweltschäden und an der immer größeren Diskrepanz von Einkommen und Ressourcenverbrauch zwischen den Entwicklungsländern und der entwickelten Welt. All diese Tendenzen stellen ungeheure Anforderungen an die Weltgesellschaft und das Ökosystem. Beide im 21. Jahrhundert ohne regionale oder globale Katastrophen zu sichern, ist das Anliegen des folgenden Textteils.

John B. Cobb, Jr.

1 Globalisierung und Sicherheit: Die Aussichten der Underclass

Die Situation in den USA

Wir sprechen häufig von Ober-, Mittel- und Unterschicht. In diesem Beitrag verstehen wir unter Unterschicht wenig qualifizierte Arbeiter. Normalerweise sind in Industriegesellschaften mehr Arbeiter/innen verfügbar, als benötigt werden, sodass die Löhne auf dem freien Markt niedrig sind. Bei einem Arbeitskräftemangel in einem bestimmten Land werden Arbeitskräfte aus Ländern importiert, wo diese zahlreich sind. Ein Beispiel ist der regelmäßige Import von Landarbeitern aus Mexiko in die Vereinigten Staaten.

Folglich ist ein bestimmter Prozentsatz der Arbeiterklasse aus der Unterschicht normalerweise arbeitslos. Dieser Zustand gilt den meisten Ökonomen als erstrebenswert, da eine Vollbeschäftigung einen positiven Lohndruck bewirken würde. Die meisten Volkswirte glauben, dass steigende Löhne zu einer Inflation führen und dies vermieden werden muss. Wenn die Arbeitslosenzahlen unter ein bestimmtes Niveau sinken (gewöhnlich 5 bis 7 Prozent), setzt das Federal Reserve Board in den USA (entspricht etwa dem Zentralbankrat) die Zinsraten hoch, um die Wirtschaftsexpansion zu bremsen.

Solange diese Menschen ohne Arbeit als «zeitweilig arbeitslos» gelten, kann man sie noch als Mitglieder der Unterschicht ansehen. Wenn aber viele von ihnen kaum jemals Arbeit finden, wenn sie aufhören, auf dem regulären Markt nach Arbeit zu suchen, dann ändert sich ihr Klassenstatus. Wir können diese Gruppe als Underclass definieren.

Wenn die Gesellschaft erkennt, dass ihre Politik zur ständigen Arbeitslosigkeit von potenziellen Arbeitern führt und es überdies Personen gibt, die geistig oder körperlich nicht in der Lage sind, an der Marktwirtschaft teilzunehmen, dann wird sie für die Grundbedürfnisse dieser Menschen sorgen. In einer Wohlfahrtsgesellschaft wird für jeden gesorgt. Niemand ist ohne Nahrung, Kleidung und Unterkunft. In einer derartigen Gesellschaft wird die Underclass durch den Staat unterstützt.

In den 1960ern und 1970ern wurden viele europäische Länder zu Wohlfahrtsstaaten. In den Vereinigten Staaten ist man mit zahlreichen Maßnahmen für die Bedürftigen ebenfalls einige Schritte in diese Richtung gegangen. Durch diese Programme, die aus humanitärer Sicht durchaus zu begrüßen sind, wird extreme Armut verhindert.

Doch diese Lösung birgt auch Probleme. In der Underclass entsteht eine Kultur, die ein Verantwortungsgefühl gegenüber der allgemeinen Gesellschaft nicht kennt. Sogar wenn es Arbeit gibt, fehlen die Erfahrung und die Motivation, um auf dem Markt bestehen zu können. Ferner ist die Entlohnung unter Umständen nicht höher als die Sozialhilfe. Mitglieder der Underclass, die ehrgeizig sind und aus der Armut entfliehen möchten, gehen in den Vereinigten Staaten eher in die Kriminalität. In amerikanischen Gefängnissen sind heute zwei Millionen Menschen inhaftiert, die meisten davon gehören zur Underclass.

Für Marx bestand der Klassenkonflikt im Konflikt zwischen Unter- und Oberschicht (Proletariat und Bourgeoisie), doch heute ist es in den Vereinigten Staaten häufiger ein Konflikt zwischen Unterschicht und Underclass. Die Unterschicht ärgert sich darüber, für einen geringen Lohn hart arbeiten zu müssen, wenn andere fürs Nichtstun fast genauso viel erhalten; außerdem fühlt sie sich persönlich von den Gefahren bedroht, die von der Straßenkriminalität ausgehen, bei der die Underclass die Hauptrolle spielt.

Sehr populär war eine «Wohlfahrtsreform» in den USA, die die Arbeitslosen mit Druck zwang, eine Beschäftigung anzunehmen. Seit dieser Reform, die zu Zeiten von Vollbeschäftigung eingeführt wurde, sind viele Arbeitslose, auch einige aus der Underclass, in die arbeitende Bevölkerung zurückgekehrt. Aber auch die Zahl der Obdachlosen und Hungernden hat zugenommen, und die Gefängnispopulation wächst weiterhin. Wenn Gesetze zur Beendigung der Sozialhilfe in Kraft treten, wird sich die Situation der Underclass noch weiter verschärfen.

Vergegenwärtigt man sich die Folgen der heutigen Politik, so sieht die Zukunft düster aus. Wenn man die Unterstützung der Underclass einstellt, während man gleichzeitig eine beträchtliche Arbeitslosigkeit in Kauf nimmt, um eine «Lohninflation» zu bekämpfen, kann das Elend nur schlimmer werden. Menschen, die innerhalb des Gesetzes nicht überleben können, werden ihr Überleben außerhalb des Gesetzes suchen. Die Working Poor werden gegenüber der Underclass noch stärkeren Groll hegen. Und die Gesellschaft als Ganzes wird diese gesamte Klasse nicht nur als überflüssig, sondern vielmehr als Krebsgeschwür ansehen. Zunehmend wird man die Rolle der Polizei darin sehen, die restliche Gesellschaft vor der Underclass zu beschützen. Die Aussichten für die Underclass sind trostlos.

Die Gefahr ist sogar noch größer, als die «Klassenanalyse» allein andeutet. In den Vereinigten Staaten sind Klasse und Rasse eng verbunden. Obwohl Menschen aller Rassen der Underclass angehören, bestimmen in der Vorstellung der anderen die Schwarzen das Bild der Underclass. Rassistische Gefühle gegen Schwarze (und häufig auch gegen andere Minderheiten) von Seiten der Weißen mischen sich mit Klassengefühlen und verschlimmern diese. Sie wirken sich auch auf die Einstellung gegenüber Schwarzen aus andern Schichten aus. Schwarze reagieren mit Wut auf diesen anhaltenden Rassismus der US-Gesellschaft.

In dieser für die Underclass gefährlichen Situation verspräche ein Politikwechsel in Bezug auf Arbeitslosigkeit und Löhne einigen Erfolg. Wenn die Regierung ernsthaft Vollbeschäftigung anstrebte, könnte der Hauptgrund für das Anwachsen der Underclass ausgeschaltet werden. Jedes Kind könnte in der Erwartung aufwachsen, dass es von der Gesellschaft erwünscht ist und gebraucht wird.

Zusätzlich würde eine Politik der Vollbeschäftigung zu steigenden Löhnen für ungelernte Berufseinsteiger führen. Vollbeschäftigung, die zurzeit als «Lohninflation» bezeichnet und durch das Abbremsen der Wirtschaft mit Hilfe höherer Zinsraten erfolgreich vermieden wird, würde dann als Chance für die Arbeiter/innen verstanden, am Wohlstand der Nation teilzuhaben. Überdies würden gut bezahlte Arbeitskräfte den Menschen, die aus irgendeinem Grund nicht fähig sind, am Arbeitsleben teilzunehmen, die Sozialhilfezahlungen gönnen.

Natürlich würde diese Politik nicht sofort die Kultur der Underclass auflösen. Es kann momentan nur ein Wandlungsprozess eingeleitet werden, der bis zu seinem Abschluss mindestens zwei Generationen brauchen wird. Eine Richtungsumkehr in der vorgeschlagenen Weise würde jedoch von sich aus die Situation sofort verbessern.

Ein Gegenargument ist, dass diese Lösung eine Inflation verursacht. Dass dies wirklich der Fall sein wird, ist aus der Geschichte nicht ersichtlich. Die Daten können auch ganz anders interpretiert werden. Es ist bemerkenswert, dass die niedrige Arbeitslosenrate der späten 1990er-Jahre nicht mit einer Inflation einherging. Wenn es Anfang des neuen Jahrtausends zu einer Inflation kommt, wird man sie zweifellos einer zu geringen Arbeitslosenquote und der damit einhergehenden Lohnerhöhung anlasten. Eine Inflation kann aber genauso gut das Ergebnis der wiederholten Zinserhöhungen sein, die das Federal Reserve Board zur Erhöhung der Arbeitslosigkeit vorgenommen hat.

Der globale Kontext

Auf globaler Basis ist das Problem noch wesentlich komplexer. Eine Nation kann ihre eigene Politik in dem Umfang durchsetzen, in dem Wirtschaftszweige Bestandteil des nationalen Marktsystems sind. Sie kann Vollbeschäftigung anstreben und die Löhne steigen lassen und dieses Ziel sogar aktiv unterstützen. Ein Land kann beschließen, für alle Menschen zu sorgen, die nicht fähig sind, am Markt teilzunehmen. Da sich alle Arbeitgeber/innen mit demselben Hintergrund um Arbeitskräfte bemühen, haben alle die gleiche Chance auf Erfolg. Vollbeschäftigung bei guten Löhnen bedeutet eine hohe Güternachfrage. Ein stabiler Wohlstand ist möglich.

In einer globalen Wirtschaft kommt es jedoch zu ernsten Problemen. Produzenten in Hochlohnländern müssen mit Produzenten in Niedriglohnländern in Wettbewerb treten. Sie sind in arbeitsintensiven Industriezweigen gezwungen, die Produktion in Länder mit niedrigem Lohnniveau zu verlegen. Länder mit hohem Lohnniveau und einem Versorgungssystem für alle Bürger stehen unter starkem Druck, ihre Volkswirtschaft zu verändern. Sie müssen entweder eine hohe Arbeitslosigkeit akzeptieren, wie in großen Teilen von Europa, oder sie müssen die Arbeitskosten reduzieren, wie in den Vereinigten Staaten. Beide politischen Wege führen zum Anwachsen einer Underclass.

Häufig wird angenommen, dass die weniger entwickelten Länder profitieren, wenn die hoch entwickelten Nationen diesen Preis zahlen. Sicherlich fand in vielen Entwicklungsländern wesentlich mehr industrielle Entwicklung statt, als sonst erfolgt wäre. Gemessen am Bruttoinlandsprodukt (BIP) machen diese Nationen schnelle Fortschritte. Leider ist dieses Wachstum im typischen Fall auch vom Entstehen einer Underclass in diesen Ländern begleitet.

Die Entwicklungen unterscheiden sich von Land zu Land. Einige Länder in Ostasien haben wie Japan ihre Industrialisierung auf nationaler Ebene streng kontrolliert. In diesen Ländern gab es kaum eine Underclass; sie tritt erst jetzt in Erscheinung, weil sich diese Länder den Kräften des globalen Marktes öffnen müssen. Die Situation in Japan, Südkorea, Taiwan und Singapur ist der in Europa ähnlich.

Andere asiatische Länder, wie Thailand und Indonesien, haben sich hauptsächlich innerhalb des Weltmarkts entwickelt. Dieses Modell war auch für Südamerika und Afrika typisch, soweit dort überhaupt industrielle Entwicklung stattgefunden hat. Einige allgemeine Überlegungen sollen aufzeigen, wie eine Underclass in diesen Ländern entsteht.

Noch nicht industrialisierte Gesellschaften sind arbeitsintensiv. Es gibt Arbeit für die meisten Menschen, und das Einkommen reicht aus, um das Existenzminimum, aber kaum mehr, zu erwirtschaften. Fast alle sind arm, aber alle haben einen Platz in der Volkswirtschaft.

Transnationale Unternehmen verändern diese Volkswirtschaften mit ihren Investitionen. Sie können die besten Landflächen für die landwirtschaftliche Produktion zu Exportzwecken kaufen und damit die sich selbst versorgenden Bauern verdrängen. Einige der Bauern werden in den neu entstehenden Agrobusinessunternehmen angestellt; da die Produktionsmethoden jedoch weniger arbeitsintensiv sind, werden weniger Arbeitskräfte benötigt. Ähnlich ist es mit Handelsketten, die Importgüter einführen und damit die heimischen Handwerksbetriebe und kleinen Geschäfte in der Nachbarschaft unterbieten. Einige frühere Handwerker und Kaufleute werden als Angestellte beschäftigt, aber viele werden nicht mehr gebraucht. Diese Arbeitskräfte, die ihre unabhängige Lebensgrundlage verloren haben, stehen jetzt als Industriearbeiter zur Verfügung.

Das Verdrängen aus dem traditionellen Wirtschaftsleben findet schneller statt als die Eingliederung der Arbeitskräfte in die neuen Industrien. Sozialer Wandel ruft neue Bedürfnisse und auch neue Wünsche hervor. Viele Frauen, insbesondere junge, nehmen Arbeitsstellen an. Die Zahl der Unbeschäftigten und Unterbeschäftigten nimmt rasant zu.

Hier haben wir es mit einem Teufelskreis zu tun. Da so viele nach Arbeit suchen, sind die Löhne sehr niedrig. Ein Lohn allein reicht jedoch nicht einmal aus, um eine kleine Familie zu ernähren, daher müssen immer mehr Familienmitglieder nach Arbeit suchen. Dies wiederum vergrößert den Pool der Arbeitskräfte, und die Löhne werden weiter gedrückt. Sobald die Löhne in einem Land ansteigen, locken andere Länder Industrieansiedlungen durch ein niedriges Lohnniveau an. Zurzeit beherrscht dieser Vorgang die globale Szene; man kann ihn als «Wettlauf nach unten» beschreiben.

In globalem Zusammenhang werden die Entwicklungsprobleme durch die extreme Mobilität des Kapitals noch verschlimmert. Kapitalflüsse schaffen scheinbaren Wohlstand und sogar beträchtliche einheimische wirtschaftliche Entwicklung. Wenn das Kapital jedoch – unter Umständen plötzlich – abgezogen wird, wird diese Entwicklung abrupt beendet, es kommt zum Bankrott von einheimischen Unternehmen, der häufig mit einem Notverkauf der Produktionsstätten und der Übernahme durch transnationale Investoren endet. Entwicklungsländer bleiben auf hohen Schulden sitzen, die durch weitere Ausbeutung ihrer Arbeitskräfte bezahlt werden müssen. Die Hilflosigkeit gegenüber dem internationalen Kapitalverkehr trägt zur prekären Situation der armen Länder bei.

Hier passt der Begriff der Underclass, wie wir ihn für die Vereinigten Staaten definiert haben, nicht richtig. In weiten Bereichen der Weltwirtschaft reicht eine einfache Beschäftigung nicht, um einen Menschen aus der Underclass herauszuheben. Löhne, die weit unter dem Existenzminimum liegen und mit einer unsicheren Arbeitsstelle einhergehen, machen einen Menschen nicht zum Mitglied einer echten Arbeiterklasse. Allzu oft sind heranwachsende Töchter die einzigen Familienmitglieder, die Arbeit finden. Unter günstigen Umständen ist dies Arbeit in einer Fabrik, wo man bevorzugt junge Frauen einstellt. Leider arbeiten jedoch Millionen von jungen Mädchen als Prostituierte. Die globale Underclass besteht aus den Arbeitslosen, den Unterbeschäftigten und den massiv Unterbezahlten, die alle keinen Zugang mehr zu den traditionellen Mitteln haben, mit denen sie ihren Lebensunterhalt bestreiten können. In den meisten Fällen sind die Regierungen nicht fähig oder nicht willens, sie mit dem Nötigsten zu versorgen.

Eine «Entwicklung», die diese Underclass hervorbringt, ist nicht die einzige Möglichkeit. Wir haben festgestellt, dass man zuerst in Japan ein anderes Modell praktiziert hat, das mit Erfolg von Südkorea, Taiwan und Singapur nachgeahmt worden ist. In diesem Modell haben die nationalen Regierungen die Entwicklungsmuster kontrolliert, indem sie eng mit dem einheimischen Gewerbe zusammengearbeitet haben.

Ein drittes Modell ist wesentlich weniger erprobt. Man kann es als Gemeinschaftsentwicklungsmodell bezeichnen. In diesem Modell ist nicht die Welt oder die Nation, sondern das Dorf oder das örtliche Gemeinwesen die Einheit. Ziel ist es, das Leben der Gemeinschaft zu verbessern. Mit Hilfe von einfacher Technologie wird die Produktivität von Bauern und Handwerkern gesteigert. Sie werden nicht durch Agrobusinessunternehmen, Importgüter oder große Einzelhändler verdrängt.

Die Befürworter einer globalisierten Wirtschaft versichern uns immer wieder, es gebe keine Wahl; das ist eine Übertreibung. Durch diese Behauptung soll das Interesse an Optionen wie den oben erwähnten vermindert werden, sodass sie gar nicht erst in Erwägung gezogen werden. Es gibt Orte, wo diese anderen Modelle noch praktische Bedeutung haben, und mit genügend Unterstützung könnten sie noch wichtiger werden. Trotzdem müssen wir auch überlegen, ob das Elend der globalen Underclass innerhalb des herrschenden Weltwirtschaftssystems gelöst werden kann.

Es gibt verschiedene Bewegungen, die die Politik der transnationalen Konzerne beeinflussen. Einige Unternehmensführer tun, was sie können, um ihren Angestellten zu helfen. Konzerne haben ethische Richtlinien aufgestellt, was ihre Geschäftspraxis in Entwicklungsländern angeht. Verantwortungsvolle Investoren schlagen ihren Unternehmen vor, zu einem Lohn überzugehen, der das Existenzminimum deckt. Verbraucher/innen organisieren sich, um mit demselben Ziel Druck auf ausgewählte Firmen auszuüben. Die meiste Wirkung hatten bisher Studentengruppen, die ihre Colleges und Universitäten dazu brachten, Waren nicht mehr von Unternehmen zu beziehen, die unkooperativ waren. Einige wenige Firmen haben die Standorte ihrer Fabriken bekannt gegeben und erlauben unabhängige Inspektionen. Die Öffentlichkeit kann mithelfen, einen Teil des schlimmsten Missbrauchs zu stoppen. Verantwortungsvolle Investoren und Verbraucher/innen in den USA unterstützen ferner Gewerkschaften in Entwicklungsländern. Auch hier hat es einigen Erfolg gegeben.

All diese Bemühungen um eine Humanisierung der globalen Wirtschaft lohnen sich. Sie können das weltweite Elend von Millionen Menschen aus der Underclass etwas lindern. Trotzdem sind die Grenzen dieser Bemühungen offenkundig. Im Allgemeinen erhöhen sich die Kosten, wenn man den Forderungen verantwortungsvoller Menschen nachkommt. Konzerne mit einer derartigen Unternehmenspolitik haben gegenüber den anderen Firmen einen Wettbewerbsnachteil. Aktionärsbeschlüsse und Verbraucherboykotte können keine allgemeine Wirksamkeit haben. Die Unternehmen, die am meisten auf soziale Forderungen reagieren, werden wirtschaftlich am anfälligsten. Wenn die Gewerkschaften in einem Land erfolgreich sind, wird die Produktion häufig in ein anderes Land verlagert, dessen Arbeiterschaft unter Garantie passiver ist.

Beträchtliche und sichere Gewinne machen globale Regeln nötig, vergleichbar den Regeln, die in der Vergangenheit in den meisten Industriegesellschaften von den Gewerkschaften durchgesetzt wurden. Die WTO wäre die Einrichtung, die diese Regeln am besten umsetzen könnte. Bisher hat sie eher eine Politik vertreten, die Konzerninteressen am freien Güter- und Kapitalverkehr unterstützt hat und nicht für Fairness gegenüber den Arbeitskräften eingetreten ist. Das Problem ist jedoch angesprochen worden. Die Entwicklung von Arbeitsstandards auf globaler Ebene kann für die Arbeitskräfte auf der ganzen Welt nicht dasselbe bewirken, was die nationalen Standards einst innerhalb der Länder geschafft haben, sie kann jedoch die schlimmsten Missstände des gegenwärtigen Systems abbauen.

Ein anderer, vielleicht hilfreicher Vorschlag ist eine von James TOBIN vorgeschlagene Steuer (Tobin-Tax), eine Besteuerung von Devisentransaktionen, bei der die Devisengeschäfte mit einem halben Prozent besteuert werden und der Erlös an die Vereinten Nationen gehen soll. Diese Transaktionen haben einen Wert von 1,5 Billionen Dollar pro Tag, wovon nur 5 Prozent im Waren- und Dienstleistungsverkehr abgewickelt werden. Der größte Teil sind kurzfristige Spekulationsgeschäfte, die wenig zur Wirtschaft, dafür aber viel zu den oben beschriebenen Turbulenzen beitragen.

Die Steuer würde gleichzeitig die Turbulenzen der Finanzmärkte verringern und Geld für die Bekämpfung der weltweiten Armut freisetzen. So stünden ausreichende Summen zur Verfügung, Bildung und Gesundheitsfürsorge weltweit zu verbessern und ein soziales Netz für die Armen einzurichten. Besonders in Europa findet die Vorstellung der Tobin-Tax viel Unterstützung.

Ein letzter Vorschlag ist der Schuldenerlass. Es ist zu komplex, hier auf knappem Raum zu erklären, wieso ein Großteil der Welt zu Schuldnern der entwickelten Länder und der internationalen Finanzeinrichtungen wurde. Es besteht jedoch kein Zweifel, dass viele Länder ihre Schulden niemals tilgen können und die Zinszahlungen es ihnen unmöglich machen, ihre Armen angemessen zu versorgen. Außerdem zwingt es sie, die Löhne im Wettbewerb um Investoren niedrig zu halten.

Die internationale Schuldenkampagne *Jubilee 2000* hat mit ihrem Vorschlag, den ärmsten Ländern der Welt die Schulden zu erlassen, beträchtliche Aufmerksamkeit erregt. Viele Regierungen haben eingewilligt, Schritte in dieser Richtung zu unternehmen. Bei genauer Prüfung gehen nicht alle Abkommen so weit, wie die offiziellen Verlautbarungen vermuten lassen. Die Idee ist jedoch prinzipiell akzeptiert, und es sind Fortschritte zu ihrer Umsetzung erreicht worden.

Der größere Zusammenhang

Bisher haben wir die Lage der Underclass betrachtet, als ob sie sich in einem physischen Vakuum befände. Wenn wir jedoch den größeren Zusammenhang, das System Erde als Ganzes, miteinbeziehen, ist die Situation beunruhigender.

Als Hauptargument für die Globalisierung der Wirtschaft wird angeführt, dieses System sei am besten zur Förderung eines allgemeinen Wirtschaftswachstums fähig. Viele verantwortungsbewusste Ökonomen geben zu, dass die Anfangsphasen von transnationaler Kapitalanlage viel Leid mit sich bringen. Die Reichen werden noch reicher, und die Armen werden noch ärmer. Diese Ökonomen argumentieren jedoch, dass die Produktion mit der Zeit bis zu einem Punkt zunimmt, bei dem alle profitieren. Geduld ist nötig. Sie glauben, es werde schließlich keine Underclass und sogar keine Armut mehr geben.

Es gibt viele Gründe, dieses Szenario skeptisch zu betrachten. Der wichtigste: Es verkennt die physischen Grenzen unseres Planeten. Aus ökologischer Sicht ist das Ausmaß der globalen Wirtschaftsaktivität schon jetzt zu groß. Würde die gegenwärtige Produktion gleichmäßig auf der ganzen Welt verteilt, dann könnte sie überall die schlimmste Armut besiegen. Aber niemand, und bestimmt nicht die Vertreter der Wirtschaftsglobalisierung, schlägt eine solche Umverteilung vor. Es wird argumentiert, dass bei einer Zunahme der Gesamtproduktion alle proportional profitieren werden.

Der so genannte Brundtland-Bericht (unter Leitung von Gro BRUNDTLAND für die Vereinten Nationen erstellt) legte dar, dass das Einkommen der Armen dieser Welt beim jetzigen Bevölkerungswachstum mindestens um das Sechsfache steigen müsste, um die schlimmste Armut zu beseitigen. Nach Ansicht der Autoren wird diese Zunahme nicht stattfinden können, wenn andere Gesellschaftsschichten nicht auch einen sechsfachen Einkommenszuwachs erzielen. Das bedeutet, dass die Produktion in einer Welt, wo die Wirtschaftstätigkeit schon jetzt an die ökologischen Grenzen stößt, um das Sechsfache gesteigert werden müsste.

Dieses Problem war den Autoren in gewisser Hinsicht bewusst. Sie hielten es für möglich, die Ressourcen wesentlich effizienter zu nutzen und die Umweltverschmutzung beträchtlich zu reduzieren. Zweifellos können auf diese Weise wichtige Erfolge erzielt werden. Ein Teil des Wachstums kann zudem in Form von Dienstleistungen stattfinden, die die Umwelt nicht belasten. Es ist jedoch sogar theoretisch äußerst zweifelhaft, dass ein solches Wachstum keine katastrophalen ökologischen Folgen hat.

Es ist auf jeden Fall kaum wahrscheinlich, dass man sich konsequent an das ideale Vorgehen halten würde; bisher zumindest ist man nicht so verfahren. In China zum Beispiel hat das rasante Industriewachstum der letzten Jahre bereits zu einer erschreckenden Umweltverschmutzung und zur Verknappung der Wasserreserven geführt. Eine zusätzliche Verdoppelung oder Vervierfachung der Industrieproduktion ist dort kaum vorstellbar.

Die globale Erwärmung gehört zu den folgenreichsten Eingriffen in die Umwelt. Es ist heute gut belegt, dass diese Erwärmung und eine damit einhergehende Zunahme an Stürmen und anderen Witterungsanomalien bereits stattfindet. Eine erhöhte Industrieaktivität wird diese Situation fast mit Sicherheit verschlimmern. An einem gewissen Punkt wird der Schaden den kurzfristigen Nutzen (selbst in den krassesten Wirtschaftsberechnungen) übertreffen.

Dies impliziert, dass das Ideal eines durch den globalen Markt geförderten globalen Wirtschaftswachstums im absoluten Gegensatz zu den physischen Realitäten unseres Planeten steht. Das globale Wachstum kann die Probleme der Underclass, die erst durch seine Auswirkungen entstehen, nicht lösen.

Sorgen macht besonders die Vorstellung, was mit der Underclass geschehen wird, wenn die Grenzen langsam ins allgemeine Bewusstsein dringen. Das Interesse am Überleben der Underclass wird sinken, sobald sich die herrschende Klasse darüber klar wird, dass für die Wirtschaftsaktivität, die der Planet mengenmäßig verkraften kann, niemals die Arbeitskraft der Milliarden benötigt wird, die zurzeit die Erde bevölkern. Die Entscheidungsträger dieser Welt werden zu der Überzeugung gelangen, dass eine wesentlich geringere Bevölkerung erstrebenswerter wäre. Deshalb wird die Underclass nicht nur als überflüssig, sondern als Hindernis für das Wohlergehen der «produktiven» Menschen erscheinen. Wenn die Underclass dann aus Verzweiflung zu Gewalt greift, werden die Mächtigen genau die Entschuldigung haben, die sie brauchen, um viele Angehörige der Underclass zu beseitigen.

Wege aus der Krise

Können wir uns ein weniger schreckliches Szenario vorstellen? Ja, das können wir, doch würde es ein Ausmaß von Veränderungen erfordern, wie es bisher in den politischen Szenarien kaum vorgesehen ist.

Als Erstes müsste das Konzept des Wirtschaftswachstums völlig in Frage gestellt werden. Das Bruttoinlandsprodukt, dessen Zunahme jetzt als

Rechtfertigung für eine Globalisierung der Wirtschaft herangezogen wird, ist keineswegs ein Maßstab für menschliches Wohlergehen. Diese Tatsache ist im Einzelnen nachgewiesen worden. Wenn man alternative Maßstäbe wie den *Index of Sustainable Economic Welfare* (ISEW, Index des nachhaltigen wirtschaftlichen Wohlstands) oder den *Genuine Progress Indicator* (GPI, Indikator für tatsächlichen Fortschritt) als Richtlinien für die Wirtschaftsaktivität heranzieht, zeigt sich, dass Wachstum, wie es durch das Bruttoinlandsprodukt (oder das Weltsozialprodukt) gemessen wird, häufig überhaupt nicht zu echtem wirtschaftlichem Wohlstand beiträgt!

Als Zweites sollten wir erkennen, dass wirtschaftlicher Wohlstand nur einen Teil des gesamten Wohlergehens bildet. Ökonomisches Denken hat die Welt in den letzten fünfzig Jahren beherrscht, das sollten wir rückgängig machen. Wir sollten Politik nach ihrem Beitrag zur «Gesundheit» der Erde beurteilen, dazu gehören alle Bewohner/innen, insbesondere die Menschen. Durch diese Evaluierung würden wir – ähnlich wie bei dem oben skizzierten zerstörerischen Zukunftsszenario, jedoch auf anderem Weg – zu der Einsicht gelangen, dass ein weiteres Bevölkerungswachstum für die Zukunftsaussichten des Menschen schädlich ist. Diese Einsicht würde jedoch auf eine andere Bewertung der Prioritäten in den reichen Nationen hinzielen: weg von der Konsumgesellschaft und hin zu wichtigeren menschlichen Werten sowie zu positiven Maßnahmen für Kleinfamilien in den Entwicklungsländern, wie auf der UN-Konferenz von Kairo vorgeschlagen wurde.

Als Drittes sollten wir sicherstellen, dass der Wirtschaftssektor *allen* Menschen dient. Dieser Wandel würde eine Machtverschiebung weg von Wirtschaftsinstitutionen, die hauptsächlich von wirtschaftlichem Gewinnstreben geleitet werden, hin zu politischen, sozialen und kulturellen Einrichtungen beinhalten, durch welche die Menschen insgesamt ihren Willen ausdrücken können. Dieser Zug würde den Trend der letzten fünfzig Jahre umkehren; er sollte allerdings nicht zurück zum extremen Nationalismus der Vergangenheit führen. Nationale Macht sollte sowohl durch internationale Organisationen, wie die gestärkten Vereinten Nationen, legitimiert werden, als auch dorthin übertragen werden, wo die Menschen unmittelbarer an den Entscheidungen teilnehmen können.

Als Viertes sollte die Wirtschaft wesentlich nationaler und innerhalb der Nationen lokaler werden. Dieser Vorschlag ergibt sich aus den vorhergehenden Punkten. Eine globale Wirtschaftsmacht lässt sich nicht den politischen, sozialen und kulturellen Kräften unterordnen, wie sie auf nationaler und lokaler Ebene bestehen. Katastrophen werden unvermeidbar, wenn die Menschen nicht generell in der Lage sind, sich zu ernähren, zu bekleiden und Unterkunft zu finden, und wenn menschliche Gemeinschaften auf nationaler und lokaler Ebene ihr Leben nicht im Einklang mit dem Nutzen aller Mitglieder führen können.

Es gibt kaum Zweifel, dass schließlich wieder lokale Wirtschaftsunternehmen entstehen werden. Die globalisierte Wirtschaft wird immer anfälliger. Ihre Prämissen – dass sie der Menschheit ökonomisch nütze und unbegrenzt wachsen könne – sind beide falsch. Derartig grundlegende Irrtümer bedeuten einen Zusammenbruch. Aber kann ein solcher Wandel ohne Katastrophe stattfinden?

Die neueren Entwicklungen in Kuba lassen hoffen. Kuba hat das globalwirtschaftliche Denken übernommen, obwohl die Vereinigten Staaten seinen Zugang zur globalen Wirtschaft blockierten. Kuba war Teil des sowjetischen Wirtschaftsblocks, spezialisierte sich auf Zuckerproduktion und importierte viele Güter des täglichen Bedarfs. Als die Sowjetunion zusammenbrach, wurde Kuba sich selbst überlassen und war gezwungen, seine Volkswirtschaft so zu reorganisieren, dass die eigene Bevölkerung mit Nahrung, Bekleidung und Unterkunft versorgt und gleichzeitig Erziehung und Gesundheitsfürsorge sichergestellt wurden.

Die Vereinigten Staaten reagierten auf die Krise in Kuba, indem sie – in der Hoffnung auf einen Zusammenbruch – die wirtschaftliche Isolation verstärkten. Trotzdem überlebte Kuba. Und trotz all des Elends, das die Bevölkerung durch die Fehler der eigenen Regierung und aufgrund des amerikanischen Embargos durchgemacht hat, ist der Gesamtzustand in Kuba besser als in den meisten lateinamerikanischen Ländern. Wegen des fehlenden Erdöls hat ein Großteil der landwirtschaftlichen Produktion jetzt auf ökologischen Landbau umgestellt. Insgesamt ist Kubas Volkswirtschaft ökologisch nachhaltig.

Thema dieses Beitrags sind die Zukunftsaussichten der Underclass, wie sie sich aus der in den Vereinigten Staaten und weltweit herrschenden

Politik ergeben. Schon jetzt ist die Lage der Underclass miserabel. Die Aussichten sind entsetzlich. Wir hören immer, eine globalisierte Wirtschaft sei die Lösung. Sie ist es nicht. Bereits heute ist sie weit mehr Problem als Lösung. Wenn wir die gegenwärtige Politik fortsetzen, werden unvorstellbare Gräuel für die Underclass die Folge sein. Kuba hat viele Probleme, man sollte es nicht verklären. Es gibt jedoch in Kuba keine Underclass, die mit extremen Bedrohungen konfrontiert ist.

Kuba hat sich unter äußerst schwierigen Bedingungen zu einer nachhaltigen Volkswirtschaft entwickelt. Vielleicht kann die Welt diesen Wandel besser schaffen. Stellen wir uns vor, weltweit würden Dutzende von Nationen eine Selbstversorgung in der Nahrungsmittelproduktion, hauptsächlich durch ökologischen Landbau, anstreben, und zwar nicht plötzlich und aus drängender Notwendigkeit (wegen einer feindlichen Haltung der USA), sondern weil sie eine sichere und nachhaltige Zukunft anstrebten. Stellen wir uns vor, diese Länder verpflichteten sich, auch ihre anderen Bedürfnisse zu befriedigen, ohne massiv von Importen wie Erdöl abhängig zu sein. Stellen wir uns vor, diese Bestrebungen gingen mit arbeitsintensiveren Produktionsmethoden einher. Stellen wir uns vor, diese Länder überlegten sich bei jedem Schritt, welche Auswirkungen ihre Politik auf die in Armut Lebenden und die natürliche Umwelt hätte. Stellen wir uns schließlich vor, die internationale Gemeinschaft unterstützte sie in diesen Aktionen. Die globale Erwärmung und andere Umweltbedrohungen würden geringer, eine Underclass würde in diesen Ländern nicht länger existieren, und die Zukunft böte den Armen Besseres als die totale Katastrophe.

Dieser notwendige Wandel steht in den Kreisen der Mächtigen jedoch nicht zur Debatte. Dafür werden jetzt Elemente dieses Wandels von den NGO (Nichtregierungsorganisationen) aufgegriffen. Seit 1992 (in Zusammenhang mit dem Umweltgipfel von Rio de Janeiro) beginnen NGO, die eine Vielzahl von Anliegen vertreten, mit gemeinsamer Stimme zu sprechen. Menschenrechtsgruppen, Umweltschützer/innen, Gewerkschaften, Entwicklungshelfer/innen, indigene Völker und andere – sie alle haben die Bedrohung erkannt, die die gängigen Globalisierungspraktiken für ihre Anliegen darstellen. Sie arbeiten mittlerweile zusammen, so wie in den USA in Seattle 1999 und in Washington D. C. 2000 geschehen. Es ist nicht unmöglich, dass ihr Einfluss zunehmen wird.

Weiterführende Literatur

BUCHANAN, Patrick J. 1998. *The Great Betrayal.* Boston: Little, Brown.

COBB, John B., Jr. 1994. *Sustaining the Common Good: A Christian Perspective on the Global Economy.* Cleveland: Pilgrim Press.

COBB, John B., Jr. 1999. *The Earthist Challenge to Economism: A Theological Critique of the World Bank.* New York: St. Martin's Press.

DALY, Herman E., und John B. COBB, Jr. 1994. *For the Common Good: Redirecting the Economy Toward Community, the Environment, and a Sustainable Future.* 2. Aufl., Boston: Beacon Press.

FRIEDMAN, Thomas L. 2000. *The Lexus and the Olive Tree.* Revidierte Ausgabe. New York: Anchor Books.

KORTEN, David C. 1995. *When Corporations Rule the World.* West Hartford, Conn.: Kumarian Press.

KORTEN, David C. 2000. *The Post-Corporate World: Life after Capitalism.* West Hartford, Conn.: Kumarian Press.

RAGHAVAN, Chakravarthi. 1990. *Recolonization: GATT, the Uruguay Round, and the Third World.* Penang, Malaysia: Third World Network.

Chris H. Lewis

2 Die globale Industriegesellschaft: Der unausweichliche Zusammenbruch

> Der Zusammenbruch ist eine Konstante in der Geschichte der Menschheit; er ist global bezüglich seines weltweiten Vorkommens, und er betrifft das gesamte gesellschaftliche Spektrum, von der einfachen Sammlergesellschaft bis hin zur Großmacht.
> (Joseph A. Tainter, The Collapse of Complex Societies)

Wir werden gerade Zeugen des Zusammenbruchs einer globalisierten modernen Industriegesellschaft. Globalisierung, das ist die Bewegung zu einer weltweiten, kapitalistischen freien Marktwirtschaft, die von den Ländern der Ersten Welt und transnationalen Konzernen (TNC) beherrscht wird. Diese Globalisierung, die keineswegs unvermeidlich ist, untergräbt jedoch just die Fundamente der globalen Industriegesellschaft. In den letzten Jahren haben sich Protestbewegungen aus Aktivisten und Gruppierungen der Ersten und Dritten Welt formiert, die gegen die WTO, die Weltbank und den Internationalen Währungsfonds (IWF) gerichtet sind. Dazu kommt die drückende Schuldenlast der Dritten Welt. All dies zusammen macht deutlich, dass die zunehmenden Belastungen schon jetzt die globale Industriegesellschaft aushöhlen. Genau wie im Römischen Reich erschöpfen exzessive Expansion und Strukturschwächen die aufkommende Globalisierungsgesellschaft, die sich auf dem Höhepunkt ihrer Macht wähnt. Selbstgefällige, arrogante Argumente, die für die Unvermeidbarkeit der Globalisierung sprechen, wie in *The Lexus and the Olive Tree* (2000) von Thomas Friedman, und der Triumph der neoliberalen Gesellschaft sind Symptome für genau die Widersprüche, die durch eine forcierte Globalisierung noch verschlimmert und zum Zusammenbruch führen werden. Die Bemühungen von Eliten der Ersten Welt und von TNC, der

Welt eine globalisierte, freie Marktwirtschaft aufzuzwingen, tragen schon jetzt den Keim zu ihrem Zusammenbruch in sich. Die auffälligsten dieser strukturellen Widersprüche, die die globale Industriegesellschaft zerreißen, sind die zunehmende Zerstörung der Umwelt, die anwachsende Armut und Ungleichheit zwischen den Ländern der Ersten und der Dritten Welt sowie die zunehmende Bedrohung von nationalen und demokratischen Regierungsformen durch die WTO und die Weltfinanzmärkte. Die globale Industriegesellschaft befindet sich im Zusammenbruch, weil das Wirtschaftswachstum und die weltweite Entwicklung, die diese strukturellen Widersprüche beheben sollen, sie nur noch verschlimmern. Unsere Hoffnung liegt im Aufbau von lokalen und regionalen Kulturen und Wirtschaftsstrukturen. Dadurch, dass sie sich auf nachhaltige Entwicklung, auf die Gesundheit der lokalen Bevölkerung und Gemeinschaften und auf eine Redemokratisierung des Alltagslebens konzentrieren, können sie diese Probleme lösen. Die Globalisierung wird scheitern, weil sie TNC mehr als Bevölkerung und Gemeinschaften unterstützt, weil sie die Unternehmensprofite stärker als Menschenrechte und Umwelt fördert und weil sie die Herrschaft von globalen Konzernen und Märkten über Mensch und Natur stellt. Geführt und unterstützt von den Regierungen der Ersten Welt, wie den Vereinigten Staaten, Großbritannien, Deutschland und Japan, überwältigt die Globalisierung die Nationalstaaten und ersetzt diese durch globale Konzerne und ungezügelte globale Finanzmärkte (ATHANASIOU 1996, 173). Die gegenwärtige Debatte über die WTO ist in Wirklichkeit eine Debatte über die Zukunft der globalen Industriegesellschaft.

Aufstieg und Fall der globalen Industriegesellschaft

Die wirtschaftliche Globalisierung begann mit dem Wachstum und der Expansion der europäischen Marktwirtschaft im 17. Jahrhundert. Diese globale Wirtschaft ist durch den Imperialismus Europas und der USA beherrscht worden. Ziel dieses globalen Imperialismus, den die Eliten der Ersten Welt als «Entwicklung» bezeichnen, war es, Reichtümer, Arbeitskräfte und Ressourcen aus den kolonialen Schutzgebieten zu ziehen, um Reichtum, Freiheit und Chancen in der Ersten Welt zu vermehren. Alle

Drittweltländer, die dieser imperialistischen Bewegung im Wege standen, wurden versklavt oder vernichtet. Das Elend von amerikanischen Indianern, afrikanischen Stämmen und asiatischen Inselnationen bezeugt die Wirklichkeit dieses globalen Imperialismus. 1914 kontrollierten die europäischen Nationen zusammen mit den Vereinigten Staaten und Australien 84 Prozent der Erdoberfläche (DILWORTH 1998, 142). In den großen Kriegen des 20. Jahrhunderts ging es darum, welche Mächte oder Militärallianzen die Weltwirtschaft beherrschen und kontrollieren würden. Mit dem Zusammenbruch des Kommunismus in der Sowjetunion 1991 wurde die Erste Welt, angeführt von den Vereinigten Staaten, Europa und Japan, in die Lage versetzt, der ganzen Welt eine globale kapitalistische Marktwirtschaft aufzuzwingen.

Die Deregulierung der globalen Finanzmärkte in den 1990er-Jahren, die Bildung der WTO 1995 sowie der zunehmende Druck zum Abbau der Auslandsschulden, den Weltbank und IWF in den letzten zehn Jahren auf die Länder der Dritten Welt ausgeübt haben, sie alle waren Meilensteine auf dem Weg zur Globalisierung. Diese ist gleichbedeutend mit der Errichtung einer von der Ersten Welt beherrschten globalen kapitalistischen Wirtschaft, die nur dazu dient, die wohlhabenden und großen Konzerne der Ersten Welt noch reicher zu machen. Dies geschieht auf Kosten der Menschen in der Dritten Welt, auf Kosten der Umwelt, der Menschenrechte und der Demokratie. In Wirklichkeit ist die Globalisierung ein Versuch von Eliten der Ersten Welt und globalen Konzernen, der Welt ihre neofeudale Herrschaft aufzuzwingen. Die Haupthandelsbeauftragte von Präsident Clinton, Carla Hills, gab dies mehr oder weniger offen zu: «Wir möchten das Recht von Einzelnationen abschaffen, Gesundheits- und Sicherheitsstandards durchzusetzen, die strenger sind als ein Mindestweltstandard» (ATHANASIOU 1996, 177). Der Direktor des *International Forum on Globalization*, Jerry MANDER, argumentierte so: «Das zentrale Funktionsprinzip der WTO ist, dass globale Handelsinteressen Vorrang vor allen anderen Interessen haben. Die WTO sucht Hindernisse zu beseitigen, die der Ausbreitung weltweiter Konzerntätigkeit entgegenstehen, wie nationale, provinziale, bundesstaatliche und kommunale Gesetze und Standards, die im Zusammenhang mit Arbeitsrechten, Umweltschutz, Menschenrechten, Verbraucherrechten, lokaler Kultur, sozialer Gerechtigkeit sowie nationaler Souveränität und Demokratie vorgebracht werden.» (MANDER und BARKER 2000)

Die Wirtschaftsmächte der Ersten Welt und die globalisierten Unternehmen haben «die Androhung von WTO-Maßnahmen genutzt, um zahllose Gesetze rückgängig zu machen, zu blockieren oder einzufrieren, die zum Nutzen von Arbeitern, Verbrauchern und der Umwelt sowie zur Verbreitung der Menschenrechte und zur Förderung von Entwicklung in den armen Ländern der Welt vorgesehen waren» (WALLACH et al. 1999, 13). Strukturanpassungskredite der Weltbank und des Internationalen Währungsfonds wurden eingesetzt, um die Länder der Dritten Welt zu zwingen, die Löhne ihrer Arbeiter/innen und die Regierungsausgaben für Bildung, Gesundheit und Umwelt zu senken, ihre Währungen abzuwerten und die TNC betreffenden Regierungsverordnungen abzubauen. Die jetzt aufkommende globalisierte Weltordnung verstärkt die Umweltzerstörung und verschärft für Milliarden von Menschen die Armut, die wirtschaftliche Ungleichheit und die geringe Lebensqualität.

Die Globalisierung schafft Profite in Rekordhöhe für die globalen Konzerne; sie vermehrt damit den Reichtum für eine kleine Elite und begünstigt die Vorherrschaft von Konzernen über Regierungen der Ersten und Dritten Welt. Mit ihrem angehäuften Vermögen kaufen und kontrollieren TNC und Reiche die Regierungen der Ersten und Dritten Welt. Tatsächlich ist die Globalisierung dadurch zustande gekommen, dass herrschende Eliten aus den USA und Europa nach dem Zweiten Weltkrieg eine globale kapitalistische Wirtschaft geschaffen haben. Der Kalte Krieg war in Wirklichkeit ein Versuch der Reichen der Ersten Welt, die gesamte Opposition gegen die Globalisierung dieser kapitalistischen freien Marktwirtschaft zu vernichten. Durch den Zusammenbruch des Kommunismus in der Sowjetunion und die zunehmende politische und ökonomische Schwäche der Drittweltländer sind die Eliten der Ersten Welt jetzt zuversichtlich, ihr Ziel ungehindert zu erreichen.

Wir wollen jetzt die wichtigsten strukturellen Widersprüche betrachten, die die globale Industriegesellschaft untergraben: 1. Umweltzerstörung, 2. zunehmende Armut und globale Ungleichheit und 3. vermehrte Bedrohung nationaler und lokaler demokratischer Regierungsformen. Diese strukturellen Effekte verstärken sich alle gegenseitig und schaffen positive

Rückkopplungsschleifen, die den Zusammenbruch der globalen Industriegesellschaft noch beschleunigen. Das beste Beispiel für dieses positive Rückkopplungssystem ist Westafrika. Zunehmende Entwaldung und die Verschlechterung der Bodenbeschaffenheit zerstören die ländlichen Wirtschaftssysteme. Die resultierende Landflucht zwingt die Menschen, in die aus allen Nähten platzenden Industriestädte zu strömen, was wiederum massive urbane Armut und Unterentwicklung zur Folge hat. Dies belastet die lokalen und nationalen Ressourcen noch stärker und führt häufig zum politischen Zusammenbruch afrikanischer Staaten und ruft unvorstellbare Gewalt, Anarchie, Hungersnot und Leid hervor, so wie dies zurzeit in Teilen Afrikas der Fall ist. Ich stimme Robert KAPLAN zu, der warnt, dass «Westafrikas Zukunft schließlich auch das Schicksal des größten Teils der restlichen Welt sein wird» (KAPLAN 2000, 7). Unsere Zukunft wird derjenigen von Westafrika gleichen, wenn die unkontrollierte Globalisierung und die immer schneller werdende positive Rückkopplung nicht durch den Zusammenbruch dieser Industriegesellschaft beendet werden. Die entstehenden lokalen und regionalen Kulturen und Wirtschaftssysteme werden die Herausforderung meistern müssen, diese positive Rückkopplung durch Errichtung lokaler und nachhaltiger Wirtschaftssysteme für immer zu beenden. Diese müssen die gesamte Bevölkerung, die von ihnen abhängt, unterhalten können, die Umwelt schützen und den Menschen eine demokratische Kontrolle ihres Lebens und ihrer lokalen Gemeinschaften ermöglichen. In einer derartigen neuen Weltordnung hätten das Befinden der *lokalen* Bevölkerung, das Gemeinwesen, die Umwelt und die Wirtschaft die absolute Priorität, nicht der Gewinn oder die Macht der TCN und der Reichen.

Globalisierung und die Zerstörung des Ökosystems

Die Wissenschaft registriert eine immer schnellere Zerstörung der Erde durch den Menschen, seitdem die europäische Marktwirtschaft ab dem 17. Jahrhundert gewachsen ist, expandiert hat und sich im 20. Jahrhundert eine globale Industriewirtschaft entwickelt hat (TURNER et al. 1990). Mit Hilfe von Wissenschaft und Technik hat sich die menschliche Bevölkerung seit den 1950er-Jahren verdoppelt; Wissenschaftler/innen sagen voraus, dass sich diese ungeheuren Umwälzungen, die die Erde in den letzten drei Jahrhunderten erlebt hat, in den nächsten Jahrhunderten verdoppeln, verdreifachen und vervielfachen werden (KATES, TURNER und CLARK 1990, 14). Die Weltbevölkerung hat 1999 die 6-Milliarden-Marke überschritten und wächst derzeit um 80 Millionen Menschen im Jahr. Wenn wir die für 2050 vorhergesagte Weltbevölkerung von 8 bis 12 Milliarden ernähren wollen, werden wir die landwirtschaftliche Produktion um das Drei- bis Vierfache erhöhen und den Energieverbrauch um das Sechs- bis Achtfache steigern müssen (dies.). Kann die Industriegesellschaft die Folgen dieser rasanten Wachstumsrate bewältigen, ohne sich selbst zu zerstören oder das Wohlergehen zukünftiger Generationen stark zu gefährden? Wie können wir eine wachsende Bevölkerung in der Dritten Welt unterstützen und gleichzeitig den Wohlstand in der Ersten Welt erhöhen, ohne die Erde zu zerstören und die globale Industriegesellschaft zu untergraben? Es ist fatal, dass der Kampf um die Ernährung einer wachsenden Bevölkerung und um die Verbesserung des Lebensstandards nur die weltweite Umweltzerstörung beschleunigt.

Seit dem Entstehen der modernen industrialisierten Ersten Welt in Europa (16. und 17. Jahrhundert) hat diese Welt, getrieben vom Wunsch nach Reichtum und Kontrolle über die menschlichen und natürlichen Ressourcen, einen brutalen Krieg gegen die Natur geführt. Paul und Anne EHRLICH stellen in ihrem Buch *Extinction* fest: «Niemals in den 500 Millionen Jahren der terrestrischen Evolution hat dieser Mantel, den wir Biosphäre nennen, unter so schonungsloser Attacke gestanden.» (1981, 8) In ihrer «Warnung an die Menschheit» von 1993, unterzeichnet von über 1680 internationalen Wissenschaftlerinnen und Wissenschaftlern, warnten diese, dass «die Aktivitäten des Menschen der Umwelt und entscheidenden Ressourcen schweren und häufig irreversiblen Schaden zufügen». (Union of Concerned Scientists 1993, 3) Es ist tragisch, dass der unerbittliche Kampf der industriellen Welt um die Eroberung und Unterwerfung der Erde im Namen des Fortschritts diesem Planeten Zusammenbruch und Ruin bringen wird. Schließlich wird dieser vergebliche Kampf um Kontrolle und Sieg über die mächtige Naturgewalt die globale Industriegesellschaft zerstören.

Die moderne und industrialisierte Erste Welt ist getrieben von Individualismus, Materialismus und der nicht enden wollenden Jagd nach Reichtum und Macht; deshalb versucht sie seit dem Zweiten Weltkrieg, die Welt politisch, wirtschaftlich und kulturell zu modernisieren und zu integrieren, bewirkt aber nur einen beschleunigten Zusammenbruch. Heute, zu Beginn des 21. Jahrhunderts, stehen 80 Prozent der Weltbevölkerung abseits vom Fortschritt und Überfluss der Industrienationen (WALLIMANN 1994). Wenn diese moderne industrialisierte Welt zusammenbricht, werden die Völker der Dritten Welt ihren täglichen Kampf um Würde und Überleben am Rande einer todgeweihten globalen Industriegesellschaft fortführen.

Mit dem Zusammenbruch werden kleinere, autonome, lokale und regionale Kulturen und Gemeinwesen aufkommen. Mit diesem Zusammenbruch werden sicherlich Massensterben und Genozid einhergehen; diese Bedrohung können wir vermindern, indem wir das Entstehen und Wachsen einer tragfähigen, selbständigen Regionalpolitik unterstützen. John COBB hat bereits dargelegt, was unter Umständen in den USA geschehen wird und was in Kuba in Gang gekommen ist. Nach dem Zusammenbruch werden die Länder der Ersten und Dritten Welt nicht die materiellen Ressourcen, das biologische Kapital sowie Energie- und menschliche Ressourcen haben, um wieder eine globale Industriegesellschaft zu etablieren. Aufgrund von wirtschaftlichen Zwängen werden die Menschen auf der ganzen Welt für ihr Überleben auf lokale Ressourcen und Ökosysteme angewiesen sein und deshalb daran arbeiten, ihre Umwelt zu schützen und wieder aufzubauen. Gesellschaften, die ihre lokale Umwelt und Wirtschaft zerstören – wie es der moderne Mensch so häufig tut –, werden selbst vor dem Zusammenbruch und Ruin stehen.

Die rasante Expansion der globalen Industriegesellschaft, die für moderne Staaten der Inbegriff von Fortschritt und Entwicklung ist, zerstört somit die Erde und bedroht die Zukunft der Menschheit (HAUCHLER und KENNEDY 1994). Seit der Geburt der modernen industriellen Welt sind wir Zeugen eines beschleunigten Bevölkerungswachstums, von Luft- und Wasserverschmutzung, der Zerstörung von Wäldern, Ackerland und Fischbeständen, der Erschöpfung nicht erneuerbarer natürlicher Ressourcen, des Verlusts von Biodiversität, und wir erleben ferner zunehmende

Armut und Elend in der gesamten nicht modernen Welt (BROWN und KANE 1994). Hilary FRENCH bemerkt in ihrem Kapitel im Bericht *Zur Lage der Welt 1995*: «Die unerbittliche Geschwindigkeit des globalen ökologischen Niedergangs scheint sich keineswegs zu verlangsamen. Die Kohlendioxidkonzentration in der Atmosphäre steigt an, das Artensterben beschleunigt sich, die Fischbestände brechen zusammen, Bodenzerstörung vereitelt alle Versuche, die Hungernden zu ernähren, und die Waldgebiete der Erde gehen weiter zurück.» (1995, 171) Lester BROWN, Herausgeber des Berichts, warnt in seinem eigenen Kapitel, dass Bodenerosion, verschwindende Wälder, qualitativ schlechte Weidegebiete, wachsende Wüstengebiete, saurer Regen, Ozonabbau in der Stratosphäre, die Akkumulation von Treibhausgasen, Luftverschmutzung und der Verlust der Biodiversität allesamt die weltweite Nahrungsmittelproduktion und ein zukünftiges Wirtschaftswachstum gefährden. Wie konnte dieses schnelle Wachstum an Wohlstand, Bevölkerung, Wissen, Technik und menschlicher Kontrolle über die Natur nur derart katastrophale Ergebnisse hervorbringen?

Globalisierung und die Schaffung der Ersten und der Dritten Welt

Globalisierung, Entwicklung und Fortschritt stellen sich als gefährliche Täuschungen heraus; doch die modernen Staaten unterstützen sie weiterhin, obwohl überwältigende Beweise vorliegen, dass diese Illusionen zu einem ausufernden Krieg gegen die Erde geführt haben. Es ist eine Ironie des Schicksals, dass die Hauptursache von Niederlage und Zusammenbruch der modernen industrialisierten Welt darin liegt, dass diese Welt in ihrem jahrhundertealten Krieg gegen die Natur rücksichtslos siegen will. Stan STEINER bemerkte in *Der Untergang des weißen Mannes?* Folgendes dazu: «Die Ruinen des Römischen Reiches, der Maya-Zivilisation, des byzantinischen und osmanischen Reiches, der Inka und des Islams, von Ägypten, Ghana und Nigeria, der Spanier, Azteken, Engländer, Griechen und Perser, schließlich die Überreste der mongolischen Zivilisation der großen Khane, diese Ruinen sind für alle sichtbar. Ist es Ketzerei, zu behaupten, dass die Zivilisation des weißen Mannes aus Westeuropa, die einen Großteil der Erde 400 Jahre lang beherrscht hat, auch im Begriff steht, zu einer weiteren prächtigen Ruine zu werden? Nicht weil sie es verfehlt hat, ihre Ziele zu erreichen, sondern weil sie diese so vollständig erreicht hat, ist ihre Zeitspanne auf der Erde möglicherweise beendet.» (1976, 277/deutsche Ausgabe 1980)

Das Paradox der globalen Entwicklung liegt darin, dass der ungeheure Erfolg der globalen Industriegesellschaft der Grund ihres Zusammenbruchs und Ruins sein wird. Um dieses Paradox zu verstehen, müssen wir begreifen, auf welche Weise die modernen ökonomischen und politischen Institutionen gleichzeitig die so genannte entwickelte und die unterentwickelte Welt erschaffen, die ich hier mit Erster und Dritter Welt bezeichne. (ESCOBAR 1995)

Die meisten Menschen auf der Welt leben am Rande der Entwicklung. Dreiviertel der Weltbevölkerung leben in den 130 ärmsten Ländern Lateinamerikas, Afrikas und Asiens, und ein Großteil dieser Menschen hat weder eine regelmäßige Arbeit noch ein sicheres Einkommen (BARNET und CAVANAGH 1994, 179). Richard BARNET und John CAVANAGH stellen in ihrem Buch *Global Dreams* fest, dass ein wachsender Kampf stattfindet zwischen «den Kräften der Globalisierung und den territorialen Kräften des lokalen Überlebens, die die Gemeinschaft erhalten und neu definieren wollen». (22) Barnet und Cavanagh kommen zur Schlussfolgerung, dass «lokale Bürgerbewegungen und alternative Institutionen auf der ganzen Welt entstehen, um die grundlegenden ökonomischen Bedürfnisse zu befriedigen, lokale Traditionen, religiöses und kulturelles Leben, biologischen Artenreichtum und andere Schätze der natürlichen Welt zu erhalten und nach Menschenwürde zu streben». (429) Zwischen den Forderungen der globalen Industriegesellschaft einerseits und dem Wunsch verschiedener Völker und Kulturen andererseits nach Schutz des eigenen Lebensstils und lokaler Autonomie wächst der Konflikt. Dieser liefert einen weiteren Beweis, dass sich die moderne industrielle Welt im Zusammenbruch befindet.

Dadurch, dass die globale Entwicklung unermesslichen Reichtum und grenzenlose Freiheit in der Ersten Welt schafft und gleichzeitig für massive Armut und tiefe Verzweiflung in der Dritten Welt verantwortlich ist, ruft sie die Widersprüche hervor, welche die globale Industriegesellschaft zerstören werden. Einerseits schafft die Integration der weltweiten Wirtschaft, besser bekannt als Globalisierung, spektakulären Wohlstand und Fortschritt für die 20 Prozent, die in der entwickelten Welt leben; sie ist aber andererseits für tiefe Armut und soziale Unruhen der 80 Prozent verantwortlich, die in der unterentwickelten Welt leben (dies.). Die Diskrepanz zwischen den Einkommen der Armen und Reichen ist von 1960 bis 2000 sogar gewachsen, statt kleiner zu werden. Nach dem *UN Human Development Report* von 1999 haben die reichsten 20 Prozent der Weltbevölkerung 1960 dreißigmal so viel verdient wie die ärmsten 20 Prozent, sie verdienten 1990 sechzigmal so viel und 1997 vierundsiebzigmal so viel wie die ärmsten 20 Prozent. In diesem UN-Bericht stand auch, dass die reichsten 20 Prozent der Weltbevölkerung 86 Prozent des Weltsozialprodukts verbrauchen, während die mittleren 60 Prozent nur 13 Prozent und die ärmsten 20 Prozent gerade 1 Prozent des Weltsozialprodukts konsumieren. Nach Auskunft der Weltbank produzierte im Jahr 2000 ein Sechstel der Weltbevölkerung 78 Prozent aller weltweiten Güter und Dienstleistungen und erhielt 78 Prozent des Welteinkommens, während drei Fünftel der Weltbevölkerung in den ärmsten 61 Ländern 6 Prozent des Welteinkommens erhielten.

Der globale Reichtum und die Ressourcen aus der Dritten und Ersten Welt werden von den Eliten verprasst, statt langsamer verbraucht zu werden; dies führt nur zu noch mehr Armut und Unterentwicklung. Die Eliten der Ersten Welt reagieren auf diese Armut und Unterentwicklung mit noch mehr Entwicklung, sodass wiederum nur mehr Armut und Unterentwicklung die Folgen sind.

David KORTEN stellt in seinem Buch *When Corporations Rule the World* fest, dass Geld, Technologie und Märkte weltweit von gigantischen globalen Konzernen regiert werden. (1995, 131) Im Jahr 1999 stiegen die weltweiten Konzernfusionen auf einen neuen Rekord von 3,4 Billionen Dollar an. Diese globale Fusionsbewegung widerspiegelt die zunehmende Konzentration von Konzernmacht bei immer größer werdenden transnationalen Konzernen. Nach dem *UN Human Development Report* von 1999 sahen die 1990er-Jahre eine «verstärkte Konzentration an Einkommen, Ressourcen und Reichtum bei Menschen, Konzernen und Ländern.» Angesichts dieser wachsenden strukturellen Widersprüche plädieren die Eliten der Ersten Welt für noch mehr Entwicklung in der Dritten Welt und argumentieren, nur Entwicklung werde das Leben von unterentwickelten

Staaten verbessern. Wie wir gesehen haben, bringt ein Mehr an Entwicklung natürlich vermehrten Reichtum für die Erste Welt, und zwar auf Kosten der Drittweltländer, der Umwelt, der Menschenrechte und der Demokratie. Zudem führt mehr Entwicklung nur zur weiteren Konzentration von Reichtum und größerer Ungleichheit. Unter den 100 größten Wirtschaftseinheiten waren in den späten 1990er-Jahren 49 Länder und 51 Konzerne. 1970 gab es 7000 TNC, während es im Jahr 2000 mehr als 60'000 waren. Die 500 größten Konzerne sind für 70 Prozent des Welthandels verantwortlich. Im Jahr 1995 verfügten 358 Milliardäre insgesamt über ein Nettovermögen von 760 Milliarden Dollar, das entsprach gleichzeitig dem Gesamtvermögenswert der ärmsten 2,5 Milliarden Menschen der Weltbevölkerung. (KORTEN 1995, 83)

Der Rückzug der Dritten Welt aus der globalen Konzernwirtschaft

Wenn nachhaltige Entwicklung und die weitere Wirtschaftsglobalisierung nicht die Antworten für die zunehmenden Probleme der Ersten und der Dritten Welt liefern, welche Lösung gibt es dann? Wie John COBB bereits ausgeführt hat, liegt die Antwort in der erstaunlichen Fähigkeit von Gesellschaften und Kulturen, sich an ständig wechselnde lokale und regionale Umweltbedingungen anzupassen. Somit wäre es für die Länder der Dritten Welt eine sehr passende Reaktion, sich aus der Weltwirtschaft zurückzuziehen und die Entwicklungsangebote der Ersten Welt zurückzuweisen, wenn sie erkennen, dass diese Entwicklung und die daraus resultierende Abhängigkeit von der Weltwirtschaft zu Armut, Leid und politischen Wirren führen. Diese Reaktion würde den Mythos von Entwicklung natürlich noch weiter unterhöhlen, den Mythos, dass menschlicher Fortschritt nur durch Modernisierung erreicht werden kann. Gleichgültig, ob wir es Zivilisierung, Fortschritt, Modernisierung, Entwicklung, nachhaltige Entwicklung oder seit neuestem Globalisierung nennen, die modernen Staaten meinen, es sei die «offenkundige Bestimmung» der entwickelten Welt, dem Rest der Welt beizubringen, dass Modernität die einzig mögliche Entwicklungsrichtung ist. Dieser Glauben ist schlichtweg falsch. Es gibt einfach zu viele verschiedene Kulturen, Religionen und Lebensstile, als dass Modernisierung und globale industrielle Entwicklung letztendlich triumphieren könnten. Trotz unzähliger Versuche, sie zu zivilisieren und zu modernisieren, lassen sich nicht moderne Gesellschaften nicht zu einer Fußnote der Geschichte machen und beweisen damit die Unverwüstlichkeit und Stärke ihrer Kultur, in einer komplexen und chaotischen Welt zu überleben und sich den Umständen anzupassen.

Hier muss ich ganz deutlich werden. Meine Argumentation ist nicht, dass die menschliche Überbevölkerung und die resultierende Zerstörung der globalen Ressourcen den Zusammenbruch der globalen Zivilisation herbeiführen werden. Es sind die Reichen und nicht die Armen, die diese Erde zerstören. Tom ATHANASIOU stellt fest: «Wenn sich die gegenwärtigen Verbrauchergewohnheiten nicht ändern, werden die in den 1990er-Jahren geborenen 57 Millionen Bewohner/innen des Nordens mehr verbrauchen und verschmutzen als die in den 1990er-Jahren geborenen 971 Millionen Bewohner/innen des Südens.»[1] (1996) Die globale Umweltkrise ist entstanden aus der Expansion der globalen Industriegesellschaft, der Entwicklung der Ersten Welt und der Unterentwicklung der Dritten Welt seit dem 17. Jahrhundert. Und John YOUNG bemerkt in *Sustaining the Earth*, dass «Menschen ein Umweltproblem darstellen, nicht wegen ihrer Existenz, sondern wegen der Art, wie sie existieren, und wegen der Umweltressourcen, die sie verbrauchen oder schädigen». (1990, 107) Die Kultur der modernen Welt – ihr Individualismus, ihr Materialismus, ihr Glaube an Wissenschaft und Fortschritt – und die weltweite Verbreitung dieser Kultur sind die Hauptgründe für den Zusammenbruch der globalen Industriegesellschaft. (EHRENFELD 1978) Überlebende Gemeinwesen und Länder müssen sich über diese Faktoren im Klaren sein, wenn sie selbst zukünftige Zusammenbrüche vermeiden wollen.

Der Zusammenbruch der globalen Industriegesellschaft als Chance

Das Scheitern der Ersten Welt bei der Modernisierung und Zivilisierung der Welt sollte nicht als Tragödie, sondern als Chance gesehen werden. Mit zunehmender Erkenntnis, dass Entwicklung unfähig ist, die von ihr ge-

---

1 Die Bezeichnungen «Nord» und «Süd» sind in diesem Zitat irreführend, da zum Beispiel China und Indien auf der Nordhalbkugel liegen (Anm. des Verlags).

schaffenen ökonomischen und politischen Widersprüche zu lösen (mag sie nachhaltig sein oder nicht), werden Länder und Gemeinschaften wieder gezwungen sein, sich auf ihre eigene Kultur, Geschichte, Religion und genaue Kenntnis ihrer lokalen Umwelt zu stützen, um ihr Leben zu verbessern und ein «angemessenes Leben» für sich und ihre Kinder zu sichern. Im Verlauf der Menschheitsgeschichte ist die erfolgreiche Anpassung an wechselnde lokale und regionale Umweltbedingungen immer die grundlegendste Herausforderung für menschliche Gesellschaften gewesen.

Die einzige verbleibende Alternative ist die Erkenntnis, dass der Zusammenbruch der globalen Industriegesellschaft sehr real ist und unmittelbar bevorsteht. Statt diesen Zusammenbruch als Tragödie anzusehen und zu versuchen, Zerbrochenes zu kitten, müssen wir ihn als wirkliche Gelegenheit auffassen, einige der grundlegenden ökonomischen, politischen und sozialen Probleme zu lösen, die durch die wirtschaftliche Entwicklung seit dem 17. Jahrhundert vergrößert worden sind. Statt auf koordinierten weltweiten Aktionen zu bestehen, sollten wir die Selbstversorgung durch die Schaffung von lokalen und regionalen Wirtschaftssystemen und Handelsnetzwerken fördern. (NORGAARD 1994) Wir müssen den Führungspersonen in Politik und Wirtschaft verständlich machen, dass das Risiko von schweren politischen und Wirtschaftsturbulenzen umso größer ist, je stärker ihre Länder in das Weltwirtschaftssystem eingebunden sind. Der Versuch der Ersten Welt, der restlichen Welt in den letzten zehn Jahren die WTO und die Globalisierung aufzuzwingen, ist nichts anderes als ein letzter verzweifelter Versuch, die globale Industriegesellschaft vor der Auflösung zu bewahren. Wer weiß, ob das Scheitern des dritten Ministertreffens der WTO in Seattle im November 1999, die Schuldenkampagne *Jubilee 2000* zum Schuldenerlass für die Dritte Welt und die zunehmenden Angriffe auf die Politik der Weltbank und des IWF nicht die Vorboten dieses globalen Zusammenbruchs sind. Tatsächlich werden wir zu Zeugen des beschleunigten Kollapses der globalen Industriegesellschaft. Ich vermute, dass der endgültige Zusammenbruch irgendwann zwischen 2010 und 2050 erfolgen wird.

Im Fall der Maya-Zivilisation waren die Stadtstaaten und Regionen in Mittelamerika, die nicht so sehr von der Zivilisation, der Wirtschaft und dem Handel der Maya-Zentren abhängig waren, eher in der Lage, den Zusammenbruch zu überleben. Diejenigen Stadtstaaten, die eng in die Maya-Hegemonie eingegliedert waren, führten ihre eigene Zerstörung herbei, indem sie fürchterliche Kriege mit anderen mächtigen Stadtstaaten führten, um ihre geschwächte ökonomische und politische Führungsrolle zu sichern. (WEATHERFORD 1994) Ähnlich wie beim Zusammenbruch der Maya und Römer wird auch der Kollaps der globalen Zivilisation mit Massensterben und großem Leid einhergehen, die durch die ökonomischen und politischen Wirren verursacht werden. Je stärker die Länder von der Weltwirtschaft abhängen, desto mehr werden sie in ein wirtschaftliches, politisches und soziales Chaos stürzen, wenn es zum Zusammenbruch kommt.

Es gibt nur eine Lösung, um dem wachsenden politischen und wirtschaftlichen Chaos zu entgehen: Länder und Regionen müssen sich von der globalen Industriewirtschaft abkoppeln. Leider werden Millionen von Menschen in den Kriegen sowie in den ökonomischen und politischen Konflikten sterben, die durch den beschleunigten Zusammenbruch der globalen Industriegesellschaft verursacht werden. Wenn wir die Vergangenheit zu Rate ziehen (wie die regionalen Zusammenbrüche des Maya- und des Römischen Reiches), können wir jedoch sicher sein, dass menschliche Gesellschaften und Zivilisationen weiterhin existieren und sich auf einer kleineren, regionalen Ebene entwickeln werden – vorausgesetzt, es kommt nicht zu einem weltweiten Atomkrieg. Ja, derartige Zivilisationen werden gewalttätig, korrupt und häufig grausam sein, insgesamt jedoch nicht so schlimm wie unsere gegenwärtige globale Industriegesellschaft, die den gesamten Planeten missbraucht und eine Bedrohung für all seine Völker und das gesamte Leben auf der Erde darstellt.

Weil die globale Entwicklung nicht fähig war, diesem Leid und dieser Zerstörung ein Ende zu setzen, wird sie ihren eigenen Zusammenbruch verursachen. Dieser wird zwar Millionen von Menschen in der ganzen Welt Leid und Tod bringen, sollte jedoch paradoxerweise das Überleben zukünftiger menschlicher Gesellschaften gewährleisten. Tatsächlich ist der Zusammenbruch der globalen Industriegesellschaft für das zukünftige und langfristige Überleben der Menschheit notwendig. Diese Zukunft mag zwar hoffnungslos und herzlos erscheinen, sie ist es jedoch nicht. Wir können eine Menge aus unserer jetzigen globalen Krise lernen. Das Gelernte wird unsere Zukunft und die Zukunft der komplexen und vernetzten Lebenswelt auf dieser Erde formen.

Wege aus der Krise

Was Sie tun können, um bei der Schaffung einer besseren Zukunft mitzuhelfen:

- Unterstützen Sie Gruppierungen, die die Globalisierung in Frage stellen.
- Unterstützen Sie örtliche Geschäfte und regionale Wirtschaftsunternehmen, indem Sie dort einkaufen und sie öffentlich unterstützen. Boykottieren Sie globale Handelsketten und transnationale Konzerne; diese sind die treibenden Kräfte hinter der Globalisierung.
- Vereinfachen Sie Ihren Lebensstil. Verringern Sie Ihren Konsum, Ihren Verbrauch an Energie und materiellen Ressourcen und konzentrieren Sie sich auf die Lebensqualität in Ihrer Umgebung, zum Beispiel auf kommunaler Ebene.
- Unterstüttzen Sie nachhaltige lokale Wirtschaftsunternehmen und örtliche Bauern und Geschäfte. Unterstützen Sie lokale Bauernmärkte und Recyclingprogramme. Machen Sie Abfallvermeidung und Wiederverwertung auf kommunaler Ebene zu Ihrer Richtlinie.
- Stellen Sie die nationalen und globalen Rechte von Konzernen in Frage. Arbeiten Sie mit, den Rechtsstreit zu beenden, der Konzernen die gleichen Rechte wie Individuen zubilligen will. Zwingen Sie Konzerne zur Verantwortung gegenüber ihren kommunalen und regionalen Behörden und Wirtschaftsunternehmen.
- Verlangen Sie Finanzreformen und ein Ende des Ausverkaufs von lokalen und nationalen Regierungen an den höchsten Bieter. Befördern Sie Konzerne und das «große Geld» aus der Politik hinaus.
- Anerkennen Sie die Rechte von lokalen Gemeinschaften und Gruppierungen auf selbstbestimmte Kontrolle über ihr Leben, ihre Umwelt, Wirtschaftsunternehmen und Kultur, und helfen Sie mit bei einer Rückgabe dieser Rechte. Stellen Sie den Wettlauf der Globalisierung «bis nach unten» in Frage, indem Sie lokale Gemeinschaften bei der Etablierung ihres eigenen Standards für Menschenrechte, Umweltqualität und Lebensqualität unterstützen.
- Unterstüttzen Sie Bemühungen zur Wiederbelebung lokaler und regionaler Lebensräume. Arbeiten Sie mit, um nach den Worten von Paul

HAWKEN (1993) «restaurative Wirtschaftsunternehmen» zu schaffen, eine Wirtschaft, die die Umwelt schützt, unterstützt und wieder aufbaut, während sie gleichzeitig die lokalen Gemeinschaften unterstützt.
- Unterstützen Sie solare und alternative Technologien, die den Verbrauch von Energie- und Materialressourcen reduzieren. Suchen Sie nach Wegen, um alternative Technologie in Ihrem täglichen Leben und in Ihrer Gemeinde zu unterstützen.
- Sehen Sie den Zusammenbruch der globalen Industriegesellschaft als Chance. Statt sich auf die Tragödie dieses Zusammenbruchs zu konzentrieren, setzen Sie Ihre Kräfte ein, um Ihrem örtlichen Gemeinwesen und Ihrer lokalen Wirtschaft beim Überleben zu helfen und ihr ein Gedeihen in dieser neuen Welt der kleinräumigen lokalen und regionalen Wirtschaft und Kultur zu ermöglichen.

Weiterführende Literatur

ATHANASIOU, Tom. 1996. *Divided Planet*. Boston: Little, Brown.
DANAHER, Kevin, und Roger BURBACH (Hrsg.). 2000. *Globalize This!* Monroe, Maine: Common Courage Press.
EHRENFELD, David. 1978. *The Arrogance of Humanism*. New York: Oxford Univ. Press.
FRIEDMAN, Thomas L. 2000. *The Lexus and the Olive Tree*. Revidierte Ausgabe. New York: Anchor Books.
HAWKEN, Paul. 1993. *The Ecology of Commerce*. New York: HarperCollins. – Deutsche Ausgabe 1996. *Kollaps oder Kreislaufwirtschaft. Wachstum nach dem Vorbild der Natur*. Berlin: Siedler.
KAPLAN, Robert D. 2000. *The Coming Anarchy*. New York: Random House.
KORTEN, David C. 1995. *When Corporations Rule the World*. West Hartford, Conn.: Kumarian Press.
MANDER, Jerry, and Debi BARKER. 2000. *Beyond the World Trade Organization*. Sausalito, Calif: International Forum on Globalization.
PONTING, Clive. 1991. *A Green History of the World: The Environment and the Collapse of Great Civilizations*. New York: St. Martin's Press.
WEATHERFORD, Jack. 1994. *Savages and Civilization: Who Will Survive?* New York: Crown.

Teil 2

Knappheit und Konflikte

Einleitung

Angesichts der allgemeinen globalen Trends, die im ersten Teil diskutiert worden sind, sollte uns eine Beziehung zwischen Knappheit und landesinternen bzw. regionalen Konflikten nicht überraschen. Man darf auch fragen, ob es bei dieser Gewalt eine geschlechterspezifische Komponente gibt. Sind Frauen besonders verwundbar und als Opfer ausersehen? Mit dem Bevölkerungsdruck, der sich in verschiedenen Teilen des Globus aufbaut, intensiviert sich der Kampf um Ressourcen, und mit dem Ende des Kalten Krieges können wir erwarten, dass alte ethnische Animositäten und religiöse Konflikte wieder verstärkt an die Oberfläche drängen, insbesondere im ärmeren Teil der Welt. Wir haben dies bereits in Mittelamerika, Südostasien, Afghanistan, im Mittleren Osten, auf dem Balkan, in Afrika und in den Randregionen der früheren Sowjetunion erlebt.

Optimisten argumentieren, natürliche Ressourcen seien keine endliche Einheit, die ständig weiter erschöpft wird; sie denken dabei an die Schaffung neuer oder modifizierter Ressourcen, die das Ergebnis menschlichen Erfindungsgeistes und menschlicher Arbeit sind, und schließlich glauben sie, alle Probleme dieser Welt ließen sich technologisch lösen. Optimisten vertrauen auch fest auf die inhärente Unverwüstlichkeit und Flexibilität der Erde und ihrer menschlichen Bewohner/innen. Genauso, wie Malthus mit seinen Prognosen falsch gelegen ist, irren sich ihrer Meinung nach auch die heutigen Weltuntergangspropheten. Wenn diese Optimisten Recht haben, wird die Erde einfach ein Ort mit mehr Wohlstand und mehr Gütern sein, die auf mehr Menschen verteilt werden. Wenn die Optimisten hingegen Unrecht haben, wie die Autoren der Beiträge in diesem Abschnitt meinen, dann stehen der Menschheit zukünftig mehr Konflikte und Leiden bevor, wenn sie ihren Kurs, der von rücksichtslosem Wachstumsstreben, Güteranhäufung und Verschwendung gekennzeichnet ist, nicht ändert.

John M. Gowdy

3 Biophysikalische Grenzen der Naturausbeutung

In der Naturwissenschaft im Allgemeinen und besonders in der Biologie und Ökologie ist die Ansicht weit verbreitet, dass das gegenwärtige Niveau menschlicher Aktivität für die Zukunft nicht tragfähig ist. Die menschliche Bevölkerung hat die 6-Milliarden-Grenze erreicht und wächst noch immer rapide weiter. Das Pro-Kopf-Einkommen steigt in den konsumgesteuerten Nationen des Nordens exponentiell an. Und technologische Fortschritte erlauben es, die biologischen und mineralischen Ressourcen der Erde in einem beispiellosen Maße rücksichtslos auszubeuten. Daher nehmen offenbar alle drei Faktoren von Paul Ehrlichs Umweltbelastungsformel zu (Bevölkerung, Konsumniveau, Technik), ohne dass ein Ende in Sicht wäre. Die Seite der Gleichung, die die Auswirkungen auf die Umwelt betrifft, strebt anscheinend kritischen Ausmaßen entgegen. Prominenten Biologen zufolge ist der gegenwärtige Verlust an Biodiversität inzwischen so hoch wie in den fünf vorangegangenen Massenaussterben, zu denen es in der 600 Millionen Jahre langen Evolution des komplexen Lebens auf Erden gekommen ist. Schätzungen zufolge sterben Arten derzeit mit einer Rate aus, die 100- bis 1000-mal so groß ist wie in der Zeit vor dem *Homo sapiens*. Die Geschwindigkeit des Artensterbens beschleunigt sich mit dem weltweiten Abholzen der verbliebenen Regenwälder, verschärft durch gewaltige Buschfeuer im Amazonasbecken und in Indonesien. Edward O. WILSON schätzt, dass Mitte des 21. Jahrhunderts mehr als 20 Prozent aller rezenten Arten ausgestorben sein werden (1992).

Eine weitere potenzielle Umweltkatastrophe, über die seit längerem ausführlich berichtet wird, ist die globale Klimaveränderung; auch sie beschleunigt sich offenbar mit alarmierender Geschwindigkeit. So wird erwartet, dass sich die CO_2-Konzentration in der Atmosphäre von einem vorindustriellen Niveau von 270 ppm (Millionstel) bis Mitte dieses Jahrhunderts auf 600 ppm erhöht, wodurch die globale Durchschnittstemperatur von 3,5 °C auf 7 °C steigt und sich der Meeresspiegel allein aufgrund thermischer Ausdehnung um 1 bis 2 m hebt. Einige sehr aktuelle Hinweise sprechen zudem dafür, dass das endgültige Ausmaß der globalen Erwärmung an der Obergrenze der gegenwärtigen Prognosen liegen könnte. Die Erderwärmung ist in den Polarregionen ausgeprägter, was zu dramatischen Klimaveränderungen führen könnte. Besonders alarmierend ist die Nachricht, dass die arktische Eismasse insgesamt in den letzten drei Jahrzehnten des 20. Jahrhunderts um 40 Prozent zurückgegangen ist. Wie bei vielen anderen Umweltveränderungen sind die Auswirkungen einer globalen Klimaveränderung letztlich unbekannt und wahrscheinlich auch so lange nicht abschätzbar, bis sie eintreten. Einige Wissenschaftler/innen warnen, die antarktischen Eiskappen könnten so rasch abschmelzen, dass es zu einem plötzlichen katastrophalen Anstieg des Meeresspiegels kommen könnte. Andere sagen voraus, dass das Schmelzen der arktischen Eismassen den Verlauf des Golfstroms im Nordatlantik verändern könnte, was paradoxerweise zu einem plötzlichen Temperatursturz in Europa und im Osten Nordamerikas führen würde. Welche Folgen eine globale Erwärmung auch immer letztlich nach sich zieht, Tatsache ist: Wenn sie rasch erfolgt, dann wird das Agrarsystem weltweit unter immensen Druck geraten – und dieses System wird zunehmend anfälliger, da es immer stärker von einer immer komplizierteren Technologie abhängt.

Uns drohen noch viele andere Umweltkrisen, über die seltener in den Medien berichtet wird; dazu gehören Wasserknappheit, der Kollaps von Ökosystemen wegen steigender Stickstoffkonzentrationen in der Atmosphäre und der Zusammenbruch des Hormonhaushalts bei höheren Tieren einschließlich des Menschen aufgrund steigender Dioxinwerte in der Umwelt. Mag sein, dass die negativen Folgen all dieser Phänomene übertrieben werden. Es ist jedoch sehr unwahrscheinlich, dass alle düsteren Prognosen grundlegend falsch sind. Aus vielen Perspektiven wird deutlich, dass wir an die Grenzen stoßen, was die Kapazität der biophysikalischen Welt angeht, eine kontinuierliche Expansion menschlicher Aktivität abzupuffern. Erkenntnisse aus vielen verschiedenen, unabhängigen Quellen führen zu dem Schluss, dass die Industrieproduktion drastisch zurückgehen wird, sei es aufgrund von Energie- und Ressourcenknappheit oder aufgrund der Grenzen, die der Aufnahmefähigkeit der Umwelt für die Abfallprodukte des Wirtschaftswachstums gesetzt sind. Es wird immer wahrscheinlicher, dass irgendwann im Laufe dieses Jahrhunderts das «Projekt Weltindustriegesellschaft», um Isidor WALLIMANNs Begriff zu benutzen, zum Stillstand kommt, was für die menschliche Spezies unvorhersehbare, aber höchstwahrscheinlich negative Folgen haben wird. Wie stehen die Aussichten, den Weg des industriellen Wachstums zu verlassen, bevor es zu gesellschaftlichem Zerfall und Massensterben kommt?

Wir befinden uns heute in einer einzigartigen Situation der Menschheitsgeschichte. Wir erleben nicht nur einen kritischen Augenblick bezüglich der Geschichte der Biosphäre unseres Planeten, sondern wir verfügen auch über ein beispiellos detailliertes Verständnis, was unseren Platz in der «Entwicklung» unserer Welt betrifft. Allmählich beginnen wir zu verstehen, wie sich die biophysikalischen Rahmenbedingungen für menschliches Handeln irreversibel verändern, und wir beginnen zu erkennen, welche Rolle der Mensch bei diesem Prozess spielt. Der wissenschaftliche Fortschritt der letzten Jahrzehnte war geradezu atemberaubend. Modelle, die entworfen wurden, um Muster und Folgen von Klimaveränderungen vorherzusagen, werden ständig verfeinert und zunehmend präziser. Auch die ökologische Forschung, die den Wert einer großes Biodiversität für die Stabilität eines Ökosystems belegt, macht rasche Fortschritte. Vielleicht noch wichtiger ist, dass wir beginnen, die Verbindungen zwischen sozialen Phänomenen wie Klassenbildung, der Erzeugung von Überschüssen und Umweltzerstörung zu verstehen.

Die Bedeutung des Wirtschaftswachstums im globalen soziopolitischen System

Inzwischen ist klar geworden, dass die Verheißung von Utopia durch die Schaffung von immer mehr materiellem Überfluss ein leeres Versprechen ist. Eine ständig fortschreitende Wirtschaftsexpansion ist in einer endlichen Welt nicht möglich; zudem sprechen Meinungsumfragen in Industriegesellschaften dafür, dass die Menschen trotz eines raschen wirtschaftlichen Wachstums mit ihrer Lebensqualität nicht etwa zufriedener, sondern immer unzufriedener werden. Selbst der relativ kleine Prozentsatz der Weltbevölkerung, der vom materiellen Überfluss profitiert, ist zunehmend unglücklich, fühlt sich weniger sicher und hat weniger Freizeit, um das Leben zu genießen. Überdies ist das Versprechen, den nördlichen Wohlstand auf die Nationen im Süden auszudehnen, ein Traum, der inzwischen verblasst ist. Eine wachsende Zahl von Ländern zählt mittlerweile zu denen, die zynisch als «gescheiterte Nationen» bezeichnet werden.

Wenn es physikalisch unmöglich ist, das Wirtschaftswachstum noch geraume Zeit fortzuführen, ohne dass die lebenserhaltenden Systeme des Planeten irreversibel geschädigt werden, und wenn dieses Wachstum die vermeintlich davon profitierenden Menschen unzufriedener macht, warum halten dann nicht nur sämtliche Regierungen an dem Ziel eines Wirtschaftswachstums fest, sondern treiben dieses Ziel auch noch rücksichtslos voran? Zwei Antworten auf diese Frage lauten:

- Vom ökonomischen Wachstum profitiert die kleine Minderheit, die die grundsätzlichen Entscheidungen über den Einsatz von Ressourcen und die Verteilung der ökonomischen Überschüsse trifft.
- Ökonomisches Wachstum und Expansion sind wesentliche Merkmale des sich selbst organisierenden Marktsystems, das inzwischen auf der ganzen Welt dominiert.

Wenn man von der internationalen auf die lokale Ebene übergeht, sind die führenden Vertreter des Wirtschaftswachstums, was kaum überraschen kann, diejenigen Leute, die direkt davon profitieren. Diese Profiteure sind am ehesten bereit, Umweltqualität und langfristige soziale Stabilität für eine Wirtschaftsexpansion zu opfern. Die Leute, die Investitionsentscheidungen treffen, die Umweltzerstörung und schlechte Lebensqualität nach sich ziehen, sind diejenigen, die sich am besten vor den negativen Auswirkungen ihrer Entscheidungen schützen können. Die Führungseliten der Welt, gleich welcher politischen Couleur, müssen sich sicher sein, dass die «Entwicklung» weitergeht, bevor Umweltfragen überhaupt diskutiert werden. Jede Einmischung in die nationale Souveränität aus ökologischen Gründen wird mit einem selbstgerechten Hinweis auf das «Recht zur Entwicklung» zurückgewiesen. Auf lokaler Ebene wird Wirtschaftswachstum um jeden Preis von den konservativsten, wachstumsorientierten Teilen der Wirtschaft, wie den örtlichen Handelskammern, vorangetrieben. Die negativen Nebenwirkungen des Wachstums auf lokaler Ebene – einschließlich zunehmender Staus und höherer Steuern, die für neue Dienstleistungen erhoben werden – werden von anderen getragen. Die einseitige Ausrichtung auf eine zunehmende «Rationalisierung» der Wirtschaft durch Privatisierung von Aktivitäten, die früher ins kommunale Ressort gefallen sind, schaltet die letzten Reste von sozialer Kontrolle über Entscheidungen hinsichtlich Investitionen und Ressourceneinsatz aus.

Wirtschaftswachstum ist für die Weltwirtschaft, so wie sie gegenwärtig funktioniert, offensichtlich unverzichtbar. Wirtschaftswachstum ermöglicht es, die Vorteile des technischen Fortschritts zu ernten, weil eine raschere Kapitalrückgewinnung garantiert ist, weil die Notwendigkeit sinkt, sich mit Fragen ungleicher Einkommensverteilung zu beschäftigen, und weil Firmen ihre Produktivität mittels steigender Skalenerträge erhöhen können. Wenn die Produktivität der Arbeitenden steigt, rufen die resultierenden höheren Einkommen einen Bedarf nach neuen Produkten hervor, um die steigende Nachfrage aufzufangen. Eine Expansion aufgrund erhöhter Nachfrage erlaubt es den Produzenten, die *Economies of Scale* auszuschöpfen, was zu mehr Produktivität, höheren Einkommen usw. ad infinitum führt. Diese positiven Rückkopplungsmechanismen haben zur Folge, dass das Wirtschaftswachstum zu weiterem Wirtschaftswachstum führt und dass sozioökonomische wie auch politische Institutionen, die Wachstum fördern, ständig bestärkt werden. Die Streitpunkte zwischen der Forderung nach Vorrechten für das Wirtschaftswachstum und der Forderung nach Erhalt eines ökologisch stabilen Planeten und einer sozial stabilen Gesellschaften sind klar:

- Bevölkerungswachstum ist gut für die Wirtschaft, weil es neue Absatzmärkte schafft, doch der Umfang der menschlichen Bevölkerung hat die Ebene einer langfristigen Nachhaltigkeit bereits weit überschritten.
- Ein wachsender Pro-Kopf-Verbrauch ist gut für die Wirtschaft, erfordert aber immer mehr Ressourcen und führt zu immer mehr Abfallprodukten.
- Eine ungleiche Einkommensverteilung erhöht Produktivität und Wirtschaftswachstum, indem sie Ressourcen ihrer wirtschaftlich produk-

tivsten Nutzung zuführt (*cumulative causation*), doch auf der Kostenseite stehen eine wachsende Einkommensungleichheit und soziale Instabilität.
- Neue Technologien erhöhen die Produktivität und stimulieren die Ausweitung von Wirtschaftsaktivitäten, doch viele dieser Technologien haben negative Folgen für Gesellschaft und Umwelt.
- Die Expansion von Märkten ist gut für die Wirtschaft, doch sie zwingt immer neuen Teilen der natürlichen Welt wie auch diversen menschlichen Kulturen das unverständliche und kurzsichtige Diktat des Marktes auf.

Wenn sich das Wirtschaftswachstum verlangsamt, nimmt die Ungleichheit der Einkommensverteilung zu, wie es seit Mitte der 1970er-Jahre innerhalb der nördlichen Länder und zwischen Norden und Süden der Fall ist. Wenn die Wirtschaftsleistung wirklich zurückgeht, wie in den globalen und lokalen Wirtschaftsdepressionen des 20. Jahrhunderts und gegenwärtig in großen Teilen Afrikas und Lateinamerikas, führt dies gewöhnlich zu sozialen Unruhen und Massenvernichtung. Im gegenwärtigen Weltwirtschaftssystem sorgt das Wirtschaftswachstum ganz wesentlich dafür, dass die Einkommen der Reichen hoch und diejenigen der unteren Schichten niedrig bleiben. Das Problem ist, dass biophysikalische Gesetze der Expansion dieses von Menschen geschaffenen Systems noch im Laufe dieses Jahrhunderts Einhalt gebieten werden.

Das Entropiegesetz und die Wirtschaft

In den vergangenen 25 Jahren ist die Dominanz der neoklassischen Ökonomie von einer Reihe alternativer Schulen ökonomischen Denkens angezweifelt worden, darunter von der postkeynesianischen, der institutionellen, sozialen und ökologischen Ökonomie. Eine Grundeinsicht der ökologischen Ökonomie ist, dass ökonomische Aktivität nur möglich ist, wenn man aus dem größeren biophysikalischen System niedrige Entropie abschöpft. Der Pionier dieses wirtschaftstheoretischen Ansatzes war Nicholas GEORGESCU-ROEGEN, der 1971 sein monumentales Werk *The Entropy Law and the Economic Process* veröffentlichte. GEORGESCU-ROEGEN benutzte die Entropie-Metapher, um eine Wirtschaftstheorie zu entwickeln, die auf historischer Zeit sowie auf den Grundgesetzen von Physik und Biologie basiert. Er nannte seine Theorie «Bioökonomie» und argumentierte, dass niedrige Entropie, gebundene Energie und Materie, nicht nur die eigentliche Wurzel des Mehrwerts ist, sondern auch die ultimative Quelle für sozialen Konflikt. Sein großer Beitrag bestand darin, mit Hilfe der Entropie-Metapher zu zeigen, dass der Ökonomieprozess kein reversibler, sich selbst erhaltender Kreislauf ist, wie es in den Standardökonomietexten dargestellt wird, sondern dass es sich vielmehr um ein irreversibles System handelt, das auf den Gesetzen von Physik und Biologie fußt und durch sie begrenzt wird. Die Ökonomie wird jedoch nicht nur durch größere Systeme eingeschränkt, sondern auch durch unsere Schädigung biophysikalischer Systeme, in welche die menschliche Ökonomie eingebettet ist. Eine thermodynamische Analyse zeigt deutlich das Chaospotenzial in unausgeglichenen Systemen wie der modernen Ökonomie.

Seit der Ausbreitung des Ackerbaus vor rund 10'000 Jahren beuten die Menschen einen weit vom Gleichgewicht entfernten Prozess von Expansion und Kollaps aus. Wenige Jahrtausende nach ihrer Einführung wurde die von der Landwirtschaft geprägte Lebensweise zur beherrschenden Lebensweise, und sie ging mit einer tief greifenden Verschiebung der sozialen Evolution des Menschen einher. Die Gesellschaft wurde zunehmend hierarchisch organisiert und basierte auf religiösen Überzeugungen, in deren Zentrum die Notwendigkeit stand, eine große Zahl an Arbeitskräften für die Landwirtschaft zu mobilisieren. Diese neue hierarchische Gesellschaftsorganisation und die Entstehung religiöser sowie politischer Eliten begünstigten die Fortführung einer Lebensweise, von der die dominante und herrschende soziale Gruppe profitierte, ohne Rücksicht auf die Folgen für die Mehrheit der Bevölkerung. Auch die Beziehung zwischen Mensch und Natur veränderte sich dramatisch. Der Beginn der Landwirtschaft läutete das Zeitalter der vom Menschen dominierten Ökosysteme ein. Dieser Schritt führte auf der einen Seite zu einer Homogenisierung und Kontrolle der Natur und auf der anderen Seite zur Zerstörung jenes Teils der Natur, den der Mensch nicht nutzen konnte. Es stimmt zwar, dass ein typisches Merkmal früher bäuerlicher Gesellschaften ihre wachsende Fähigkeit war, umweltbedingte Schäden abzupuffern. Doch diese Fähigkeit, umweltbedingte Störungen vorauszusehen und entsprechend vorbeugend zu planen, hatte ihren Preis. Es gibt immer mehr Anzeichen dafür, dass eine Reihe von Kulturen in vielen verschiedenen Klimazonen, Regionen und Epochen zeitweilig umweltbedingten Einschränkungen entkamen, indem sie die knappe niedrige Entropie anzapften, nur um dann, wenn sich die Rahmenbedingungen zwangsläufig veränderten, zusammenzubrechen. Wie Joseph TAINTER (1988) dokumentiert hat, zeichnete sich bei so unterschiedlichen Kulturen wie Sumerern, Maya und Bewohnern der Osterinseln ein erstaunlich ähnliches Muster von Kolonialisierung, raschem Wachstum, Intensivierung der Ressourcennutzung und Zusammenbruch ab. Für diese frühen Ackerbaugesellschaften erwies sich technischer Fortschritt auf lange Sicht als schlechter Ersatz für die biophysikalischen Prozesse, von denen sie letztendlich abhingen.

Der zweite große Einschnitt in der Wirtschaftsgeschichte ist die industrielle Revolution, die vor rund 250 Jahren begonnen hat. In der relativ kurzen Zeitspanne seit Beginn der Industrialisierung hat sich die menschliche Bevölkerung von rund einer Milliarde auf sechs Milliarden erhöht. Der Einfluss des Menschen ist wirklich global geworden. Die industrielle Revolution hat nicht nur die zwischenmenschlichen Beziehungen und die Beziehungen zwischen Mensch und Natur drastisch verändert, sondern auch einen Prozess in Gang gesetzt, der einer eigenen inneren Logik folgt. Man sollte nicht vergessen, dass das Grundmuster der Ressourcenausbeutung in industriellen Gesellschaften schon mit der weit verbreiteten Übernahme des Ackerbaus etabliert worden war – einem System, das aus Inputsubstitution (das heißt Verwendung von importiertem Saatgut) und Produktionsintensivierung durch technologischen Fortschritt angesichts schwindender Ressourcen besteht. Dies ist nicht das Muster eines sich selbst erneuernden Kreislaufs, sondern vielmehr eine Einbahnstraße, die unweigerlich zu Chaos und Kollaps führt.

Ein gutes Beispiel für den Entropieprozess der Ressourcenausbeutung in der Weltwirtschaft ist die Pazifikinsel Naru. Über die Frühgeschichte dieser Insel ist wenig bekannt, doch sie wurde offensichtlich von verschiedenen Gruppen melanesischer und polynesischer Völker über einen Zeitraum von mehreren tausend Jahren besiedelt. Auf der kleinen Insel lebte eine Bevölkerung von rund tausend Menschen, die sich vom

Fischfang sowie von einer breiten Palette einheimischer und domestizierter Pflanzen und Tiere ernährten. Aufgrund ihrer geographischen Isolation hatte Naru bis Ende des 19. Jahrhunderts kaum Kontakt zur westlichen Zivilisation. Um 1900 entdeckte man, dass die Insel größtenteils aus einem ganz besonders phosphathaltigen Gestein bestand; Phosphat ist für das Pflanzenwachstums unverzichtbar und deshalb ein Bestandteil von Kunstdüngern. Unter verschiedenen deutschen, britischen, japanischen und australischen Kolonialregierungen und auch nach der Unabhängigkeit von 1968 wurde Naru durch den Abbau seiner Phosphatvorkommen schwer geschädigt. Heute ist der größte Teil der Insel mit Ausnahme eines schmalen Küstensaums unbewohnbar.

Da die natürlichen Ressourcen von Naru zerstört waren, mussten sich die Einwohner/innen mehr und mehr auf den Handel mit der Außenwelt einlassen, um die notwendigen Dinge zu erwerben, die es früher vor Ort reichlich gab. Die traditionelle Ernährung mit frischem Obst, Kokosnüssen, Gemüse und Fisch wurde durch importierte Dosennahrung ersetzt. Selbst Wasser muss inzwischen vom Festland eingeführt werden. Die einst lebendige und sich selbst versorgende Kultur, die innerhalb der Grenzen lebte, die ihr natürliches Ökosystem ihr setzte, wurde in eine Gesellschaft verwandelt, die völlig von Importen der Weltwirtschaft abhängig war. Nicht nur die kulturellen Traditionen von Naru haben gelitten, sondern der steigende Konsum von ballaststoffarmen und fettreichen Lebensmitteln hat dazu geführt, dass die Bewohner/innen der Insel inzwischen auch die weltweit höchste Diabetesrate aufweisen. Bluthochdruck und Herzkrankheiten sind ebenfalls weit verbreitet, und trotz eines hohen Pro-Kopf-Einkommens ist die Lebenserwartung in Naru eine der geringsten im pazifischen Raum.

Für das verkaufte Land erhielt die Bevölkerung von Naru trotz eklatanter Ungerechtigkeiten seitens der Kolonialmächte eine Menge Geld. Um für die Zeit nach der Erschöpfung des Phosphatvorkommens vorzusorgen, wurde ein Trust-Fonds eingerichtet, und Anfang der 1990er-Jahre wurde der Wert dieses Fonds auf mehr als eine Milliarde Dollar geschätzt. Leider verlor ein Großteil des Fonds aufgrund schlechter Investitionen und der Krise an den asiatischen Finanzmärkten Mitte der 1990er-Jahre seinen Wert. Heute besitzen die Menschen von Naru kaum noch ökologische Ressourcen und kaum noch Geld, um ihren Lebensunterhalt zu sichern. Man kann die Erfahrung von Naru als Einzelfall betrachten oder aber als ein weiteres zeitgenössisches Beispiel für das Muster von Produktionsintensivierung, Überschuss und Zusammenbruch, das man in komplexen Gesellschaften seit mehreren tausend Jahren findet.

Gespenster aus der Vergangenheit: Kann der Mensch in Harmonie mit der Natur leben?

Der *Homo sapiens* ist der letzte überlebende Vertreter einer Gattung, die erstmals vor rund 3,5 Millionen Jahren in Ostafrika in Erscheinung getreten ist. Fast während seiner gesamten Existenz auf Erden hat die wirtschaftliche und soziale Situation des Menschen auf einem Jäger-und-Sammler-Dasein basiert. Die Menschen lebten direkt vom Güterfluss aus der Natur; sie verfügten über eine einfache Materialtechnologie und, nach historischen Berichten von Jäger-und-Sammler-Gesellschaften zu urteilen, über einen komplexen Satz von Regeln, die Umweltstabilität und soziale Gleichheit begünstigten. Die Lebensweise von Jäger-und-Sammler-Gesellschaften ist von Marshall SAHLINS als «die ursprüngliche Überflussgesellschaft» (1972, 430–443) bezeichnet worden. SAHLINS zufolge lebten Jäger-und-Sammler-Gesellschaften im Überfluss, weil sie alles hatten, was sie wollten: nicht deshalb, weil sie mehr hatten, sondern weil sie weniger wollten. Eine Untersuchung der Merkmale von Jäger-und-Sammler-Gesellschaften kann die Verbindung zwischen sozialer Gleichheit und Umweltintegrität beleuchten und uns zeigen, wie wir unsere bestehenden Einrichtungen verändern und einen Weg zu einer gerechten und ökologisch nachhaltigen Gesellschaft einschlagen können.

James WOODBURN beschreibt auf der Basis von Feldstudien an den Hadza, einer Jäger-und-Sammler-Gesellschaft in Tansania, einige Merkmale dieser Gesellschaft, die soziale Gleichheit fördern:

- Die sozialen Gruppen sind flexibel.
- Die Individuen können völlig frei darüber entscheiden, mit wem sie sich zusammentun, mit wem sie zusammenwohnen, tauschen und Handel treiben.

- Individuen sind nicht von bestimmten anderen Individuen abhängig, um Zugang zum Lebensgrundbedarf zu haben.
- Alle Beziehungen betonen Teilen und Gegenseitigkeit, ohne langfristig bindende Verpflichtungen zu fordern.

In derartigen Gesellschaftsformen hat ein Individuum keine echte Macht über ein anderes. Überdies werden all die oben genannten Merkmale als Teil dessen, was WOODBURN als eine «aggressiv egalitäre» soziale Strategie bezeichnet, bewusst geschützt. (1982, 432) Er unterscheidet zwischen *immediate-return-* und *delayed-return-*Kulturen. (433–440) In *immediate-return-*Kulturen erhalten die Menschen einen sofortigen und direkten Gegenwert für ihre Arbeit. Nahrung wird bald verzehrt, nachdem sie gejagt oder gesammelt worden ist, und ihre technische Entwicklung ist bescheiden. In *delayed-return-*Systemen besitzen die Menschen gewisse Eigentumsrechte an Produkten aus der freien Natur, in denen menschliche Arbeit steckt, wie an selektiv gepflückten Wildkräutern oder besonders gehegten Wildpflanzen. Beide Typen von Jäger-und-Sammler-Gesellschaften sind viel egalitärer als Ackerbau- oder Industriegesellschaften, doch was Besitz, Status und Macht über andere angeht, stellen die *immediate-return-*Gesellschaften eine egalitärere Form als die *delayed-return-*Gesellschaften dar. Ungleiche Besitzverhältnisse werden nicht toleriert, und Frauen sind unabhängiger als in *delayed-return-*Gesellschaften. *Immediate-return-*Gesellschaften gewähren allen Mitgliedern freien Zugang zu den für den Lebensunterhalt nötigen Mitteln. Grundvoraussetzung für die Bewältigung des Alltags ist nicht der Besitz einer Sammlung materieller Objekte, sondern vielmehr ein umfassendes Wissen über die spezifischen Ökosysteme, in denen eine jede Gesellschaft operiert. Dieses Wissen ist frei zugänglich und wird an alle Mitglieder der Gruppe weitergegeben. Jäger-und-Sammler-Gesellschaften, die auf dem *delayed-return-*System basieren, sind zwar noch egalitär aufgebaut, doch wir können den Beginn von Klassenunterschieden erkennen, die auf dem Zugang zur Technologie und der daraus resultierenden Kontrolle eines ökonomischen Überschusses basieren.

Für die westliche Denkweise ist das Bemerkenswerteste am wirtschaftlichen Output von Jäger-und-Sammler-Gesellschaften, dass dessen Verteilung unabhängig davon ist, wer ihn erarbeitet hat. In Gesellschaften wie den Hadza und den !Kung wird der größte Teil des Fleisches von nur wenigen Jägern herangeschafft. Berichten zufolge gibt es unter den Hadza gesunde erwachsene Männer, die kaum jemals in ihrem ganzen Leben ein Tier erlegt haben, doch sie werden genauso versorgt wie jeder andere und nicht etwa geächtet. Die !Kung haben komplizierte Verhaltensregeln, die den Jäger von seiner Beute trennen. So hat zum Beispiel der Besitzer des Pfeils, mit dem das Tier getötet wurde, das Recht, das Fleisch zu verteilen, nicht etwa der erfolgreiche Jäger selbst. Eine Studie über die Aché in Paraguay ergab, dass durchschnittlich drei Viertel der Nahrung, die der Einzelne konsumierte, nicht von direkten Familienmitgliedern besorgt wurde. Erfolgreiche Jäger erhalten in der Tat kleinere Portionen, als es der Fall wäre, wenn die Verteilung nach dem Zufallsprinzip erfolgte.

Die Tatsache, dass es in manchen Gesellschaften keine Beziehung zwischen Produktion und Verteilung gibt, widerspricht der Fiktion vom *Homo oeconomicus*. Es gibt nichts inhärent Selbstsüchtiges und Habgieriges in unserer Spezies. Menschen verfügen über ein breites Spektrum von Verhaltensmustern, die von der materiellen Basis ihrer jeweiligen Gesellschaft und den ideologischen Überzeugungen abhängen, welche notwendig sind, um bestimmte Lebensweisen zu ermöglichen. Historischen Berichten über Jäger-und-Sammler-Gesellschaften zufolge steht der «natürliche» Zustand der Menschheit unter Umständen Marx' «primitivem Kommunismus» viel näher als dem zeitgenössischen Kapitalismus.

Ein weiteres wichtiges Merkmal des Wirtschaftssystems von Jäger-und-Sammler-Gesellschaften ist, dass die Anhäufung von persönlichem Eigentum oft mit Sanktionen belegt wird. Das Fehlen von Besitz ist nicht nur eine Folge des Nomadenlebens, das Jäger-und-Sammler-Gesellschaften führen. Sanktionen betreffen selbst sehr kleine Objekte wie Perlen oder Pfeilspitzen. Anscheinend ist es ein zentrales Merkmal, um Gleichheit zu gewährleisten, dass die Menschen keine Bindung an Besitz haben und daher auch keine Möglichkeit besteht, mit Hilfe von Besitzrechten Abhängigkeiten zu schaffen. Für die Standarddenkweise der Wirtschaft, die «Freiheit» mit einer immer größeren Ausdehnung von Besitzrechten gleichsetzt, könnte es kaum eine subversivere Vorstellung geben.

Wege aus der Krise: Optionen für das 21. Jahrhundert

Was können wir aus dem Schicksal vergangener Zivilisationen und aus dem Wissen um die prekäre Lage unserer eigenen Weltwirtschaft lernen? Können wir uns die Konzepte und wissenschaftlichen Erkenntnisse, die wir aus Berichten über vergangene erfolgreiche und gescheiterte Kulturen gewonnen haben, zunutze machen, um den Teufelskreis aus Überschuss und Kollaps zu durchbrechen und den Zusammenbruch unserer gegenwärtigen Zivilisation zu verhindern? Zunächst einmal folgen aus diesen Darlegungen zwei einfache Tatsachen:

- Die Ökonomie ist ein Subsystem innerhalb eines größeren sozialen Systems, das seinerseits wiederum Teil eines umfassenden biophysikalischen Universums ist, von dem es abhängig ist. Vergangene Zivilisationen sind zusammengebrochen, weil ihre Institutionen diese Grundtatsache ignoriert haben.
- Es existieren enge Verbindungen zwischen Macht und Verteilung von ökonomischen Überschüssen, Umweltzerstörung und sozialem Zusammenbruch. Frühere Gesellschaften sind gescheitert, weil eine Minderheit, deren Macht und Ansehen von der nicht nachhaltigen Ausbeutung von Mensch und Natur abhängig waren, Entscheidungen über Ressourcennutzung getroffen hat.

Mit diesen beiden Beobachtungen als Ausgangspunkt können wir beginnen, ein Minimalprogramm für ökologische und soziale Nachhaltigkeit zu formulieren. Zunächst sollten wir klar sagen, was wir zu erhalten gedenken. Das Ziel ist, die Existenz der menschlichen Spezies so lange wie möglich sicherzustellen, wenn wir auch wissen, dass der Mensch wie alle anderen Arten irgendwann einmal aussterben wird. Unter dieser Voraussetzung erscheinen die folgenden Schritte in Richtung Nachhaltigkeit vernünftig:

- Es ist notwendig, zwischen ökologischer und ökonomischer Nachhaltigkeit zu unterscheiden und sich eine *no-substitution rule* zwischen menschengemachtem Kapital und den lebenserhaltenden Systemen der natürlichen Welt zu Eigen zu machen. Ökologische Ökonomen argumentieren, ökonomische und ökologische Bilanzen sollten getrennt werden. Diese separate Bilanzierung sollte auch ökologische Systeme und Arten einbeziehen, die für den Menschen keinerlei offensichtlichen ökonomischen Nutzen haben. Die Behauptung, es gäbe keinen Konflikt zwischen Marktwirtschaft und Umweltschutz, ist zu einem gefährlichen Klischee geworden. Der Konflikt liegt jedoch auf der Hand. In der heutigen Weltwirtschaft können Menschen ihren wirtschaftlichen Wohlstand erhöhen, indem sie Teile der natürlichen Welt zerstören. Auf lange Sicht hängt das menschliche Überleben jedoch davon ab, dass wir andere Arten und die Ökosysteme, in denen sie leben, schützen. Das grundlegende Argument von Ökologen ist, dass wir, wenn wir Naturschutz gegen ökonomisches Wachstum eintauschen, um eines kurzfristigen Gewinns willen das Lebenserhaltungssystem zerstören, von dem alles menschliche Leben abhängt. Die Basis des menschlichen Überlebens zu zerstören, sollte nicht länger akzeptiert werden. Diese Sicht steht mit dem anthropozentrischen Ziel in Einklang, die menschliche Spezies trotz ihres «biozentrischen» Auftretens (das heißt trotz ihres Willens zur Herrschaft über alle Lebewesen) so lange wie möglich zu erhalten. Wir sollten dafür sorgen, dass die Biosphäre intakt bleibt, denn dies liegt langfristig im Interesse der gesamten Menschheit.

- Es ist notwendig, ökologische Nachhaltigkeit im Sinne eines Erhaltens von Entwicklungspotenzial zu definieren oder zu beschreiben. Das Leben auf Erden hängt von komplexen Beziehungen und der Fähigkeit ab, auf sich wandelnde biologische und physikalische Bedingungen zu reagieren. In Ökosystemen spielen scheinbar überflüssige Arten oft eine wichtige Rolle für die natürliche Widerstandskraft und Flexibilität des Systems, und sie können bei veränderten Umweltbedingungen die Rolle von rezenten Schlüsselarten annehmen. Um die Menschheit so lange wie möglich zu erhalten, muss das biologische Potenzial von Ökosystemen, sich an veränderte Bedingungen anzupassen, bewahrt werden. Das langfristige Überleben unserer Art hängt davon ab, dass wir die ökologischen Rahmenbedingungen erhalten, unter denen wir uns entwickelt haben: Dazu gehört das Potenzial von Ökosystemen, sich an Veränderungen anzupassen.

- Es ist notwendig, soziale Nachhaltigkeit zu definieren oder zu beschreiben. Was sind die nötigen Voraussetzungen für eine sozial gerechte, gut funktionierende Gesellschaft, die sich an wechselnde Umweltbedingungen anpassen kann? Genauso, wie sich Menschen unter ganz speziellen Umweltbedingungen entwickelt haben, haben sich auch unsere sozialen Systeme und unsere vielfältigen Kulturen innerhalb spezieller lokaler biologischer und umweltbedingter Grenzen entwickelt. Wir beginnen gerade erst, die Beziehung zwischen menschlicher Biologie und menschlicher Kultur zu verstehen.

- Es ist notwendig, Bedingungen für eine ökonomische Nachhaltigkeit zu definieren und auszuarbeiten. Das Gebiet der Wirtschaft ist raschen Veränderungen unterworfen, und lange gehegte und gepflegte Vorstellungen über die Unantastbarkeit des Marktes verändern sich. Aufgeschreckt durch massive Fehlschläge der Marktpolitik in Osteuropa, Asien und Lateinamerika, erkennen Ökonomen mittlerweile, dass ungeregelte Märkte nicht mit ökonomischer Nachhaltigkeit in Einklang stehen. Das Anerkennen dieser Tatsache hat weit reichende Folgen für die Nachhaltigkeitsdebatte, denn sie stellt die Effizienz einer auf dem Markt basierenden Umwelt- und Sozialpolitik in Frage.

Diese Punkte verlangen nach Strategien, welche die gegenwärtige Lebensweise des Menschen mit den biologischen und sozialen Erfordernissen einer langfristigen Nachhaltigkeit in Einklang bringen. Ein solcher Wandel wird nicht leicht sein, denn einige dieser Strategien werden zweifellos mit Vorstellungen von Fortschritt, Individualismus und Materialismus in Konflikt geraten, die zu den Grundüberzeugungen der modernen Welt gehören. Wenn wir den Konflikt zwischen menschlichem Wohl, das allein auf ökonomischem Output basiert, und einer langfristigen ökologischen Integrität erkennen, können wir beginnen, Strategien für nachhaltiges Wirtschaften zu entwerfen, das mit der biologischen und physikalischen Realität in Einklang steht. Wir müssen über Argumente für «Wachstumsgrenzen» hinausgehen und «Wachstumsalternativen» finden. Die Schwierigkeit dieser Aufgabe sollte nicht unterschätzt werden, doch dadurch, dass wir Möglichkeiten formulieren, um das menschliche Wohl von Konsum und Wirtschaftswachstum abzukoppeln, können wir arbeitsfähige Alternativen bereitstellen, wenn die Mehrheit willens ist, sie ernsthaft in Betracht zu ziehen.

Weiterführende Literatur

DALY, Herman E., und John B. COBB, Jr. 1994. *For the Common Good: Redirecting the Economy Toward Community, the Environment, and a Sustainable Future.* 2. Aufl., Boston: Beacon Press.

GEORGESCU-ROEGEN, Nicholas. 1971. *The Entropy Law and the Economic Process.* Cambridge: Harvard Univ. Press.

– 1976. *Energy and Economic Myths.* San Francisco: Pergamon Press.

GOWDY, John M. 1998. *Limited Wants, Unlimited Means. – A Reader on Hunter-Gatherer Economics and the Environment.* Washington, D.C.: Island Press.

McDANIEL, Carl N., und John M. GOWDY. 2000. *Paradise for Sale: A Parable of Nature.* Berkeley and Los Angeles: Univ. of California Press.

PONTING, Clive. 1991. *A Green History of the World: The Environment and the Collapse of Great Civilizations.* New York: St. Martin's Press.

SAHLINS, Marshall. 1972. *Stone Age Economics.* Chicago: Aldine.

TAINTER, Joseph A. 1988. *The Collapse of Complex Societies.* New York: Cambridge Univ. Press.

WALLIMANN, Isidor. 1994. «Can the World Industrialization Project Be Sustained?» *Monthly Review* (März): 41–51.

WOODBURN, James. 1982. «Egalitarian Societies.» *Man* 17: 431–451.

Ted Trainer

4 Unsere nicht nachhaltige Gesellschaft – und die Alternativen

Es ist bekannt, dass unsere industrielle, von Überfluss gekennzeichnete Konsumgesellschaft ökologisch nicht nachhaltig und ungerecht ist und der gesellschaftliche Zustand sich rasch verschlechtert. Fast alle sozialen und ökonomischen Probleme verschärfen sich, und Untersuchungen zeigen, dass die Lebensqualität abnimmt. Die folgende Argumentation zeigt auf, dass sich diese Probleme nicht in einer Gesellschaft lösen lassen, die von hohen Produktions- und Konsumraten, einem auf Überfluss basierenden Lebensstandard und von Marktkräften, Profitorientierung und Wirtschaftswachstum geradezu besessen ist. Eine nachhaltige, das heißt eine tragfähige und gerechte, Weltordnung lässt sich nicht erreichen, solange wir unseren Lebensstil, unsere Werte und Systeme, insbesondere unser Wirtschaftssystem, nicht radikal verändern. Es gibt inzwischen weltweit viele Menschen, die in Gruppen organisiert an einem Übergang zu einer einfacheren Lebensweise arbeiten. Zwei Hauptfehler, die in unserer Gesellschaft tief verwurzelt sind, verursachen die schlimmsten Probleme, mit denen wir heute konfrontiert sind.

Fehler 1: Der Markt

Märkte sind in mancher Beziehung durchaus nützlich, und in einer funktionierenden und nachhaltigen Gesellschaft können sie eine wichtige Rolle spielen, doch nur, wenn sie unter sorgfältiger sozialer Kontrolle gehalten werden. Es lässt sich leicht zeigen, dass *das heutige Marktsystem für einen großen Teil von Leid und Entbehrung in der Welt verantwortlich ist.* Die Basismechanismen werden am deutlichsten, wenn wir uns ansehen, was in der Dritten Welt geschieht.

Das enorme Ausmaß an Armut und Leid in der Dritten Welt ist keine Folge von Ressourcenmangel. So gibt es beispielsweise genug Nahrung und Land, um alle zu versorgen. Diese Ressourcen sind jedoch nicht gleichmäßig verteilt. Warum nicht? Die Antwort lautet: Weil dies die Art und Weise ist, wie die Marktwirtschaft zwangsläufig arbeitet.

In einer Marktwirtschaft gehen knappe Güter stets an die Reichen, das heißt an diejenigen, die am meisten für sie bieten können. Aus diesem Grund bekommen wir in den reichen Ländern den größten Teil des geförderten Erdöls. Aus diesem Grund werden in reichen Ländern auch jedes Jahr mehr als 500 Millionen Tonnen Getreide an Tiere verfüttert, mehr als ein Drittel der gesamten Weltgetreideproduktion, obwohl doch schätzungsweise eine Milliarde Menschen unterernährt ist.

Noch wichtiger ist die Tatsache, dass unser Marktsystem zwangsläufig eine *schädigende Entwicklung* in der Dritten Welt mit sich bringt, nämlich eine Entwicklung der falschen Industriezweige. Unser Marktsystem unterstützt die profitabelsten Industrien, und das sind nicht etwa die nötigsten oder geeignetsten Industriezweige. Infolgedessen gibt es in der Dritten Welt überwiegend Plantagen und Fabriken, die Güter für die reiche einheimische Oberschicht oder für den Export in reiche Länder produzieren. Daher wird die Produktionskapazität der Dritten Welt, ihr Land und ihre Arbeit zur Produktion von Gütern eingesetzt, von denen andere profitieren. Die Konsequenzen sind unvermeidlich in einem wirtschaftlichen System, in dem stets das produziert wird, was am profitabelsten für die wenigen Menschen ist, die Kapital besitzen, und nicht etwa das, was die ansässigen Menschen oder ihr Ökosystem am nötigsten brauchen. Daher kann man die konventionelle Entwicklung der Dritten Welt als legalisierte Ausplünderung bezeichnen.

Wir in den reichen Ländern hätten keinen derart hohen Lebensstandard, wenn die Weltwirtschaft uns nicht ermöglichen würde, uns vom Reichtum der Welt weit mehr als unseren gerechten Anteil anzueignen und die Menschen der Dritten Welt um ihren Anteil zu prellen.

Es ist wahrscheinlich, dass sich das Abgleiten der Dritten Welt in Armut und Chaos von nun an beschleunigt. Die Vereinten Nationen haben berichtet, dass 1,6 Milliarden Menschen, fast ein Drittel der Gesamtbevölkerung der Welt, immer ärmer werden. Das vorherrschende Marktsystem gibt den Aktiengesellschaften und Banken heute viel mehr Freiheit und Macht als je zuvor und ermöglicht ihnen, in der Dritten Welt nur solche Industrien zu fördern, die die Profite der Aktiengesellschaften maximieren. Eine befriedigende Entwicklung in der Dritten Welt ist so lange unmöglich, bis wir ein ganz anderes Weltwirtschaftssystem entwickeln.

Fehler 2: Die Grenzen des Wachstums

Der schlimmste Fehler, der bereits in den Fundamenten unserer Gesellschaft angelegt ist, *ist die Festlegung auf einen Lebensstil, der auf Überfluss, Industrialisierung und Konsum beruht, und auf einer Ökonomie, die auf einem ständigen und grenzenlosen Wachstum des Outputs aufbaut*. Unser Produktions- sowie unser Konsumniveau sind viel zu hoch; beide lassen sich nicht mehr sehr lange auf diesem Niveau halten, und sie ließen sich niemals auf alle Menschen ausdehnen. Wir erschöpfen unsere Ressourcen rapide und zerstören die Umwelt. Unseren gegenwärtigen «Lebensstandard» können wir nur deshalb halten, weil sich ein paar reiche Länder einen Großteil der weltweit erschlossenen Ressourcen aneignen. Durch unseren überhöhten Konsum verursachen wir immense ökologische Schäden. Unsere Lebensweise ist *keineswegs nachhaltig*. Dennoch sind wir besessen vom Wirtschaftswachstum mit steigender Produktion und vermehrtem Konsum, und zwar so viel wie möglich und ohne Grenzen! Im Folgenden sind einige der Hauptargumente aufgeführt, die für Wachstumsgrenzen sprechen.

Reiche Länder, in denen etwa ein Fünftel der Menschheit lebt, verbrauchen rund drei Viertel der weltweit erschlossenen Ressourcen. Unser Pro-Kopf-Verbrauch ist etwa 15- bis 20-mal so hoch wie der Verbrauch der armen Hälfte der Menschheit. Die Weltbevölkerung wird sich wahrscheinlich irgendwann nach 2060 bei zehn Milliarden stabilisieren. Wollten wir all diesen Menschen das australische Pro-Kopf-Einkommen garantieren, dann müsste die jährliche Weltproduktion aller Ressourcen 8- bis 10-mal größer sein als heute. Wenn wir versuchten, die gegenwärtige Weltproduktion bis 2060 auf dieses Niveau zu heben, hätten wir bis dahin alle vermutlich erschließbaren Ressourcen von einem Drittel der wichtigsten Bodenschätze vollständig erschöpft. Alle möglicherweise erschließbaren Ressourcen an Kohle, Öl, Gas, Teersand und Ölschiefer sowie Uran (via Reaktor) wären etwa um 2045 bereits erschöpft.

Die Erdölvorräte sind besonders begrenzt. Die weltweite Ölversorgung wird wahrscheinlich zwischen 2005 und 2020 ein Maximum erreichen und könnte bis 2025 um die Hälfte zurückgehen; vermutlich wird es bald nach dem Maximum zu hohen Preissteigerungen kommen. Wenn die gesamte Weltbevölkerung 2025 Australiens gegenwärtigen Pro-Kopf-Verbrauch an Öl hätte, müsste die Weltölproduktion 15-mal so hoch sein, wie sie dann wahrscheinlich sein wird. Höchstwahrscheinlich werden erneuerbare Energiequellen nicht ausreichen, um genügend Energie für den Lebensstil der reichen Länder aufrechtzuerhalten.

Wenn alle zehn Milliarden Menschen pro Kopf so viel Holz wie in den reichen Ländern verbrauchten, benötigten wir das 3,5fache der gegenwärtigen Waldflächen auf der Welt. Wenn sich alle zehn Milliarden Menschen so wie die Menschen in den reichen Ländern ernähren würden, was 1 Hektar Land erfordert pro Mensch und Jahr, dann wären 10 Milliarden Hektar Ackerland nötig. Heute werden jedoch nur 1,4 Milliarden Hektar Land mit Feldfrüchten bebaut, und diese Fläche wird wahrscheinlich noch abnehmen.

Nach einer aktuellen «Fußabdruck»-Analyse schätzt man, dass mindestens 4,5 bis 5 Hektar produktives Land nötig sind, um genügend Wasser, Energie, Unterkunft und Nahrung für eine Person zu liefern, die in einer Stadt im reichen Teil der Welt lebt. Wenn also zehn Milliarden Menschen so leben wollten wie die Menschen in Sydney, dann benötigten wir rund 50 Milliarden Hektar produktives Land. Das ist jedoch *das Siebenfache des produktiven Landes auf dem Planeten.*

Diese Grenzen liefern einige der Hauptargumente, die zu dem Schluss führen, dass es *unmöglich ist, alle Menschen auf den Lebensstandard zu heben, den wir in den reichen Ländern heutzutage als selbstverständlich ansehen.* Wir müssen die Notwendigkeit akzeptieren, zu einer sehr viel einfacheren und ressourcenschonenderen Lebensweise überzugehen.

Das Umweltproblem

Der Grund für unser Umweltproblem ist, dass *viel zu viel produziert und konsumiert wird*. Unser Lebensstil geht mit dem Verbrauch riesiger Materialmengen einher. Jeder Amerikaner verbraucht jedes Jahr mehr als zwanzig Tonnen an Rohstoffen.

Das *Intergovernmental Panel on Climate Change* (IPCC) ist zum Schluss gekommen, dass wir den Einsatz fossiler Brennstoffe um 60 bis 80 Prozent senken müssen, um den weiteren Anstieg des Kohlendioxidgehalts in der Atmosphäre zu verhindern. Wenn wir ihn um 60 Prozent senkten und die verbleibende Energie unter zehn Milliarden Menschen teilten, dann erhielte jeder von uns nur einen Achtzehntel der Menge, die man gegenwärtig in Australien pro Person verbraucht. Die meisten Leute ahnen gar nicht, wie weit wir von einem nachhaltigen Niveau entfernt sind und wie stark wir unseren Verbrauch auf vielen Gebieten zurückfahren müssen.

Die unmöglichen Folgen des Wirtschaftswachstums

Wie bereits dargelegt, ist unser gegenwärtiges Produktions- und Konsumniveau alles andere als nachhaltig. Beide sind viel zu hoch, als dass sie noch lange aufrechterhalten werden könnten oder sich auf alle Menschen ausdehnen ließen. Wir sind jedoch entschlossen, unseren gegenwärtigen Lebensstandard sowie unser Produktions- und Konsumniveau immer weiter *zu erhöhen*, ohne dass ein Ende in Sicht wäre. Nur wenige Menschen erkennen offenbar die absurden und unrealistischen Konsequenzen, die sich ergeben, wenn wir weiter auf Wirtschaftswachstum setzen.

Angenommen, wir hätten eine Produktionszunahme von 3 Prozent pro Jahr, dann hätten wir um 2060 die 8 fache Jahresproduktion von heute erreicht. (Bei einem 4-prozentigen Wachstum beträgt der Multiplikationsfaktor 16.) Wenn dann alle zehn Milliarden Menschen unseren Lebensstandard hätten, müsste die Wirtschaftsproduktion *mehr als 100-mal höher* sein, als sie heute ist! Aber schon das *gegenwärtige* Niveau ist nicht nachhaltig. In den 1980er-Jahren hatte Australien eine Wachstumsrate von 3,2 Prozent im Jahr, die nicht ausreichte, um eine Verschlimmerung fast all unserer Probleme zu verhindern.

Globalisierung

Wir haben einen Punkt erreicht, an dem sich all diese Probleme aufgrund der Globalisierung der Wirtschaft rapide verschärfen werden. Seit 1970 ist das Weltwirtschaftssystem in eine Krise geraten. Für Konzerne und Banken ist es viel schwieriger geworden, ihr ständig wachsendes Kapitalvolumen profitabel anzulegen.

Daher bemühen sich die großen Konzerne und Banken inzwischen, eine massive Restrukturierung der Weltwirtschaft durchzusetzen; sie fordern die Entwicklung eines einheitlicheren und stärker deregulierten Systems, in dem die meisten Abkommen, die ihren Zugang zu besseren Geschäften, Märkten, Ressourcen und billigen Arbeitskräften behindert haben, abgeschafft sind. Regierungen werden unter Druck gesetzt, um Schutzmaßnahmen, Zölle und Kontrollen aufzuheben, die einst eingeführt wurden, um die Wirtschaft zu steuern; sie werden unter Druck gesetzt, Staatsunternehmen an die Privatkonzerne zu verkaufen, staatliche Dienstleistungen einzuschränken, die Körperschaftssteuern zu senken und vor allem, den Marktkräften noch mehr freies Spiel zu gewähren, das heißt, die Konzerne nach deren Belieben schalten und walten zu lassen. Diese Veränderungen *erschließen den transnationalen Konzernen (TNC) dort, wo sich die Regierungen ihrem Druck beugen, neue Marktlücken und Geschäftsmöglichkeiten.* Eine Fülle kritischer Fachliteratur zeigt jedoch, wie verheerend sich diese Veränderungen auf das Leben von Millionen von Menschen, besonders in der Dritten Welt, auf ihre Wirtschaft und ihre Ökosysteme auswirken. (Siehe besonders CHOSSUDOVSKY 1997).

Schlussfolgerungen zu unserer Situation

Aus der vorangegangenen Diskussion sollte deutlich hervorgehen, dass unser sozioökonomisches System höchst unbefriedigend ist und unsere Probleme nicht lösen kann. *Es ist unmöglich, eine gerechte und moralisch befriedigende oder ökologisch nachhaltige Gesellschaft zu erhalten, wenn wir zulassen, dass die Wirtschaft von Marktkräften, Profit und ökonomischem Wachstum getrieben wird.* Eine tragfähige Gesellschaft würde sich in ihrem Handeln an den Bedürfnissen von Mensch, Gesellschaft und Umwelt orientieren, nicht am Profit.

Wir haben zugelassen, dass man uns weismacht, wir bräuchten mehr Produktion, mehr Effizienz, ein höheres Bruttosozialprodukt, mehr Wissenschaft und Technik und mehr Arbeit. Doch wir produzieren bereits weit mehr, als nötig wäre, um allen eine hohe Lebensqualität zu garantieren, und wir arbeiten viel härter als nötig. Wir sollten eine Gesellschaft entwickeln, in der wir viel weniger arbeiten und produzieren, dafür aber mehr Zeit haben, das Leben ohne Unsicherheit und Stress zu genießen, in der Gewissheit, weder die Umwelt stark zu schädigen noch die Dritte Welt zu plündern. Wir brauchen weder bessere Technologien noch ein höheres Bruttosozialprodukt, um unsere Probleme zu lösen. Wir brauchen eine radikale Veränderung unseres Systems, unseres Lebensstils und unserer Werte.

Die Alternative: Eine einfachere Lebensweise

Es gibt inzwischen viele Bücher und Artikel, welche sich mit den Parametern befassen, die eine nachhaltige Gesellschaft annehmen muss. Wenn die vorangestellte Analyse der Wachstumsgrenzen grundsätzlich zutrifft, dann liegen einige der Schlüsselprinzipien für eine nachhaltige Gesellschaft klar und unbestreitbar auf der Hand.

Unser materieller Lebensstandard darf nicht derart von Überfluss geprägt sein. In einer nachhaltigen Gesellschaft muss der Ressourcenverbrauch pro Person auf einen kleinen Bruchteil des heutigen Verbrauchs in den westlichen Industriestaaten zurückgehen.

Wir brauchen kleine und autarke lokale Wirtschaftsunternehmen.

Wir brauchen kooperative und auf Mitbestimmung basierende lokale Systeme, sodass kleine Gemeinwesen ihre eigenen Belange unabhängig von den internationalen und globalen Wirtschaftssystemen kontrollieren.

Wir müssen regen Gebrauch von alternativen Technologien machen, die den Ressourcenverbrauch minimieren.

Wir müssen ein ganz anderes Wirtschaftssystem entwickeln, und zwar eines, das nicht von Marktkräften oder Profiten gelenkt wird, sondern eines, in dem es kein Wachstum gibt.

Die Alternative ist die einfachere Lebensweise; wir können und müssen alle mit viel weniger Produktion, Konsum, Arbeit, Ressourcenverbrauch, Handel, Investitionen und Bruttosozialprodukt als heute gut leben. Nur so können wir der ökonomischen Tretmühle entkommen und unser Leben Dingen widmen, die wichtiger sind als Produzieren und Konsumieren. Einfacher leben ist nicht gleichbedeutend mit Mangel oder Entbehrung. Es heißt, sich auf das zu konzentrieren, was für Wohlbefinden, Hygiene, Effizienz usw. ausreichend ist.

Wir müssen auf nationaler Ebene (was weniger Handel bedeutet), auf der Ebene der Privathaushalte und besonders auf der Ebene von Nachbarschaft, Stadtteil, Stadt und Region so viel Autarkie entwickeln, wie vernünftigerweise möglich ist. Wir müssen unsere trostlosen Vorstädte in blühende regionale Wirtschaftsräume verwandeln, die die meisten Gebrauchsgüter aus lokalen Ressourcen produzieren. Dazu gehören natürlich viele Kleinunternehmen, wie die örtliche Bäckerei, sodass die meisten von uns zu Fuß oder mit dem Fahrrad zur Arbeit gehen können. Ein großer Teil unseres Alltagsbedarfs, wie Honig, Eier, Geschirr, Gemüse, Möbel, Obst, Fisch und Geflügel, könnte dann aus Haushalten und Hinterhofunternehmen stammen, in denen Handwerk betrieben wird. Es ist viel befriedigender, die meisten Dinge handwerklich herzustellen, als sie in Fabriken industriell zu produzieren. Es wäre jedoch sinnvoll, einige große Fabriken für die Massenproduktion zu erhalten.

Überall in den Vorstädten und Städten könnten Gemüsebauern ihre Gärten anlegen, in denen Produkte für den Markt gezogen werden, zum Beispiel auf stillgelegten Fabrikgeländen und neben Eisenbahnlinien. Dieser Wandel würde die Kosten für Lebensmittel *um 70 Prozent* senken, weil ein großer Teil der Transportkosten entfällt. Und was noch wichtiger ist: Wenn man Lebensmittel vorwiegend dort produziert, wo die Menschen leben, kann man Nährstoffe recyclen und via Komposthaufen und Biogasanlagen in den Boden zurückführen.

Wir sollten in jedem Viertel ein Haus zur Nachbarschaftswerkstatt, zum Recyclingladen, zum Treffpunkt, zur Tauschbörse und zur Bibliothek umgestalten. Weil man sehr viel weniger Transportmittel benötigt, könnten wir viele Straßen umpflügen, sodass viel mehr Land für Gemeinschaftsgärten, Werkstätten, Teiche, Wälder und ähnliche Dinge zur Verfügung stünde.

In unserer Nachbarschaft könnten auch die verschiedensten Tierarten leben, zum Beispiel könnte man eine komplette Fischzucht aufziehen, die auf Becken und Teichen basiert. Zusätzlich könnten Gemeindewald, Obstgärten, Bambusanpflanzungen, Tümpel und Wiesen usw. viele Rohstoffe liefern, aus denen kostenlose Güter hergestellt würden. Auf diese Weise würden wir die «Allmenden», das Gemeindeland und die Gemeinderessourcen, entwickeln, von denen sich alle mit Nahrung und Material versorgen könnten.

Es wäre eine Umwelt mit viel Freizeitgestaltungsmöglichkeiten. Gegenwärtig sind Vorstädte in dieser Beziehung die reinsten Wüsten, man kann nicht viel unternehmen. Das Alternativmodell wäre voller interessanter Dinge, die man tun kann, voller vertrauter Menschen, kleiner Unternehmen, Gemeinschaftsprojekte, Tiere, Gärten, Wälder und alternativer Technologien. Infolgedessen wären die Leute weniger geneigt, am Wochenende und in den Ferien zu verreisen, was den Energieverbrauch senken würde.

Die neue Lebensweise muss viel kommunaler und kooperativer sein. Wir müssen mehr Dinge teilen. Wir könnten ein paar Leitern, Elektrobohrer und Ähnliches in der Nachbarschaftswerkstatt haben statt alles in jedem Haus. Wir stünden auf verschiedenen Dienstplänen und würden uns in Komitees und bei freiwilligen Arbeitseinsätzen engagieren, um einen Großteil der Kinderbetreuung, Krankenpflege, Grundausbildung sowie Versorgung von alten und behinderten Menschen in unserer Umgebung zu gewährleisten, aber auch, um die meisten Funktionen auszuüben, die heute der Stadtrat für uns erledigt, wie Pflege und Unterhalt unserer eigenen Parks und Straßen. Wir sollten daher viel weniger Beamte brauchen und müssten deshalb weniger verdienen, da wir weniger Steuern zahlen und weniger kommunale Dienstleistungen finanzieren müssten.

Besonders wichtig sind die regelmäßigen freiwilligen Arbeitseinsätze für die Gemeinschaft. Stellen Sie sich nur vor, wie schön Ihre Nachbarschaft jetzt wäre, wenn freiwillige Helfer an jedem Samstagnachmittag in den vergangenen fünf Jahren etwas getan hätten, um das Leben dort für alle angenehmer zu machen.

Es gäbe eine echte, auf Mitsprache basierende Demokratie. Die meisten unserer lokalen politischen Maßnahmen und Programme könnten von unbezahlten, gewählten Komitees erarbeitet werden, und wir alle könnten bei regelmäßigen Stadttreffen über wichtige Entscheidungen abstimmen, die unseren kleinen Bereich betreffen. Es blieben noch immer einige Funktionen für Bundesstaats- und Staatsregierungen übrig, aber relativ wenige.

Es gibt keine Chance, diese Veränderungen herbeizuführen, solange wir das gegenwärtige Wirtschaftssystem beibehalten. Das fundamentale Anliegen einer nachhaltigen Wirtschaft wäre, *die verfügbare Produktionskapazität auf das zu konzentrieren, was alle Menschen für ein «gutes Leben» brauchen*, und dies mit so wenig Plackerei, Abfall und Arbeit wie möglich und ohne ökologische Schäden anzurichten. Die grundlegenden ökonomischen Prioritäten müssen dem entsprechen, was sozial wünschenswert und demokratisch entschieden ist, und zwar größtenteils auf lokaler Ebene, nicht dem, was von riesigen und fernen Staatsbürokratien diktiert wurde – was wir nicht wollen, ist ein schwerfälliger, zentralisierter, bürokratischer Staatssozialismus. Ein Großteil der Wirtschaft könnte in sorgfältig überwachter Form weiterhin auf Privatwirtschaft basieren, die von kleinen Firmen, Haushalten und Kooperativen ausgeübt wird, solange ihr Ziel nicht Profitmaximierung und Wachstum sind. In sorgfältig regulierten Bereichen könnten Marktkräfte operieren, beispielsweise auf lokalen Markttagen, an denen Einzelpersonen und Familien kleine Mengen an Garten- und Handwerksprodukten verkaufen. Ein großer Sektor der neuen Ökonomie käme ohne Bargeld aus, allein mit Tauschhandel, freiwilligem Arbeitseinsatz, Geschenken (mit anderen Worten: dem Abgeben vom Überfluss) und völlig freien Gütern (beispielsweise aus Gemeindegut wie Obst- und Nussbäumen längs der Straße).

Arbeitslosigkeit und Armut könnten leicht zum Verschwinden gebracht werden. (Es gibt sie nicht in israelischen Kibbuzsiedlungen.) Wir hätten nachbarschaftliche Arbeitskoordinierungskomitees, die dafür sorgen, dass alle, die arbeiten wollen, einen Teil der Arbeit bekommen, die getan werden muss. Es müsste viel weniger gearbeitet werden als heute.

Vor allem würde es in der neuen Ökonomie kein Wachstum geben. Wir würden alle ständig danach Ausschau halten, wie wir die Menge an Arbeit, Produktion und Ressourcennutzung verringern könnten.

Wenn wir all die unnötige Produktion ausschlössen und einen großen Teil dessen, was übrig bleibt, auf Hinterhöfe, auf kleine örtliche Unternehmen und Kooperativen wie auch auf den nichtmonetären Sektor der Ökonomie verlagerten, *müssten die meisten von uns nur ein bis zwei Tage pro*

Woche in ein Büro oder eine Fabrik zur Massenproduktion gehen, um dort für Geld zu arbeiten*. Mit anderen Worten, es wäre möglich, mit einem sehr geringen monetären Einkommen gut zu leben. Wir könnten die anderen fünf oder sechs Tage dazu nutzen, in der Nachbarschaft zu arbeiten und zu spielen und jeden Tag viele interessante, abwechslungsreiche und nützliche Dinge zu tun.

Wir würden über all die modernen High-Tech-Produkte verfügen, die Sinn machen, zum Beispiel in der Medizin, beim Windradbau, beim öffentlichen Verkehr und bei Hausgeräten. Für manche Dinge, wie den Schienenverkehr, die Telekommunikation und die Steuern, gäbe es noch immer ein nationales System, aber keineswegs auf dem gegenwärtigen Niveau. Es stünden viel mehr Ressourcen als heute für Wissenschaft, Forschung, Bildung und Erziehung, aber auch für die Künste zur Verfügung, weil wir nicht länger riesige Ressourcenmengen für die Produktion unnötiger Dinge, einschließlich Waffen, verschwendeten. Die Lebensqualität dieser sehr frugalen und höchst selbstgenügsamen einfacheren Lebensweise könnte sehr viel höher sein, als sie heute für die meisten Menschen in der Konsumgesellschaft ist.

An dieser Stelle muss betont werden, dass wir, wenn die «Grenzen-des-Wachstums-Analyse» grundsätzlich korrekt ist, *keine andere Wahl* haben, als auf die hier skizzierte alternative Gesellschaft hinzuarbeiten. In reichen wie in armen Ländern ist eine nachhaltige Gesellschaft nur mit einem einfacheren Leben – überwiegend in weitgehend autarken und auf Mitbestimmung basierenden Siedlungen – und mit Nullwachstums- oder *steady-state*-Wirtschaftssystemen vorstellbar.

Wege aus der Krise

Meiner Meinung nach sind unsere Chancen, den Übergang zu einer nachhaltigen einfacheren Lebensweise zu schaffen, sehr gering. Seit den 1960er-Jahren haben viele Menschen versucht, Themen wie die Grenzen des Wachstums, die krassen Ungerechtigkeiten der Weltwirtschaft und die Notwendigkeit für radikale Veränderung ins öffentliche Bewusstsein zu rücken. Die Bereitschaft, sich mit diesen Themen zu beschäftigen, ist heute jedoch geringer als vor 40 Jahren. Regierungen, Ökonomen, Erziehungs-

und Bildungseinrichtungen und die allgemeine Öffentlichkeit weigern sich rundweg, über die Lebensfähigkeit von Lebensstandards, die auf Überfluss basieren, und über unsere Gier nach wirtschaftlichem Wachstum nachzudenken.

Was können wir also tun? Ich denke, wir müssen weiterhin versuchen, die Aufmerksamkeit auf diese Themen zu lenken, doch viel wichtiger ist jetzt, *daran zu arbeiten, gute Beispiele für alternative Lebensweisen,* insbesondere ganze Siedlungen, *zu etablieren,* sodass die Menschen, wenn die industrielle Konsum- und Überflussgesellschaft in echte Schwierigkeiten gerät, hier und da Beispiele für Siedlungen finden kann, wo Menschen auf gerechte und ökologisch nachhaltige Weise angenehm leben.

In den vergangenen 25 Jahren haben viele kleine Gruppen, die sich in der *Global Eco-Village Movement* rund um die Welt zusammengeschlossen haben, begonnen, solche Siedlungen aufzubauen. Wir als Mitglieder dieser Bewegung wissen, dass unsere Lebensweise nachhaltig ist, dass es eine höchst befriedigende Lebensweise ist, dass wir den Mainstream dazu bringen müssen, diese Tatsachen zu sehen, dass dies sehr schwierig sein wird und dass wir nicht mehr viel Zeit haben. Wir wissen, dass es leicht wäre, die schrecklichen Probleme zu entschärfen, die nun die Zivilisation zu zerstören drohen, dass es leicht wäre, weitgehend autarke und kooperative lokale Systeme zu schaffen, in denen Menschen sehr einfach, aber mit einer sehr hohen Lebensqualität leben können, ohne die Vorzüge der modernen Medizin usw. aufzugeben.

Regierungen werden uns bei dieser Aufgabe nicht helfen und können es auch gar nicht. Die Veränderung muss auf der Ebene der Bürgerbewegungen in Gang gebracht werden, von gewöhnlichen Leuten, die überlegen, wie sie zusammenkommen können, um neue Gemeinschaften aufzubauen. Auf der Ebene der kommunitären ländlichen Gemeinschaften, wo die *Global Eco-Village Movement* die größten Fortschritte macht, ist dies nicht besonders schwierig. Das Hauptproblem ist, die Vorstädte und Stadtteile von Großstädten allmählich in lokale, autarke Gemeinden umzuwandeln. Als Ausgangspunkt scheint dafür die Bildung kleiner Gemeindekooperativen am günstigsten, die mit Gärten, Werkstätten, kleinen Unternehmen, Recycling und der Organisation von Dienstleistungen beginnen, damit ihre Mitglieder, besonders Arbeitslose, anfangen können, für sich selbst viele Güter des täglichen Bedarfs zu produzieren. Mit der Zeit müssen diese Kooperativen darauf hinarbeiten, sich in die existierende Wirtschaft zu integrieren und diese in eine stärker nachhaltige Richtung zu lenken, beispielsweise dadurch, dass sie zur Verringerung von Importen beitragen.

Das Schicksal des Planeten hängt davon ab, ob sich diese Vorstellungen durchsetzen lassen. Für alle, die sich über die globale Krise Gedanken machen, gibt es nichts Wichtigeres, als diese Themen mehr Menschen nahe zu bringen und zum Gedeihen von alternativen Projekten beizutragen.

Weiterführende Literatur

CHOSSUDOVSKY, Michel. 1997. *The Globalisation of Poverty: Impacts of IMF and World Bank Reforms.* London and Atlantic Highlands, N.J.: Zed Books; Penang, Malaysia: Third World Network.

DOUTHWAITE, Richard. 1996. *Short Circuit.* Dublin: Lilliput. Deutsche Ausgabe zusammen mit Hans DIEFENBACHER. 1998. *Jenseits der Globalisierung. Handbuch für lokales Wirtschaften.* Mainz: Matthias-Grünewald-Verlag.

MANDER, Jerry, und E. GOLDSMITH (Hrsg.). 1997. *The Case Against the Global Economy.* San Francisco: Sierra Club. – Deutsche Ausgabe 2002. *Schwarzbuch Globalisierung. Eine fatale Entwicklung mit vielen Verlierern und wenigen Gewinnern.* München: Riemann.

RIST, Gilbert. 1997. *The History of Development.* London: Zed Books. (Original französisch: *Il était une fois le développement.*) Deutsche Ausgabe 1989: *Das Märchen von der Entwicklung. Ein Mythos der westlichen Industriegesellschaft und seine Folgen für die «Dritte Welt».* Zürich: Rotpunktverlag.

SCHWARZ, Walter, und Dorothy SCHWARZ. 1998. *Living Lightly.* London: Jon Carpenter.

TRAINER, F. E. 1995a. «Can Renewable Energy Save Industrial Society?» *Energy Policy* 23, Nr. 12: 1009–1026.

– 1995b. *The Conserver Society. – Alternatives for Sustainability.* London: Zed Books.

– 1998. *Saving the Environment. – What It Will Take.* Sydney: Univ. of New South Wales Press.

– 1999. «The Limits to Growth Case in the 1990s.» *Environmentalist* 19: 329–339.

WACKERNAGEL, Mathis, und William REES. 1995. *Our Ecological-Footprint.* Philadelphia: New Society. – Deutsche Ausgabe 1997. *Unser ökologischer Fußabdruck. Wie der Mensch Einfluss auf die Umwelt nimmt.* Basel: Birkhäuser Verlag.

Craig Dilworth

5 Bevölkerung, Technologie und Entwicklung: Das Teufelskreisprinzip und die Theorie der menschlichen Entwicklung

Die Theorie der menschlichen Entwicklung ist ein Konzept, das die menschliche Entwicklung als verschieden von der Entwicklung anderer Lebensformen ansieht. Darwins Theorie der natürlichen Auslese erklärt die Entwicklung der vielfältigen Lebensformen – auch unserer Spezies – auf unserem Planeten, sie erklärt jedoch nicht, was an der Entwicklung unserer Art *Besonderes* dran ist.

Es existiert viel «konventionelles Wissen» darüber, wie wir zu dem wurden, was wir sind. Dieses konventionelle Wissen sagt uns zum Beispiel, dass wir Menschen als Art erfolgreich sind und dass ein Großteil dieses Erfolges auf unserer Fähigkeit beruht, für Überlebensfragen technologische Lösungen zu finden. Diesem Denken liegt die Vorstellung zugrunde, dass wir unsere Lebensqualität durch technologischen Wandel ständig verbessert haben und die menschliche Erfindungsgabe praktisch jedes Problem lösen kann, gleichgültig, ob es sich um Umweltprobleme oder Ressourcenverknappung handelt. Das «konventionelle Wissen» sagt uns auch, dass wir die landwirtschaftliche und die industrielle Revolution herbeigeführt haben, um unsere Lebensbedingungen zu verbessern, ferner, dass Wirtschaftswachstum unseren Wohlstand vermehrt und zudem notwendig ist, um unsere ökologischen Probleme zu bewältigen. Es sagt uns überdies, dass der Verbrauch von Gütern und Dienstleistungen der *Motor* unserer Volkswirtschaft ist, dass Überschüsse ein gutes Mittel sind, um die Auswirkungen von Naturkatastrophen zu mindern, dass ethnische Unterschiede eine wichtige Kriegsursache sind und dass das Recyclen von Gütern Teil einer nachhaltigen Gesellschaft sein sollte. Im Licht der hier vorzustellenden Theorie wird sich zeigen, dass dieses konventionelle Wissen in allen Punkten in die Irre führt.

Während Darwins Theorie der natürlichen Auslese auf dem Prinzip der *Evolution* beruht, beruht die Theorie der menschlichen Entwicklung, die auf Darwins Theorie aufbaut, auf dem *Prinzip des Teufelskreises*. Und so wie das Evolutionsprinzip zum Kernstück der Biologie wurde, soll das Teufelskreisprinzip zum Kern der *menschlichen Ökologie* werden.

Das Teufelskreisprinzip ist sowohl leicht verständlich als auch im Einklang mit dem gesunden Menschenverstand. Zusammengefasst besagt es, dass eine *wachsende Bevölkerung zu technologischer Innovation führt, die es ermöglicht, mehr aus der natürlichen Umwelt herauszunehmen und gleichzeitig weniger zurückzulassen, während gleichzeitig weiteres Bevölkerungswachstum gefördert wird.*

Das Teufelskreisprinzip oder womit wir es zu tun haben

- Menschliches *Bevölkerungswachstum*
- erhöht den *Verbrauch*,
- was zu *Knappheit* führt,
- was die Wahrscheinlichkeit von *Krieg* erhöht und gleichzeitig eine Nachfrage nach *neuer Technologie* hervorbringt,
- die *entwickelt* und *angewandt* wird,
- was erlaubt, bisher nicht verfügbare natürliche *Ressourcen* – erneuerbare, nicht erneuerbare oder beide – abzuschöpfen (oder, im Fall von Militärtechnologie, die *Zerstörung* von Gütern ermöglicht, die unter Nutzung von natürlichen Ressourcen hergestellt wurden),
- was die Menge der verbleibenden Ressourcen *verringert*,
- während dadurch ein *Überschuss* an Gütern oder Dienstleistungen oder beidem produziert werden kann, die normalerweise von *geringerer Qualität* sind als die Güter, die sie ersetzen,
- was erhöhte *Arbeit* für Einzelpersonen bedeuten kann und damit eine Verschlechterung ihrer *Lebensqualität* und eine Verringerung ihres *Lebensstandards*;
- beides, sowohl der Ressourcenverbrauch wie auch die Bildung eines Güter- und Dienstleistungsüberschusses, erhöht den *Energieverbrauch*,
- während die Überschüsse zu verstärktem *Handel* führen,
- was gleichbedeutend mit *Wirtschaftswachstum* ist,

- während die Güter und umgewandelte Energie zu *Abfall* werden,
- und der Überschuss gleichzeitig weiteres *Bevölkerungswachstum* fördert.

Man muss beachten, dass das Teufelskreisprinzip ein *Paradigma* der menschlichen Entwicklung darstellt, nicht ein *Gesetz*. Anders ausgedrückt: Das Teufelskreisprinzip soll die *Hauptrichtung* der menschlichen Entwicklung *bis zur Gegenwart* erfassen und keine Beschreibung aller Schritte der menschlichen Entwicklung in Vergangenheit und Zukunft liefern. Einigen Gesellschaften ist es gelungen, zeitweilig nicht in diesen Teufelskreis zu geraten. Doch zurzeit ist der größte Teil der Menschheit im Teufelskreis gefangen. Da wir aber als rationale Tiere gelten, sollten wir in der Lage sein, den Kreis zu durchbrechen und auf einen nachhaltigen Weg zu gelangen. Wenn wir uns nicht nachhaltig verhalten, wird der Teufelskreis früher oder später sowieso zusammenbrechen.

Um unsere Theorie zu überprüfen, wollen wir betrachten, inwieweit die menschliche Entwicklung bis zur Gegenwart unter dem Aspekt dieser Theorie gesehen werden kann.

Das Aufkommen des Menschen (um etwa 100'000 vor unserer Zeit)

Unsere Art, der Cro-Magnon-Mensch (*Homo sapiens sapiens*), tauchte erstmals vor etwa 150'000 Jahren in Afrika auf. Von dort aus wanderten wir allmählich nach Norden und erreichten vor etwa 100'000 Jahren den Nahen Osten, schließlich Europa und vor etwa 40'000 Jahren Australien als östlichsten Punkt. Als wir nach Europa gelangten, war dort der Neandertaler (*Homo sapiens neanderthalensis*) bereits seit 100'000 Jahren ansässig.

Da vor 100'000 Jahren im Nahen Osten eine derartige Häufung technologischer Innovationen auftrat, wird diese Periode von vielen Archäologen im englischsprachigen Raum als «The Human Revolution» bezeichnet. Es kamen Neuerungen auf, wie der Gebrauch von Knochen als Werkzeug, die Herstellung von Werkzeugen mit integriertem Handgriff, und vermutlich trug man Kleidung aus Tierhäuten. Nach der Theorie der menschlichen Entwicklung aus der Sicht des Teufelskreisprinzips ist nur die *Innovationsfähigkeit* unserer Spezies und unserer Vorgänger für unsere heutige ökologische und demographische Zwangslage verantwortlich. Diese Feststellung bedeutet leider, dass das Problem in unseren *Genen* liegt und deshalb umso schwieriger zu lösen ist.

Vor ungefähr 40'000 Jahren kam es zu einem weiteren Entwicklungssprung bei den technologischen Fähigkeiten des Menschen. Dazu gehörte die systematische Jagd auf bestimmte Tiere, die weite Verbreitung von Werkzeugen mit Klinge, die Fähigkeit zum Feuermachen, die Erfindung von Lampen, Nadeln mit Nadelöhr, Löffeln, Stampfwerkzeugen, Äxten, Speerschleudern und schließlich vor etwa 12'000 Jahren die Erfindung von Pfeil und Bogen. Gleichzeitig mit diesen Fortschritten setzte ein deutliches Bevölkerungswachstum ein, was gemäß Teufelskreisprinzip zu erwarten war.

Man muss festhalten, dass nach dem Teufelskreisprinzip *all* diese technischen Veränderungen dazu beitragen, dass die Umwelt die Bevölkerung *kurzfristig* unterhalten kann, aber die Innovationen, die den größten kurzfristigen Bevölkerungszuwachs bewirken, verringern die mögliche Bevölkerungsgröße normalerweise langfristig. Das heißt, diese Innovationen schmälern meistens die *Tragfähigkeit der natürlichen Umwelt*, weil sie eine größere Ausbeutung der Ressourcen ermöglichen.

Die bemerkenswertesten Fortschritte in der technologischen Entwicklung des Menschen während der letzten Eiszeit (um 80'000 bis 10'000 vor unserer Zeit) betreffen vielleicht die Verbesserung der *Waffen*, insbesondere der Übergang vom hölzernen Stoßspeer zum Wurfspeer mit Steinspitze, weiter zu einem Wurfspeer, der mit Hilfe einer Speerschleuder über größere Entfernungen geschleudert werden konnte, bis schließlich zu Pfeil und Bogen. Der Niedergang des Neandertalers vor etwa 28'000 Jahren stand möglicherweise mit dieser Entwicklung bei unserer Unterart (*Homo sapiens sapiens*) in direktem Zusammenhang.

Die Neandertaler waren nicht die einzigen Großsäuger, die gegen Ende der letzten Eiszeit ausgerottet wurden. Vor etwas mehr als 12'000 Jahren, bereits nach Ankunft des Cro-Magnon-Menschen, starb in Australien die gesamte Großfauna aus, darunter auch das Riesenkänguru. Kurz danach starben in Eurasien und Amerika viele Großsäuger aus wie das Mammut, das Mastodon, das Wollnashorn, der Riesenhirsch, der Säbelzahntiger, der Riesenwolf, das Amerikanische Wildpferd, das Gomphotherion und das

Riesenfaultier. So sind vor 10'000 Jahren innerhalb eines Zeitraums von wenigen tausend Jahren mehr als *fünfzig* Großsäugerarten ausgestorben. Das ist mehr als in den vorangegangenen *vier Millionen* Jahren!

Wir Menschen waren mit unseren Waffen zweifellos direkt oder indirekt für die Ausrottung fast all dieser Arten verantwortlich. Der Urmensch war nicht so friedfertig und wirkte sich nicht so positiv auf die Umwelt aus, wie uns beispielsweise einige amerikanische Ureinwohner gerne glauben machen möchten. Hier sehen wir, wie tief greifend das ökologische Problem in Wirklichkeit ist. Es nahm seinen Ausgang nicht erst mit der industriellen Revolution oder später. Es fing bereits an, als unsere Vorfahren mit der Herstellung und Optimierung von Werkzeugen begannen.

Die neolithische Revolution (ab etwa 10'000 vor unserer Zeit)

Durch die revolutionäre Entwicklung der Hortikultur verlagerte sich der Schwerpunkt von der Jagd auf Pflanzen- und Viehzucht, da sich der Lebensunterhalt so einfacher sichern ließ. Diese Entwicklung erfolgte jedoch *nicht* als Reaktion auf die Klimaerwärmung zu Beginn des Holozäns. Archäologische Funde sprechen eher dafür, dass die Nahrungsmittelproduktion die Antwort auf *Probleme* darstellte, die sich aus dem übermäßigen Erfolg der Jäger und Sammler ergaben, denn diese Lebensweise führte nicht nur zu einer Bevölkerungszunahme, sondern gleichzeitig zu einer Abnahme der verfügbaren Nahrungsmenge. Aufgrund dieser Ressourcenverknappung mussten sich die menschlichen Bevölkerungsgruppen anpassen und kamen so zur Entwicklung der Hortikultur.

Die Jäger und Sammler der Spezies *Homo sapiens sapiens* hatten sich stetig vermehrt und dabei alle Bereiche der Erde einschließlich Australien und Amerika besiedelt; dort ließ sich ihre Lebensweise vergleichsweise problemlos verwirklichen. Nachdem sie durch die Ausrottung vieler Großsäugerarten ihre eigene Nahrungsgrundlage unterminiert hatten, waren die Menschen gezwungen, in ihrer Sammeltätigkeit immer weniger wählerisch zu werden, mehr und mehr schwer verdauliche Nahrung zu sich zu nehmen und sich insbesondere auf Nahrung zu konzentrieren, die zwar geringeren Nährwert besaß, aber leichter verfügbar war. Populationen auf der ganzen Welt mussten sich an weiteres Bevölkerungswachstum anpassen, indem sie nicht die bevorzugten Nahrungsquellen vermehrten, sondern diejenigen, die gut auf Hege und Pflege reagierten und die höchste verwertbare Kalorienmenge pro Flächeneinheit lieferten.

Die Brandrodung als Landwirtschaftsform wurde entwickelt, Hand in Hand mit der Domestikation von Tieren, die in Westasien begann. Vor etwa 12'000 Jahren oder früher wurde der Hund domestiziert, dann folgten vor etwa 9000 Jahren Ziegen und Schafe, später Rinder, Schweine und Bienen, schließlich vor etwa 6000 Jahren Pferd und Esel.

Um den Ursprung der Nahrungsmittelproduktion und den wirtschaftlichen Wandel insgesamt zu erklären, gehen viele Wissenschaftler/innen mittlerweile davon aus, dass diejenigen Menschen am ehesten eine neue Subsistenzstrategie (das heißt eine Strategie zur Sicherung der Lebensgrundlage) annehmen, die Schwierigkeiten haben, den üblichen Subsistenzpraktiken ihrer Gruppe zu folgen. Gesellschaften, die nicht dazu gezwungen waren, sich die Methoden des Pflanzenanbaus anzueignen, widersetzten sich dieser Neuerung noch Jahrhunderte, nachdem sie diese kennen gelernt hatten. Im Nahen Osten begannen jene Menschen mit dem Gartenbau zu experimentieren, die nicht in Regionen lebten, wo wilde Nahrung im Überfluss vorhanden war. Nach neueren archäologischen Funden nahm die Pflanzenzucht anscheinend nicht unbedingt an den für sie idealen Standorten ihren Ausgang. Dies war beispielsweise in den hügeligen Ausläufern des Zagros- und Taurusgebirges der Fall, wo erstmals wild wachsende Gersten- und Weizenarten auf gerodetem Land angepflanzt wurden. Dies ist ein klarer Fall, bei dem das Teufelskreisprinzip Anwendung findet. Technologische Fortschritte, wie die Erfindung von Pfeil und Bogen, erschlossen vorher nicht zugängliche Nahrungsquellen und ermöglichten damit einen Bevölkerungszuwachs, gleichzeitig aber auch eine Erschöpfung der Ressourcen. Gemeinsam mit verringerten Ressourcen machte die vergrößerte Bevölkerung wiederum neue Technologien wie den Gartenbau und die Pflanzenzucht erforderlich, die noch mehr aus der natürlichen Umwelt abschöpften.

Was die Vorstellung angeht, technischer Fortschritt führe zu einem verbesserten Lebensstandard, so sprechen archäologische und anthropologische Nachweise dafür, dass im Fall des Übergangs von der Jäger-und-Sammler- zur Hortikulturgesellschaft genau das Gegenteil von dem eintrat, was nach dem Teufelskreisprinzip zu erwarten war. Die Ernährung der frühen Bauern beruhte auf Feldfrüchten und Milchprodukten und war damit weniger abwechslungsreich und nahrhaft als die Ernährung der Sammler mit ihrem höheren Eiweiß- und geringeren Fett- und Kohlenhydratanteil. Während die Sammler relativ frei von Krankheiten und Stress und gut genährt waren, nahmen Eiweißmangel und Zahnprobleme mit dem Wechsel zur Nahrungsmittelproduktion zu, während die durchschnittliche Körpergröße und das körperliche Wohlbefinden der Bevölkerung abnahmen. In Jäger-und-Sammler-Gesellschaften lag die Lebenserwartung zum Zeitpunkt der Geburt bei etwa dreißig Jahren, in der gesamten Hortikulturperiode verringerte sie sich auf ungefähr zwanzig Jahre, obwohl die Lebensweise «von der Hand in den Mund» durch Vorratshaltung abgelöst wurde. Die Abhängigkeit von speziellen Nahrungsmitteln bedeutete weniger Flexibilität und führte auch zu Missernten (nach Dürreperioden) und zu Hungersnöten. Eine höhere Bevölkerungsdichte und engere Handelsbeziehungen trugen zur Verbreitung von Infektionskrankheiten bei, während Sesshaftigkeit unhygienischere Zustände und eine Verbreitung von Parasiten zur Folge hatte. Insgesamt kam es also zu einer Verschlechterung der menschlichen Lebensqualität.

Die Nahrungsmittelproduktion war mit anderen Nachteilen verbunden. Als ein kompliziertes System von Gesellschaftsschichten das egalitäre System der Jäger-und-Sammler-Gesellschaft ersetzte, nahm die soziale Ungleichheit zu. Die Sklaverei wurde geboren. Armut, Verbrechen, Krieg und Menschenopfer waren weit verbreitet, und die Geschwindigkeit der Umweltschädigung durch den Menschen stieg an.

Die Verminderung der Lebensqualität mit dem Einsetzen der Hortikultur hatte noch einen weiteren wichtigen Aspekt, nämlich die Plackerei der körperlichen Arbeit. Die Entwicklung der neolithischen Kultur markierte eine zunehmende Arbeitsteilung und den Beginn von echter *körperlicher Arbeit*. Die Frauen arbeiteten in Gärten, was ziemlich harte Arbeit bedeutete; währenddessen stellten die Männer Steinwerkzeuge her, schliffen und polierten sie – das war der Beginn von eintöniger Arbeit.

Dies ist jedoch nicht das einzige Resultat, denn die Übereinstimmung mit dem Teufelskreisprinzip geht noch weiter. Die Anpflanzungen ermöglichten nicht nur die Versorgung einer Bevölkerung, die ihre Umwelt schon mit Hilfe der Waffentechnologie ausgebeutet hatte, sondern sogar ein Bevölkerungs*wachstum*. Während der 5000 Jahre dauernden Hortikultur wuchs die menschliche Bevölkerung trotz eines sinkenden Lebensstandards von etwa zehn Millionen auf etwa achtzig Millionen an. Dieses Wachstum lässt sich nicht nur durch den Einsatz der Hacke im Gartenbau erklären, sondern auch durch weitere Innovationen wie Nutztierhaltung, die Erfindung von Sichel, gewebten Stoffen, geflochtenen Körben, Segelbooten, Fischnetzen, Angelhaken, Eispickeln und Kämmen.

Ich möchte an dieser Stelle einen wichtigen Unterschied zwischen dem Menschen und anderen Arten betonen. Ohne technologischen Wandel, der eine zunehmende Umweltausbeutung ermöglicht, werden die Bevölkerungsgrößen nicht menschlicher Arten ausschließlich durch externe Faktoren begrenzt und pendeln um einen Mittelwert, der durch die Tragfähigkeit der natürlichen Umwelt bestimmt wird. Wie bereits erwähnt, ist die Größe einiger menschlicher Populationen auch über ziemlich lange Zeiträume weitgehend konstant geblieben. In diesen Gesellschaften hat fast immer keine oder kaum technologische Entwicklung stattgefunden, die ein Bevölkerungswachstum gefördert hätte. Man könnte also annehmen, dass diese Gesellschaften in dieser Hinsicht den nicht menschlichen Gesellschaften ähneln. Es gibt jedoch einen wichtigen Unterschied. Gesellschaften, die über längere Zeiträume kein Bevölkerungswachstum erlebt haben, haben diesen Zustand fast immer mit Hilfe von *internen Bevölkerungsregulativen*, genauer: durch *kulturelle* Bevölkerungskontrollen, erreicht, die andere Arten niemals verwenden. Diese Kontrollmechanismen können *präventiv* (wie Empfängnisverhütung und späte Heirat) oder *reaktiv* (wie Abtreibung und Kindestötung) sein. Es ist klar, dass präventive Kontrollen die Fruchtbarkeit, reaktive Kontrollen hingegen die Lebenserwartung (vom Zeitpunkt der Empfängnis an) vermindern. Diesen *internen* Kontrollen kann man *externe* Kontrollen gegenüberstellen; sie sind praktisch die einzige Regulierungsform, die anderen Arten zur Verfügung steht, und sie können auch in menschlichen Gesellschaften niemals vollständig ausgerottet werden. Externe Kontrollen senken fast immer die Lebenserwartung und können zum Beispiel in Form von Krankheit oder Hungersnot auftreten. Interne und externe Kontrollen können normalerweise sogar dann wirken, wenn eine Bevölkerung wächst. Während nicht menschliche Populationen jedoch immer ihre biologische Nische ausfüllen, haben es einige menschliche Gesellschaften dank des größeren intellektuellen Entwicklungsstandes tatsächlich geschafft, ihre Populationsgröße *unterhalb* der Tragfähigkeit der natürlichen Umwelt zu halten und damit ständig den Vorteil von *Überfluss* zu genießen.

Der Krieg ist ein weiteres Regulativ der Bevölkerungsgröße. Die neolithische Revolution löste ein beschleunigtes Bevölkerungswachstum aus, und Kriege wurden zu einem Mittel, das Wachstum der Bevölkerung zu regulieren. Im Lauf dieser Periode wuchsen Populationen, Bevölkerungsdruck und gleichzeitig die Häufigkeit von Kriegen, wie nach dem Teufelskreisprinzip zu erwarten.

Etliche Autoren haben darauf hingewiesen, dass das Kriegführen für Jäger und Sammler nicht nur wegen ihrer geringen Bevölkerungszahl praktisch unmöglich war, sondern auch, weil sie nicht in der Lage waren, genügend Nahrung für die Dauer eines Krieges zu sammeln und aufzubewahren. (Das heißt nicht, dass Jäger und Sammler ihre Waffen nicht eingesetzt hätten, um sich gegenseitig zu töten, allerdings geschah dies in kleinerem Maßstab.) Kriege waren daher erst seit der Hortikultur möglich, als man Nahrungsvorräte in Form von Getreide oder Vieh anlegen konnte. Außerdem stellte erst die Existenz von *Eigentum*, das Jägern und Sammlern fehlte, einen unmittelbaren Kriegsgrund dar und bildete gleichzeitig eine Voraussetzung für den Handel.

Diese Konflikte führten nicht nur direkt zu Todesfällen, sondern wirkten auch als Bevölkerungskontrolle, indem sie zur Tötung von weiblichen Säuglingen beitrugen. Wenn eine Gesellschaft die Anzahl der Mädchen verringerte, konnte die Gruppe ihre Ressourcen ins Training von männlichen zukünftigen Soldaten stecken.

Die Einführung des Ackerbaus (ab 5000 vor unserer Zeit)

Die nächste, archäologisch und historisch belegte, wichtige Entwicklung nach dem Beginn des Pflanzenanbaus waren Erfindung und Gebrauch des Pfluges, so wie wir es nach dem Teufelskreisprinzip erwarten würden. Die ständig wachsende, vor 5000 Jahren etwa 80 Millionen zählende Bevölkerung konnte nur durch eine intensivere Ausbeutung der Umwelt versorgt werden. Dazu lieferte der Pflug das beste Mittel, denn so konnten Körnerfrüchte im großen Maßstab angebaut werden, und diese lösten die von Hand gepflanzten Knollen weitgehend ab. Die Ernteerträge (in Kalorien pro Flächeneinheit) nahmen sehr stark zu, und der Teufelskreis von Bevölkerungswachstum, technologischer Innovation und Ressourcenerschöpfung konnte von neuem beginnen.

Wiederum war der technische Fortschritt nicht das Ergebnis einer Suche nach besseren Lebensbedingungen, sondern eine Reaktion auf die durch zunehmende Bevölkerungsgröße verursachten Zwänge. Mit dem Übergang zur Agrarperiode änderte sich zwar die durchschnittliche Lebenserwartung nicht wesentlich und lag immer noch bei zwanzig Jahren, doch Witterungsphänomene wie Dürre und Überschwemmungen wirkten sich jetzt stärker aus. Gemeinsam mit einer verschlechterten Hygiene hatten auch Infektionskrankheiten wegen der größeren Bevölkerung und vermehrten Kontakten zwischen den Bevölkerungsgruppen schlimmere Folgen. Eines der schrecklichsten Beispiele ist die Pestepidemie (der schwarze Tod) Mitte des 14. Jahrhunderts; ihr fiel innerhalb von vier Jahren etwa ein Drittel der europäischen Bevölkerung zum Opfer. Und so wie die menschliche Arbeitsbelastung mit dem Übergang zur Pflanzenzucht gewachsen war, nahm sie mit dem Übergang zum Ackerbau nochmals zu. Obwohl man die Felder schließlich mit Ochsen pflügte, waren es zu Beginn der Ackerbauperiode *Menschen*, die den Pflug zogen. Große Landgebiete gingen in den Besitz von Königen über, und ein Großteil der Bevölkerung arbeitete als Kleinbauern oder Leibeigene, um in Fronarbeit die Nahrungsmittel zu erzeugen, die den Reichtum des Königs ausmachten, um die Monumente zu errichten, die seiner Größe ewig Tribut zollen sollten, und um im Krieg für den König zu kämpfen. In diesem Zusammenhang mag es interessant sein, dass man zu Beginn der Ackerbauzeit die Jahreszeit unmittelbar nach der Ernte als «die Jahreszeit, in der die Könige in den Krieg ziehen» bezeichnete. Der Krieg gehörte einfach zum Jahreslauf. Als immer mehr Eigentum angehäuft wurde, bildete sich auch eine Gesellschaftsschichtung heraus, es kam zu stärkerer Arbeitsteilung, und der Abstand zwischen Arm und Reich vergrößerte sich ständig.

Während der Lebensstandard der großen Mehrheit sank, nahm auch die Bodenqualität ab, beides in Übereinstimmung mit dem Teufelskreisprinzip. Die Bauern drangen zuerst in schwach bewaldete Gebiete mit leichten Böden vor, insbesondere in den Flusstälern. Als diese Böden irgendwann ausgelaugt waren und die Bevölkerung weiter wuchs, wurden Wälder gerodet. Dieses Abholzen (mit eisernen Äxten) führte schon von sich aus zu einer Nährstoffauswaschung des Bodens sowie zu Erosion, welche Bodenqualität und Pflanzenbewuchs veränderte. Diese Situation wurde durch den Einsatz des Pfluges noch verschärft, denn der Mutterboden war jetzt dem Wind und Regen schutzlos ausgesetzt. Gebiete, die für den Ackerbau zu steil oder deren Böden zu nährstoffarm waren, wurden von frei lebenden Ziegen beweidet, sodass der Pflanzenwuchs bis auf das widerstandsfähigste Gestrüpp vernichtet wurde. Noch heute können wir die Folgen dieser Praxis zum Beispiel im gesamten Mittelmeergebiet sehe: Die Bewässerung führte in Gegenden, die eigentlich zu trocken für den Ackerbau waren, zur Bodenversalzung, sodass der Boden damit für Jahrtausende nicht mehr landwirtschaftlich genutzt werden konnte (so zum Beispiel im früheren Mesopotamien). Um die Städte herum entwickelte sich Ödland, wo keinerlei Bau- oder Feuermaterial mehr zu finden und die Vegetation durch die Population völlig verschwunden war. Die Bevölkerungszunahme machte den Übergang zum Ackerbau nicht nur unumgänglich, sondern sorgte auch für eine weitere Verbreitung seiner ökologisch katastrophalen Auswirkungen. Andere Tier- und Pflanzenarten wurden durch die Ausbreitung des Ackerbaus und der menschlichen Bevölkerung aus ihren natürlichen Lebensräumen verdrängt; einige Tiere, wie der Auerochs, wurden bis zur Ausrottung bejagt.

Während der letzten 100'000 Jahre ist die Anpassung der Menschen an die Umwelt in Form eines kulturellen und nicht eines biologischen Wandels abgelaufen. Seit der Evolution von Handel und Kriegführung bestand ein Großteil dieses kulturellen Wandels eher darin, sich an die Sitten und Gebräuche anderer Menschen und nicht an die Natur anzupassen. Durch die Domestizierung von Tieren und Pflanzen waren weitgehend verlässliche Nahrungsquellen erschlossen. Größere Fehlschläge oder Erfolge wurden auf dem Markt oder auf dem Schlachtfeld errungen, nicht auf der Jagd. Die Natur war nicht länger der «Lebensraum» des Landwirts, sondern ein Konglomerat ökonomischer Ressourcen, die von der herrschenden Bevölkerungsgruppe bewirtschaftet und manipuliert wurden. Das galt besonders für Kulturen, in denen die herrschende Klasse von der Stadt aus regierte, so wie im antiken Griechenland und Rom. Mit der wachsenden Distanz zwischen Mensch und Natur wandelte sich auch allmählich das Bild von der Welt, und die Vorstellungen von Wirklichkeit wurden immer stärker von anderen Menschen und ihren Handlungen geprägt und nicht mehr von der Natur.

Während Bevölkerungsgröße und -druck aufgrund der wenigen internen Kontrollen anstiegen, erfolgte gleichzeitig eine kurzfristige, durch den Pflug verursachte Produktivitätssteigerung des Bodens, und auch die Kriege nahmen zu. Hierbei spielte die Entwicklung der Bronzewaffen eine Schlüsselrolle. Zum ersten Mal in der Geschichte entdeckten die Menschen, dass das Bezwingen anderer Völker profitabler sein konnte als das Bezwingen der Natur. In der Phase der fortgeschrittenen Hortikulturgesellschaften und auch in Agrargesellschaften haben wir Menschen daher ungefähr so viel Energie in Kriege wie in den wesentlich grundlegenderen Kampf ums Überleben gesteckt. Man könnte auch sagen, dass die Bronze für das Bezwingen von Menschen dieselbe Rolle spielte wie die Landwirtschaft für das Bezwingen der Natur: Beide Erfindungen waren Meilensteine in unserer soziokulturellen Evolution.

Auch in der Agrarperiode reagierten die Menschen angesichts drohender schwerer Mangelsituationen mit Kindestötung auf Bevölkerungsdruck. Bei Missernten und Gefahr von Hungersnot setzten Familien ihre Neugeborenen häufig auf der Straße oder an Kirchen- oder Klosterpforten aus, in der Hoffnung, irgendjemand werde sie aufziehen. Gelegentlich wurden sogar ältere Kinder von ihren Eltern verlassen; das Märchen von Hänsel und Gretel beruht auf der Situation der Knappheit. In einigen Gegenden Chinas wurde während langer Zeit bis zu einem Viertel der weiblichen Neugeborenen bei der Geburt getötet – an Teichufern fanden sich sogar Schilder wie «Ertränken von Mädchen verboten».

Die Entdeckung von Amerika ermöglichte wiederum einen stetigen Bevölkerungszuwachs und verlängerte damit die Dauer der Agrarperiode. Viele wanderten aus Europa aus, aber gleichzeitig nahm die Bevölkerung in Europa ebenfalls zu.

Zum Ende der Ackerbauperiode vor rund 250 Jahren hatte der Teufelskreis eine weitere riesige Umdrehung vollendet. Technologien wie der

Pflug und andere Erfindungen, wie das Rad, Zaumzeug, Armbrust, Zündpulver, Hufeisen, Steigbügel, Drehbank, Schraube, Schubkarre, Spinnrad, Buchdruck, Wassermühlen und Windmühlen, ermöglichten unter anderem ein Bevölkerungswachstum um etwa 80 Millionen Menschen auf 730 Millionen, und das zu einer Zeit, als die landwirtschaftlichen Methoden die Produktivität der Nutzfläche drastisch verringerten. Eine so große Bevölkerung konnte nur durch die Erschließung einer neuen Ressource unterhalten werden. Diese Ressource existierte in Form von *fossilen Brennstoffen*. Und es fehlte nicht an der Innovationskraft, um die Technologie zu erfinden, die zum Abbau dieser Ressource nötig war.

Die industrielle Revolution (etwa 250 Jahre vor unserer Zeit)

Mit der industriellen Revolution nahmen die Auswirkungen des Teufelskreises die bisher größten Dimensionen an. Die industrielle Revolution führte zum Verbrauch von ungeheuren Mengen fossiler Brennstoffe und ermöglichte eine fast *achtfache* Erhöhung der Weltbevölkerung in den letzten *250 Jahren*. Aus ökologischer Sicht verheißt diese Feststellung nichts Gutes.

Zunehmender Bevölkerungsdruck führte in Großbritannien um 1750 zu einem Mangel an landwirtschaftlicher Nutzfläche und an Holz, das als Bau- und Brennmaterial benötigt wurde. Die Möglichkeit, Kohle als Brennstoff anstelle von Holz einzusetzen, führte zuerst zur Entwicklung der Newcomen-Maschine und anschließend der wattschen Dampfmaschine, mit denen Wasser aus den Kohlebergwerken herausgepumpt werden konnte.

Kohle ist ein minderwertiger Ersatz für Holz, deshalb mussten andere Mittel und Prozesse erfunden werden; zum Beispiel diente Koks, ein Kohlederivat, als Ersatz für Holzkohle beim Verhüttungsprozess von Eisen. Durch diese Veränderungen und den Einsatz der Dampfmaschine nahm der Kohlenverbrauch ungeheuer zu. Das war ein Ergebnis des Teufelskreises, der sich vom Mangel (das heißt von der Notwendigkeit, eine Energiequelle zum Heizen und für Fertigungsprozesse zu finden) zur Innovation (unter anderem in Form der Dampfmaschine) und weiter zur Erschöpfung der Ressource (durch Gewinnung und Nutzung von Kohle) bewegte.

Die nächste Phase im Teufelskreis folgte sofort, nämlich größere Wirtschaftsaktivität, die durch das Profitstreben von Kapitalisten angetrieben wurde; mit dieser verstärkten Wirtschaftsaktivität gingen erhöhter Energieverbrauch und zunehmende Abfallproduktion einher. Dieses Beispiel illustriert aufs Beste, warum Wirtschaftswachstum, das vielen heutigen Entscheidungsträgern als Ziel gilt, eher als wesentlicher Bestandteil unseres gegenwärtigen Versagens gesehen werden sollte, weil wir so nicht im ökologischen Gleichgewicht mit unserer Umwelt leben. Die Unfähigkeit, eine ökologisch rentable Ressource, nämlich Holz, nachhaltig zu bewirtschaften, führte zu der Notwendigkeit, eine ökologisch unrentable Ressource, nämlich Kohle, zu erschließen. Da Kohle nur an bestimmten Orten verfügbar war, musste ein Verteilungsnetz geschaffen werden. Dieses Netz – wiederum mit Innovation verbunden – wurde durch den Bau von Kanälen und Eisenbahnlinien sowie Befestigung der Straßendecke erstellt. All diese Bautätigkeit zog Energieverbrauch und Wirtschaftswachstum nach sich, gleichzeitig aber auch ökologisch rückschrittliche Landschaftsveränderungen und zunehmende Umweltverschmutzung.

Jeder größere technische Fortschritt hat es uns, historisch gesehen, ermöglicht, tiefer *und* schneller in der Schatztruhe der natürlichen Ressourcen zu graben, und die beschleunigte Ausbeutungsrate hat gleichzeitig die Bevölkerungsgröße erhöht und sich als Wirtschaftswachstum manifestiert. Obwohl also mehr und mehr Menschen vom Inhalt der Schatztruhe abhängig werden, bringt uns unser ständig steigender Verbrauch immer schneller dem Tag näher, an dem wir ihren Boden erreichen werden. Wir müssen lernen, so zu leben, dass der Inhalt der Schatztruhe genauso schnell wieder aufgefüllt werden kann, wie er verbraucht wird. Mit anderen Worten: Um im Gleichgewicht mit unserer natürlichen Umwelt zu leben, müssen wir ein *stabiles* Wirtschaftssystem schaffen und dürfen nicht länger versuchen, auf ein *wachsendes* Wirtschaftssystem zu setzen.

Die industrielle Revolution brachte ferner einen weiter sinkenden Lebensstandard für den Großteil der Bevölkerung mit sich. Statt an der frischen Luft oder in Bauernkaten zu arbeiten und die vielen Festtage des mittelalterlichen Kalenders zu feiern, blieb den Menschen keine Wahl, als in Bergwerken oder Fabriken tätig zu sein; hinzu kamen ein längerer Arbeitstag, stärker spezialisierte Aufgaben und praktisch keine Feiertage.

Auch die Kinderarbeit nahm zu; Kinder mussten zum Beispiel in Bergwerken an Stellen arbeiten, wohin Erwachsene wegen ihrer Körpergröße nicht gelangten. Ferner sank die Qualität der Bekleidung, Leinen, Wolle und Leder wurden weitgehend durch Baumwolle ersetzt.

Wiederum in Übereinstimmung mit dem Teufelskreisprinzip steht, dass *Kriege* seit der industriellen Revolution größer und zerstörerischer geworden sind. Das liegt zum Teil daran, dass zerstörerischere Waffen erfunden und eingesetzt wurden, die neueste Errungenschaft sind Atomwaffen. Im 20. Jahrhundert brachten Kriege mehr Zerstörung und Tod als in irgendeinem Jahrhundert zuvor.

Die Nachwirkungen der industriellen Revolution werden deshalb so verheerend sein, weil sie den stetigen Verbrauch von ungeheuren, doch begrenzten Mengen fossiler Energieträger verursacht hat. Nach Kohle, die wegen der Holzknappheit eingesetzt wurde, verwendete man Petroleum anstelle des immer knapperen Walöls, und Erdöl entwickelte sich zum zweitwichtigsten Brennstoff. Zurzeit stammen 88 Prozent des weltweiten kommerziellen Energieverbrauchs aus fossilen Brennstoffen, 40 Prozent davon aus Erdöl. Der Verbrauch von fossilen Energieträgern ist fast fünfmal so hoch wie vor fünfzig Jahren; trotz internationaler Abkommen zur Reduktion der CO_2-Emission in die Atmosphäre nimmt der Ausstoß jedes Jahr zu.

Das ungeheure menschliche Bevölkerungswachstum wurde auf direkte Weise durch die technischen Fortschritte des Industriezeitalters gefördert; diese Neuerungen hängen mit der Landwirtschaft zusammen und sind in den meisten Fällen an Erdölverbrauch gekoppelt. Dazu gehören landwirtschaftliche Maschinen, Pestizide und Kunstdünger. Andere Innovationen, die das Bevölkerungswachstum eher indirekt unterstützt haben, sind all die Maschinen, die bei der Fertigung benötigt werden, ferner bekannte Erfindungen wie Telefon, elektrisches Licht, Radio, Fernsehen, Auto und Flugzeug. Viele dieser Innovationen konnten nur durch die vorhergehende Erfindung des Verbrennungsmotors umgesetzt werden.

Und so dreht sich der Teufelskreis weiter, während die neu erschlossenen Energiequellen eine weitere Bevölkerungszunahme erlauben, in diesem Fall eine wirklich gewaltige Zunahme, die immer noch andauert. Während die Weltbevölkerung seit 1850 etwa um den Faktor 5 zugenommen hat, hat sich der weltweite Energieverbrauch (hauptsächlich fossile Energieträger) *60 fach* vermehrt. Für die reichen 20 Prozent der Weltbevölkerung hat die industrielle Revolution auch mehr Freizeit gebracht, da die Ressourcen der fossilen Brennstoffe nicht nur einen *gewaltigen Überschuss* an Energie darstellen, sondern dieser zudem *ungleich* verteilt ist. Und man muss festhalten, dass die durchschnittliche Lebenserwartung jetzt weltweit auf 65 Jahre gestiegen ist. Schon jetzt zeichnet sich jedoch ein Wandel ab. Während zur Zeit unserer Eltern eine einzige arbeitende Person noch einen Haushalt ernähren konnte, müssen jetzt zwei Personen arbeiten, und die Dauer des eigentlichen Arbeitstages sowie der Arbeitsstress nehmen zu. Mittlerweile beginnt die Lebenserwartung wieder zu sinken; was vor allem mit ökonomischen Misserfolgen und Krankheit zu tun hat.

Wie bereits erwähnt, wird praktisch der gesamte Bevölkerungsanstieg seit Beginn der industriellen Revolution durch den Verbrauch von fossilen Brennstoffen aufrechterhalten. Wenn diese Brennstoffe nicht länger verfügbar sind (sei es wegen der durch sie verursachten Umweltschäden oder weil sie erschöpft sind) oder wenn die landwirtschaftliche Produktion wegen der Übernutzung dieser Energieträger drastisch abnimmt, dann wird sich die Welt mit einer Situation konfrontiert sehen, in der Milliarden von Menschen wirklichen Mangel erfahren werden, einen Mangel, der in keiner Weise gestillt werden kann.

Wege aus der Krise

Diese Überlegungen führen zu der Erkenntnis, dass es von größter Bedeutung für die Menschheit ist, so schnell wie möglich aus dem Teufelskreis auszubrechen. Dass diese Forderung prinzipiell möglich ist, wird durch die Tatsache bewiesen, dass dies in verschiedenen Gesellschaften tatsächlich gelungen ist. Deren Voraussetzungen waren jedoch besser als bei uns: Sie hatten immer eine geringere Bevölkerungsdichte und niemals im Entferntesten Populationen, die sich in weniger als einem Lebensalter verdoppelten (wie dies bei der *Weltbevölkerung insgesamt* der Fall ist); zudem hatten sie einen Lebensstil, der relativ wenig Ansprüche an die natürliche Umwelt stellte. Ferner waren diese Gesellschaften nicht von einem Wachstumsglauben beherrscht, was für die gegenwärtigen Entscheidungsträger nicht zutrifft.

Aber vorausgesetzt, dass dieser Wachstumsglauben durchbrochen werden kann und wir noch nicht zu weit im Teufelskreis fortgeschritten sind, an welchem Punkt und wie sollten wir den Ausbruch wagen?

Ein Schlüsselaspekt des Teufelskreises ist das *Bevölkerungswachstum*. Wir müssen die Größe der Weltbevölkerung drastisch reduzieren – sowohl in den mehr als auch in den weniger industrialisierten Ländern –, und diese Maßnahme duldet keinen Aufschub.

Dieses Kunststück könnte durch Einführung von *austauschbaren Geburtslizenzen* gelingen. Die Idee ist, dass jede Frau von ihrem Staat das Recht bekommt, eine bestimmte Anzahl von Kindern zu haben. Diese Anzahl wird aufgrund von ökologischen und anderen Überlegungen festgelegt, ist aber für jede Frau eines gewissen Alters gleich. Sie könnte zum Beispiel bei 1,4 Kindern liegen. Wenn eine Frau zwei Kinder haben wollte, müsste sie in diesem Fall von jemand anderem sechs Zehntellizenzen kaufen oder als Geschenk erhalten; wenn sie hingegen nur ein Kind wollte, könnte sie ihre vier überzähligen Zehntellizenzen verkaufen oder verschenken – alles jedoch nur innerhalb desselben Landes. Ein derartiges System müsste natürlich durch ein Programm für Familienplanung und Einwanderung unterstützt und je nach Erfolg der jeweiligen Maßnahmen mit Statistiken abgestimmt werden.

Auch der *Ressourcenverbrauch* ist viel zu hoch und müsste unabhängig von einer Bevölkerungsverminderung drastisch reduziert werden. Wir brauchen sowohl in den weniger industrialisierten als auch in den stärker industrialisierten Ländern ein grundsätzlich anderes Wirtschaftssystem. In letzteren muss die Idee des Wirtschaftswachstums durch die Idee der Wirtschafts*bewahrung* ersetzt werden.

Nach der Vorstellung des Wirtschaftswissenschaftlers Herman DALY (1992) wird die Bestandesmenge an Gütern in einer derartigen Volkswirtschaft konstant gehalten, während der Warenumsatz minimiert wird und die Dienstleistungen maximiert werden. Um die gegenwärtige Wirtschaft in eine solche *Gleichgewichtswirtschaft (steady-state economy)* umzuwandeln, sind einige wirklich tief greifende Veränderungen nötig wie eine politische Überwachung und Beschränkung der Monopolmacht von Konzernen, die Einführung von Mindest- und Höchstgrenzen für Einkommen, von Höchstgrenzen für Reichtum, die Einführung von Quoten beim Abbau natürlicher Ressourcen, eine höhere Besteuerung von Ressourcen als von Einkommen, mindestens gleiche Gebühren für nicht erneuerbare Ressourcen wie für erneuerbare Ressourcen, ein Ende der Subventionen für Energieproduktion und schließlich die Einrichtung von Schutzzöllen zugunsten lokaler Industrien.

Ein besonderer Gesichtspunkt einer Volkswirtschaft, wie sie DALY vorschwebt, liegt darin, kein Auflaufen von Zinsen zu gestatten. Nach Ansicht von Margrit KENNEDY (1988) vermindert eine Senkung der Zinsraten den Wachstumsdruck in einer Volkswirtschaft, und ein Zinssatz von 0 Prozent ist eine Voraussetzung für das Nullwachstum in einer Gleichgewichtswirtschaft. Damit aus einer Nullzinswirtschaft (*zero-interest economy*) auch eine ökologisch nachhaltige Volkswirtschaft wird, muss jedoch eine Boden- und Steuerreform erfolgen. Die Bodenreform würde das Land der Regionalregierung übereignen, von der die Landflächen gepachtet werden könnten, was die Gefahr einer Bodenspekulation vermindern würde. Die Steuerreform sähe ähnlich aus wie die von DALY vorgeschlagene Reform, in der die Produkte anstelle der Einkommen besteuert werden.

Weiterführende Literatur

COHEN, Mark N. 1977. *The Food Crisis in Prehistory.* New Haven: Yale Univ. Press.
DALY, Herman E. 1992. *Steady-State Economics.* 2. Aufl. London: Earthscan.
DILWORTH, Craig. 1997. *Sustainable Development and Decision Making.* Uppsala: Department of Philosophy, Uppsala Univ.
EHRLICH, Paul R., und Ann H. EHRLICH. 1990. *The Population Explosion.* New York: Touchstone.
KENNEDY, Margrit. 1988. *Interest and Inflation Free Money.* Steyerberg: Permaculture. – Deutsche Ausgabe 1991: *Geld ohne Zinsen und Inflation. Ein Tauschmittel, das jedem dient.* München: Goldmann.
MALTHUS, Thomas R. 1970. *An Essay on the Principle of Population.* 1798. Nachdruck. Harmondsworth, England: Penguin Books. – Deutsche Ausgabe 1977: *Das Bevölkerungsgesetz.* München: Deutscher Taschenbuch-Verlag.

MELLARS, Paul, und Chris STRINGER (Hrsg.). 1989. *The Human Revolution. Behavioural and Biological Perspectives on the Origins of Modern Humans.* Edinburgh: Edinburgh Univ. Press.

MUMFORD, Lewis. 1967. *The Myth of the Machine.* Band 1, *Technics and Human Development.* San Diego: Harcourt Brace Jovanovich. – Deutsche Ausgabe 1974: *Mythos der Maschine. Kultur, Technik und Macht.* Wien Europaverlag.

WILKINSON, Richard G. 1973. *Poverty and Progress: An Ecological Perspective on Economic Development.* New York: Praeger.

Kurt Finsterbusch

6 Knappheit und ihre sozialen Folgen: Wahrscheinliche politische Reaktionen

Dieser Beitrag ist eine Übung im Vorhersagen. Er sagt die gesellschaftlichen Reaktionen von institutionell entwickelten Gesellschaften auf zwei mögliche Szenarien in den nächsten fünfzig Jahren voraus: für langfristiges Wachstum und für Nullwachstum oder Wachstumsrückgang aufgrund von Umweltproblemen. Letzteres werde ich als *Knappheit* bezeichnen. Das Knappheitsszenario wird jeweils ausführlicher untersucht, weil wesentlich mehr über die Auswirkungen von Wirtschaftswachstum als über die Auswirkungen von Knappheit auf die Gesellschaft bekannt ist. Meine Analyse basiert auf einer Makrotheorie des sozialen Wandels, die ich über die Jahre entwickelt habe. (FINSTERBUSCH 1973, 1983) Meine Schlussfolgerung ist, dass Wirtschaftswachstum tendenziell wesentlich positivere Einflüsse auf die Gesellschaft hat als Knappheit. Wirtschaftswachstum stärkt im Allgemeinen Gleichheit, Integration, Demokratie, Gesetzesherrschaft und Freiheiten, während Knappheit eher zu einem Anstieg von Ungleichheit, Konflikt, Autoritarismus und Repression führt. Es ist jedoch nicht sicher, wie Nationalstaaten auf diese negativen Auswirkungen von Knappheit reagieren werden. Vorstellbar ist, dass die gesellschaftlichen Antworten auf Knappheit auch progressive Reformen beinhalten werden. Wahrscheinlicher erscheinen jedoch verhängnisvolle Reaktionen.

Auswirkungen von Wirtschaftswachstum und Knappheit auf Ungleichheit

Durch die jüngst erfolgte Wirtschaftsglobalisierung wurde die Macht der Arbeitskraft im Verhältnis zum Kapital geschwächt; vorher war Ungleichheit durch Wirtschaftswachstum eine Zeit lang verringert, durch Knappheit hingegen erhöht worden, wie Simon KUZNETS (1955) mit seinen sorgfältigen empirischen Arbeiten nachweisen konnte. Wirtschaftswachstum mag sich zwar bis zum 19. Jahrhundert negativ auf Gleichheit ausgewirkt haben, da die Mehrzahl der Bevölkerung in vielen Ländern auf dem Subsistenzniveau verharrt und der neue Reichtum hauptsächlich einer kleinen Elite zugute gekommen ist, trotzdem bewirkt Wirtschaftswachstum auf lange Sicht eine zunehmende Gleichheit. Wie Gerhard LENSKI (1966) in seinem Werk *Macht und Privileg* darlegt, liegt der Hauptgrund darin, dass Wirtschaftswachstum ein positives Klima für die Geschäftswelt erzeugt. Deshalb lohnt es sich für Arbeitgeber, Fachleute und gelernte Arbeiter/innen gut zu bezahlen, um durch die resultierenden Produktivitätssteigerungen ihr eigenes Einkommen zu vergrößern. LENSKIS These besagt, ökonomisch ausgedrückt, dass die wirtschaftliche Entwicklung nach einer gewissen Industrialisierungsschwelle zu abnehmenden oder sogar negativen Erträgen für die reiche Elite führt, weil diese den Überschuss monopolisiert. Er weist auch darauf hin, dass gelernte Arbeiter/innen nicht so sehr Gefahr laufen, ausgebeutet zu werden, wie ungelernte Arbeiter/innen, die mit der Gesamtheit aller ungelernten Arbeiter/innen konkurrieren müssen. Ausgebildete haben eine bessere Verhandlungsposition, die sich in höheren Einkommen für die Mittelschicht ausdrückt. Schließlich erläutert LENSKI, auf welche Weise Wirtschaftswachstum das Entstehen von demokratischen Institutionen begünstigt und wie diese wiederum die politische Macht der unteren Gesellschaftsgruppen erhöhen, was sich gewöhnlich in einer günstigeren Unternehmenspolitik und wirtschaftlichen Leistungen für sie auswirkt.

Diese Argumente weisen darauf hin, dass die reiche Elite zu ihrem größeren absoluten Nutzen Konzessionen macht und die unteren Gesellschaftsgruppen den oberen durch demokratische Mechanismen Vorteile abringen. Ein weiterer ausgleichender Faktor ist ein genereller Zugang zur Bildung. Dadurch wird die Mittelschicht stark verbreitet, und die Beschäftigungsstruktur verbessert sich, sodass sich der breiteste Bereich der Gesellschaftspyramide von der Basis in die Mitte verlagert.

Wirtschaftswachstum erhöht auch die Gleichheit im Hinblick auf einen Wandel im Verbrauchersystem. Sobald die Unterschicht Gesundheitsfürsorge, Elektrizität, sanitäre Einrichtungen in der Wohnung, Kühlschränke, Telefone, Fernseher und unter Umständen sogar Autos erhält, wird die Konsumlücke zwischen den sozialen Schichten geringer. Die Reichen besitzen mehr und qualitativ hochwertigere Güter, doch der Lebensstil von unteren und oberen Gesellschaftsgruppen unterscheidet sich nicht so krass wie zwischen Großgrundbesitzern und Kleinbauern in weniger entwickelten Ländern.

Im Gegensatz zu den positiven Effekten des Wirtschaftswachstums wirkt sich Knappheit negativ aus. Fachleute stimmen überein, dass Ungleichheit zu zunehmender Knappheit führt. Diese These wird von fünf Argumenten gestützt. Erstens sollte Knappheit, da sie das Gegenteil von Wirtschaftswachstum ist, auch die gegenteiligen Effekte haben. Wirtschaftswachstum führt zu mehr Jobs und besseren Verdienstmöglichkeiten. Durch diese Expansion können die ärmeren Gesellschaftsgruppen im Allgemeinen zwischen verschiedenen Arbeitsstellen wählen, und die Zahl der Arbeitskräfte, die wirklich ausbeuterische Arbeitslöhne akzeptieren müssen, sinkt. Dagegen schrumpft der Arbeitsmarkt als Folge der Knappheit, insbesondere für Ungelernte und bei den Niedriglohnjobs, und unter ungelernten Arbeitern nimmt die Konkurrenz um die verbleibenden, häufig unterbezahlten Arbeitsplätze stark zu. Wirtschaftswachstum schafft auch einen immer größeren Kuchen, aus dem verschiedenste Konzessionen an die ärmeren Gesellschaftsgruppen finanziert werden können, wie Sozialhilfe für die Bedürftigen und Fortbildung für die Arbeitslosen. Knappheit begrenzt hingegen die Möglichkeiten der Gesellschaft, sich um die Bedürfnisse der Einkommensschwachen zu kümmern. Auf politischer Ebene können die Forderungen der ärmeren Gesellschaftsgruppen nach besseren Lebensbedingungen in Zeiten der Knappheit nicht erfüllt werden, ohne die privilegierten Verhältnisse der reicheren Gesellschaftsgruppen zu gefährden. Da diese gewöhnlich beträchtliche politische Macht besitzen, werden die Forderungen der weniger Privilegierten wahrscheinlich nicht erfüllt. Der Mangel an Unterstützung kann ferner durch Behauptungen wie die folgenden gerechtfertigt werden: Eine derartige Umverteilungspolitik ziehe nur Ressourcen von denjenigen Menschen ab, die in das Wirtschaftswachstum investierten; folglich würde diese Umverteilungspolitik den unteren Gesellschaftsgruppen auf lange Sicht schaden (Trickle-down-Theorie). Wie war es, als das Wohlfahrtsprinzip in Zeiten von Wirtschaftsdepressionen angewandt wurde? GURR (1985) verweist darauf, dass diese Politik immer davon ausging, die Depression sei nur kurzzeitig, und er argumentiert, dass eine relativ lang anhaltende Knappheit die Sozialpolitik sehr stark einschränken würde.

Die zweite Erklärung, warum sich Knappheit negativ auf Gleichheit auswirkt, liegt darin, dass Knappheit in eine Inflation mündet, die wiederum die ärmeren Gesellschaftsgruppen stärker trifft. Diese geben einen größeren Prozentsatz für Konsumgüter aus, die einen hohen Ressourcenverbrauch mit sich bringen und bei einer Knappheit deutlich teurer werden. Die reicheren Gesellschaftsgruppen kaufen größere Gütermengen pro Kopf, jedoch absolut betrachtet weniger. Sie geben auch mehr für Qualität aus, die den Wert der meisten Güter erhöht, ohne wesentlich mehr Ressourcen zu verbrauchen. Qualitätswaren müssen sich durch Ressourcenknappheit nicht so stark verteuern wie Güter geringerer Qualität. Zusätzlich kaufen die Reichen größere Immobilien und Anwesen, die bei Knappheit im Preis steigen, da sie beträchtliche Ressourcen erfordern; als Eigentümer profitieren die oberen Gesellschaftsgruppen jedoch, wenn diese Immobilien im Wert steigen. Die Armen aber zahlen Miete und müssen, selbst wenn sie ihre Arbeitsstelle behalten, eine deutliche Verminderung ihres Lebensstandards hinnehmen.

Die dritte Erklärung, warum Ungleichheit durch Knappheit verstärkt wird, ergibt sich daraus, dass sich die Privilegierten besser vor den negativen Auswirkungen der Knappheit schützen können. Sie organisieren sich schneller und effektiver, um ihre Interessen zu schützen und zu fördern. Manager und Leute mit angesehenen Berufen sowie gewerkschaftlich organisierte Arbeitskräfte besitzen eine gewisse Kontrolle über ihre Vergütungsbedingungen und werden versuchen, ihren Lohn der Inflationsrate anzupassen; dadurch beschleunigt sich die Inflation für die politisch und wirtschaftlich Schwachen sogar noch mehr.

Die vierte Erklärung ist, dass Personen, welche die Ressourcen kontrollieren, also überwiegend die Reichen, in Zeiten der Knappheit tatsächlich Gewinn machen, während der Rest der Bevölkerung leidet. Ähnlich wie Hausbesitzer und Vermieter durch Inflation und Knappheit gewinnen, profitieren auch die Personen, welche die knapp werdenden natürlichen Ressourcen kontrollieren.

Schließlich fußt die fünfte Erklärung auf den wenigen empirischen Studien, die Knappheit mit Ungleichheit in Zusammenhang bringen. Diese Studien zeigen, dass die Ressourcen bei einer Verknappung noch ungleichmäßiger verteilt werden. Insgesamt ist die empirische Korrelation von Knappheit und Ungleichheit nicht hoch. Der Konsens, der bei dieser These herrscht, beruht jedoch hauptsächlich auf dem Fehlen eines Gegenarguments.

Die Auswirkungen von Wirtschaftswachstum und Knappheit auf Integration

Wirtschaftswachstum fördert Integration, während Knappheit sie vermindert. Wirtschaftswachstum beseitigt Gruppenidentitäten und Konflikte zwischen Gruppen nicht vollständig, es mildert jedoch Konflikte, verringert gewalttätige Auswüchse und kanalisiert die Konflikte in politische Handlungen und kompromissfähige Forderungen. Wirtschaftswachstum führt zu der Erwartung, dass es jeder Generation besser gehen wird, deshalb gilt das System als vergleichsweise effektiv. Es gibt wenig Unzufriedenheit, und das System der Ungleichheiten, das man mit einem steigenden Lebensstandard assoziiert, wird nicht ernsthaft in Frage gestellt. Somit treten kaum Klassenkonflikte auf, und die Systemlegitimität ist hoch.

Die Auswirkungen der Knappheit sind genau entgegengesetzt. Obwohl weitgehende Übereinstimmung besteht, dass Knappheit die Integration wahrscheinlich verschlechtert, gibt es wiederum wenige empirische Beweise, da es in den letzten zweihundert Jahren in industrialisierten Ländern kaum langfristige Knappheit gegeben hat. Knappheit verringert die Integration, indem sie Wettbewerb, Konflikte und Unruhen verstärkt und die Effektivität der Regierung sowie die Systemlegitimität vermindert. Diese Folgen führen im Allgemeinen zu stärkerer Unterdrückung und untergraben oder schwächen die Demokratie. Um diese These zu stützen, sind fünf Erklärungsmöglichkeiten vorgeschlagen worden.

Erstens macht die Knappheit die positiven Auswirkungen, die das Wirtschaftswachstum auf die Integration ausübt, zunichte. Ein weiteres Problem des sich verkleinernden «Kuchens» ist die Tatsache, dass der Konflikt zwischen Klassen und Gruppen zu einem Nullsummenspiel wird, in dem irgendjemand verlieren muss, wenn ein anderer gewinnt. Wenn der Wettkampf zu großen und kleinen Gewinnern führt wie bei der Verteilung des sich vergrößernden Kuchens, ist der Konflikt nicht so intensiv wie bei der Verteilung des Kuchens an Gewinner und Verlierer oder große Verlierer und kleine Verlierer. Zusätzlich beseitigt die Knappheit die Rechtfertigung der Ungleichheit, die besagt, die Ungleichheit sei nötig, um Wirtschaftswachstum zu schaffen. Wenn Wirtschaftswachstum aufgrund von Umweltengpässen unmöglich ist, verliert dieses Argument seine Kraft, krasse Ungleichheit wird unerträglicher und Konflikte nehmen zu.

Die zweite Erklärung, warum Knappheit zu verminderter Integration führt, ist von der Deprivationstheorie abgeleitet, wie Ted GURR (1970/72) sie in seinem Buch *Rebellion* entwickelt hat. Wenn die Knappheit nicht sehr langsam eintritt, sodass allmähliche Anpassung möglich ist, ruft sie starke Deprivationsgefühle hervor, da zwischen Wirklichkeit und Erwartung eine gewaltige Lücke klafft. Durch Deprivation geschürte Wut oder davon motivierte gemeinsame Aktionen lassen sich vielleicht zunächst einmal von politischen Institutionen weg auf Konkurrenten, Gegner oder in selbstzerstörerisches und asoziales Verhalten richten. Langfristig wird sich die Wut aber gegen das Gemeinwesen, die Mächtigen und das System der Ungleichheit wenden, und radikalere Forderungen und Formen des politischen Handelns werden allgemein an Legitimität gewinnen.

Die dritte Erklärung ist von Charles TILLYS Mobilisierungstheorie des kollektiven Handelns abgeleitet (siehe *From Mobilization to Revolution*, 1978). In Zeiten des Wirtschaftsrückgangs nimmt der Wettbewerb zu, und Gruppen, die sich organisieren, um ihre besonderen Interessen zu schützen oder zu fördern, werden wesentlich besser fahren als Individuen oder schlecht organisierte Gruppen. Diejenigen Menschen, die zuerst handeln, werden die meisten Leistungen erhalten, da die Regierung aufgrund der Knappheit bald keine Leistungen mehr gewähren kann. Ferner werden die Regierungen zunehmend mit Repression auf Herausforderungen antworten, da dies kurzfristig billiger ist als Zugeständnisse. Kollektives Handeln wird deshalb kostspieliger werden, aber die Kosten von Untätigkeit werden vermutlich noch schneller steigen. Knappheit spornt deshalb Interessengruppen an, sich zu organisieren, und verstärkt Konflikte zwischen einzelnen Gruppen. Tilly setzt auch die Kosten/Nutzen-Logik ein und argumentiert, dass Knappheit Bedingungen fördert, die revolutionäre Konflikte massiv begünstigen, insbesondere eine abnehmende Unterstützung für die Regierung und den Wechsel der vorher nicht Festgelegten zu denen, die den Status quo anfechten.

Die vierte Erklärung konzentriert sich auf Legitimitätsprobleme von Regierungen in Zeiten des Wirtschaftsabschwungs. Unbeliebte Regierungen können in Zeiten des Wirtschaftswachstums häufig an der Macht bleiben, und die Öffentlichkeit schaut zu; ökonomisches Scheitern fördert jedoch in der Regel einen Zusammenbruch der Regierung und das Erstarken von Protestbewegungen. Etablierte Demokratien können sich gewöhnlich auf einen Grundstock an öffentlicher Unterstützung verlassen und mögen einen Wirtschaftsrückgang eine Zeit lang überleben. Mit der Zeit untergräbt die Knappheit jedoch auch die Legitimität, und sogar Demokratien werden Opfer von wachsenden Unruhen und autoritären Bewegungen (wie in den 1930er-Jahren).

Ein weiterer Zusammenhang zwischen Knappheit und schwindender Legitimität besteht in der Art von Regierungspolitik, die durch die Knappheit erforderlich wird. Sie verlangt Opfer. Die Menschen müssen die Kosten tragen und weniger verbrauchen, um die Umwelt zu schützen und sich an die Knappheit anzupassen; diese Politik ist stets unbeliebt, wie das Beispiel der öffentlichen Ablehnung von Präsident Carters Benzinsteuer (5 Cent auf etwa 4,5 Liter) während der Energiekrise in den späten 1970er-Jahren gezeigt hat. Deshalb ergreift eine Regierung wahrscheinlich viele relativ schmerzlose politische Maßnahmen, die das Problem nicht angemessen angehen; dadurch verschlimmert sich die Krise, und Lösungen werden immer teurer. Das Scheitern des Krisenmanagements verringert im Allgemeinen die Legitimität der Regierung und ruft Herausforderer auf den Plan.

Wir haben uns bisher hauptsächlich mit den entwickelten Demokratien beschäftigt. Wenn wir die Dritte Welt betrachten, kann die durch Knappheit bewirkte verschlechterte Integration verschiedener Gruppierungen zum Regierungssturz und zur Anarchie führen. Robert KAPLAN (1994) schildert die noch immer chaotische Situation in Westafrika anschaulich; vor diesem Hintergrund erscheint ein durch Knappheit hervorgerufener gesellschaftlicher Zusammenbruch in Staaten mit schwachen

Institutionen sehr plausibel. KAPLAN beschreibt Länder, wo die Regierung nachts Gesetz und Ordnung im größten Teil des Landes und sogar in vielen Teilen der Hauptstadt nicht garantieren kann.

Die fünfte Erklärung ist, dass Knappheit alle Brüche in der Gesellschaft verschärft. Die Verkleinerung des Kuchens intensiviert den Klassenkampf, wie wir schon oben diskutiert haben; Paul BLUMBERG fügt jedoch in *Inequality in an Age of Decline* hinzu, dass Knappheit «fast mit Sicherheit das Gesamtmaß an sozialer Ekelhaftigkeit» sowie alle Brüche verschlimmern und dabei «sozialen Konflikt inmitten eines generellen Gerangels nach Selbstbeförderung schaffen wird». (1980, 220) Weiterhin beschreibt er, wie sich Rassen- Geschlechter-, Bildungs-, Generations- und Regionalkonflikte in den USA vermutlich intensivieren werden.

Häufig wird auch spekuliert, dass Kriege und internationale Konflikte bei Knappheit stark zunehmen werden. Nicht nur die mächtigen Nationen werden, wenn nötig, Militärgewalt einsetzen, um an die Ressourcen von schwächeren Nationen zu gelangen, sondern nach Robert HEILBRONER (1992) könnten auch weniger «entwickelte» Länder oder terroristische Gruppen Krieg führen oder reiche Länder unter Druck setzen, um einen größeren Anteil der weltweiten Reichtümer und Ressourcen zu fordern. Kernwaffen finden immer weitere Verbreitung, und nukleare Erpressung ist jederzeit möglich geworden. Wenn sich nationale und subnationale Identitäten stärker ausprägen, wird eine gewaltlose Konfliktlösung immer unwahrscheinlicher. Die Aussichten dieser Analyse sind Furcht erregend. Durch undichte Stellen in der früheren Sowjetunion kann man relativ leicht an kernwaffenfähiges Material gelangen, und die Herstellung von Atombomben ist für viele terroristische Gruppen technisch machbar. Biologische und chemische Waffen sind noch leichter zu erwerben, und ihre Wirkung kann sogar noch zerstörerischer als die von Atomwaffen sein. Experten erwarten, dass Anzahl und Ausmaß von terroristischen Aktionen noch zunehmen werden, und zwar selbst dann, wenn das Wirtschaftswachstum anhält. Mit ansteigender Knappheit steigt auch die Gefahr für die entwickelte Welt. Demokratische Länder werden Bürgerrechte verletzen und die Polizeimacht deutlich verstärken, um mit der Terrorismusgefahr fertig zu werden. Die Vereinigten Staaten werden wahrscheinlich weiter in Richtung Autoritarismus driften.

Die Auswirkungen von Wirtschaftswachstum und Knappheit auf die Demokratie

Wirtschaftswachstum stärkt die Demokratie, und Knappheit bedroht sie. Die Erklärung liegt teilweise an den positiven Effekten des Wirtschaftswachstums auf Gleichheit und Integration, die beide die Demokratie stärken. Wirtschaftswachstum vergrößert auch die Mittelschicht – die Gebildeten und den Prozentsatz der Bevölkerung, der etwas zu verlieren hat und daher durch politische Instabilität Nachteile hätte. Bei einer Gesellschaftspyramide, die in der Mitte am breitesten und nicht zwischen einer kleinen Elite und einer armen Massenbevölkerung polarisiert ist, haben Machthaber viel weniger zu befürchten, wenn sie bei einer Wahl die Regierungsmacht verlieren, da kein sehr radikaler Politikwechsel erfolgen würde. Gewöhnlich bedeutet die Existenz einer breiten Mittelschicht, die Konflikte dämpft, eine gemäßigte Politik unterstützt und insgesamt Extremisten ablehnt, dass es der Demokratie sehr gut geht. Wirtschaftswachstum und eine breitere Bildung stärken ferner intermediäre Organisationen und Toleranz gegenüber Mitbürgern mit unterschiedlichen Ansichten; beides ist für das Funktionieren einer Demokratie essenziell. Schließlich mindert Wirtschaftswachstum, wie oben ausgeführt, die Stärke von Konflikten und ermöglicht eine Problemlösung sowie das Aushandeln von Forderungen im Rahmen eines demokratischen Verhandlungsprozesses.

Es besteht weitgehende Übereinstimmung darüber, dass Knappheit eine Gefahr für die Demokratie darstellt. Ich werde fünf Erklärungen für diese Ansicht anführen. Erstens macht Knappheit, genau wie im Fall von Gleichheit und Integration, die positiven Effekte des Wirtschaftswachstums auf die Demokratie zunichte. Sie führt jedoch nicht zwangsläufig zu den gegenteiligen Effekten. Sie verkleinert zum Beispiel nicht notwendigerweise den Umfang der Mittelschicht. Zudem könnte sie einen Radikalismus fördern, den eine breite Mittelschicht gewöhnlich verhindert. Knappheit verstärkt ferner Ungleichheit und verringert die Integration, wodurch die Demokratie wiederum bedroht oder geschwächt wird. Besonders gefährlich für ein Überleben der Demokratie sind die eskalierenden Konflikte und der Legitimitätsverlust als wahrscheinliche Folgen einer Ressourcenverknappung.

Die zweite Erklärung für die Schwächung oder Bedrohung der Demokratie durch Knappheit ist die Tatsache, dass Knappheit Probleme und Krisen schafft, die in einer Demokratie schwierig zu lösen sind. Wenn eine Demokratie dann versagt und die Probleme schlimmer werden, ist die Öffentlichkeit geneigt, die Demokratie zugunsten einer entschlussfreudigeren, energischeren, aktiveren und autoritäreren Regierung über Bord zu werfen. Die Stärke der Demokratie ist ihr Eingehen auf den Willen des Volkes. In Zeiten der Knappheit wird diese Stärke zur Schwäche. Wenn man dem Problem der Knappheit beikommen will, sind Opfer, Einschränkungen, Bestimmungen gegen ökologisch schädliches Verhalten und Zwang bei der Durchsetzung von ökologisch vorteilhaftem Verhalten notwendig. Damit macht man sich jedoch im Allgemeinen nicht beliebt. Deshalb erlassen Politiker/innen in demokratischen Systemen gewöhnlich nicht die notwendigen harten Gesetze, um nicht die Unterstützung ihrer Wähler/innen zu verlieren. Während der Ölkrise im Jahr 1973 reagierte die US-Regierung beispielsweise, indem sie die Höchstgeschwindigkeit auf 55 Meilen pro Stunde begrenzte und der Öffentlichkeit nahe legte, die Heizungsthermostate im Winter freiwillig niedriger einzustellen. Später gewährte die Regierung Steuernachlässe für einige Isolierungsmaßnahmen an Gebäuden und setzte Autos mit geringerem Benzinverbrauch durch, allerdings mit großzügiger Übergangsfrist. Größere Opfer, wie eine Erhöhung der Benzinsteuer um drei Dollar pro Gallon (4,5 Liter), wurden nicht einmal in Erwägung gezogen.

Die dritte Erklärung ist, dass Knappheit viele verfahrenstechnische Fragen aufwirft, die sich nur schwer mit Entscheidungsfindungsprozessen durch Mitbestimmung vereinbaren lassen. Eine fundierte Umweltpolitik erfordert beträchtlichen wissenschaftlichen Fachverstand, sodass viele wichtige Entscheidungen mit weitreichenden Auswirkungen auf dem Verteilungssektor am besten von Experten getroffen werden. Deshalb ist zu erwarten, dass ein bestimmter Teil der Demokratie aus praktischen Gründen einer Technokratie weichen muss.

Die vierte Erklärung ist, dass Knappheit Furcht und potenziell sogar Panik erzeugen kann, was wiederum das Vertrauen in die demokratischen Institutionen untergraben könnte, das für deren reibungsloses Funktionieren ohne eine massive Demonstration von Stärke nötig wäre. Diese Argumentation ist zwar spekulativer als die anderen Argumente, jedoch sehr einleuchtend. HEILBRONER schreibt: *Wie die Historiker der alten und modernen Demokratien darlegen, führt der Druck der politischen Bewegungen in Zeiten des Krieges, ziviler Unruhen oder genereller Angst in Richtung Autorität und nicht von ihr weg. [...] Der Weg durch die vor uns liegende Herausforderung ist unter Umständen nur unter Regierungen möglich, die Gehorsam wesentlich effektiver erzwingen können als ein demokratisches System. Wenn es um das Überleben der Menschheit geht, werden solche Regierungen vielleicht nicht zu vermeiden, ja sogar unumgänglich sein.* (1992, 132–134)

Die fünfte Erklärung besagt, dass es die benachteiligten Gesellschaftsgruppen in Zeiten der Knappheit nicht schaffen, ihre Forderungen mit friedlichen Mitteln durchzusetzen, sodass sich einige radikaleren und sogar gewalttätigen Methoden zuwenden. Der Staat wird wahrscheinlich autoritärer und repressiver werden, um den entstehenden zivilen Konflikt unter Kontrolle zu halten.

Knappheit hätte noch viele weitere Auswirkungen auf die Gesellschaft, die ich in diesem kurzen Beitrag nicht alle behandeln kann. Ich möchte allerdings festhalten, dass die Literatur über Knappheit allgemein zu dem Schluss kommt, dass diese Folgen insgesamt negativ sein werden. Alles in allem habe ich nichts Positives über die Auswirkungen von Knappheit gefunden.

Gesellschaftliche Reaktionen auf Knappheit

Wir müssen nicht besonders betonen, dass Vorhersagen über die gesellschaftlichen Reaktionen auf vergleichsweise langfristige Knappheiten spekulativ sind. Diese Vorhersagen sind von vielen Faktoren abhängig wie Natur und Ausmaß der Krise, öffentliche Bereitschaft zum Wandel, der Grad, in welchem sich die Regierung von der Kontrolle der Wirtschaftselite befreien kann, und die persönlichen Eigenheiten der Führungselite. Meine folgenden Bemerkungen sollen deshalb als Diskussionsansatz für dieses Thema im Hinblick auf demokratische kapitalistische Gesellschaften verstanden werden.

Man kann sicherlich vorhersagen, dass die Gesellschaft auf Probleme der Knappheit mit dem Sammeln von Informationen zu diesem Thema reagieren wird, da es wenig Widerstand gegen derartig billige und vergleichsweise wenig bedrohliche Maßnahmen gibt. Einige Leute werden nach wissenschaftlicher Forschung rufen, um den Zeitpunkt zum Handeln möglichst hinauszuschieben. Auch Einzelpersonen werden Informationen zu diesen Themen liefern, sodass öffentliches und privates Handeln das öffentliche Bewusstsein für dieses Thema sensibilisieren wird. In der Öffentlichkeit wird daher der Eindruck entstehen, die Umweltprobleme verschlimmerten sich zusehends und gemeinsames Handeln werde immer dringlicher.

Als zweite gesellschaftliche Reaktion sagen wir vorher, dass technische Innovationen angestoßen werden, um die Ressourcenknappheit zu vermindern und die Umwelt zu schützen. Unternehmen werden auf die steigenden Kosten der Ressourcen reagieren, indem sie Ressourcen sparende Technologien und Praktiken einsetzen. Die Marktkräfte werden die Entwicklung neuer, Ressourcen sparender Technologien anspornen. Andere Innovationen werden darauf zielen, die Umwelt auf eine Art zu schützen, die den gegenwärtigen Lebensstil nicht gefährdet. Viele Innovationen werden durch Subventionen oder Bestimmungen stimuliert, die Umweltverschmutzung, Wiederverwertung, Umweltschutz und gefährliche Substanzen betreffen. Politisch machbare Bestimmungen sind wahrscheinlich für die Industrie relativ billig oder werden allgemein als so wichtig angesehen, dass man den Widerstand der Industrie übergeht. Häufig sind Bestimmungen deshalb notwendig, damit es sich für die Industrie lohnt, neue Technologien und Praktiken für den Umweltschutz und eine effizientere Ressourcennutzung zu entwickeln. Weiterhin werden neue Technologien in der akademischen Forschung entwickelt, die von Regierung und Stiftungen mit Verträgen und Beihilfen unterstützt wird. Es ist wahrscheinlich, dass die Forschungsmittel für Umweltfragen mit steigendem öffentlichem Bewusstsein für die Krise beträchtlich erhöht werden.

Als dritte Reaktion sage ich eine Reihe von kleineren Verhaltensänderungen auf individueller Ebene voraus. Die Bürger/innen möchten immer stärker bei der Problemlösung mithelfen. Sie machen bei Wiederverwertungsprogrammen mit und tragen ihren Teil auf andere, vergleichsweise kostengünstige Weise bei.

Die wichtigste Frage ist, ob die oben aufgeführten Reaktionen ausreichen werden, um die ökologische Situation zu verbessern und die Gesellschaft auf den Weg einer nachhaltigen Entwicklung zu bringen. Eine Wissenschaftlergruppe hält die Umweltprobleme für nicht so gravierend, wie hier dargestellt, und ist von einem ungeheuren Glauben an den Erfindungsreichtum und die Anpassungsfähigkeit des Menschen erfüllt. Nach Ansicht dieser Gruppe würden die oben vorgestellten Maßnahmen sehr viel zur Lösung tatsächlich existierender Probleme beitragen. Vielleicht wären ein paar für die Wirtschaft nicht zu unangenehme Regierungsentscheidungen ganz hilfreich, ein dramatischer Wandel wäre ihrer Ansicht nach jedoch nicht nötig. Diese Wissenschaftler/innen argumentieren, dass Umweltprobleme häufig von Umweltschützern übertrieben werden und beträchtliche Unsicherheit über Ausmaß und potenzielle Folgen bestehen. Sie sind zuversichtlich, was die Energiereserven betrifft, da die fossilen Energieträger den Energiebedarf angeblich bis weit in dieses Jahrhundert hinein decken und Kernfusion die nötige Energie liefern kann, wenn die Produktion von fossilen Brennstoffen abnimmt. Diese Ansicht ist zwar einleuchtend, aber hoch spekulativ; und sie vermag die meisten Menschen nicht davon zu überzeugen, dass die Umwelt *nicht* in der Krise steckt.

Eine zweite Gruppe von Forschenden hält die Umweltkrise für wesentlich schlimmer als von den Optimisten analysiert, macht aber Handlungsvorschläge, die nur minimal in die Wirtschaft eingreifen und der Öffentlichkeit nur geringe Verhaltensänderungen abverlangen. Die Empfehlungen von Al GORE (1992) in seinem Buch *Wege zum Gleichgewicht. Ein Marshallplan für die Erde* werden als «Globaler Marshallplan» bezeichnet, um ihren Wagemut anzudeuten. Doch die Vorschläge beziehen sich hauptsächlich auf Marktangleichungen, freiwillige Maßnahmen und sehr gemäßigte Änderungen der Regierungspolitik, die erlauben, bei umweltschädigendem Verhalten Subventionen rückgängig zu machen und mehr Anreiz für umweltfreundliche Maßnahmen zu schaffen. GORE betont außerdem die Wichtigkeit von Informationsbeschaffung und Lernprozessen. Sein Programm ist für die mittlerweile Regierungsverantwortlichen in Washington inakzeptabel; es tut jedoch niemandem wirklich weh. Bis auf die Kontrolle des Bevölkerungswachstums in der Dritten Welt werden in seinem Plan alle wirklich schmerzhaften, aber notwendigen Maßnahmen vermieden. Ähnlich sind auch Lester BROWN, Christopher FLAVIN und Sandra POSTEL in ihrem Buch *Zur Rettung des Planeten Erde. Strategien für eine ökologisch nachhaltige Weltwirtschaft* (1991) mit ihren Vorschlägen vorsichtig. Beide Bücher bieten trotzdem viele hilfreiche Strategien und Maßnahmen, um Umweltprobleme politisch anzugehen.

Eine wesentlich größere Wissenschaftlergruppe, die sich mit dem Thema *nachhaltige Gesellschaft* befasst, glaubt nicht wie die Optimisten, dass neue Technologien und geringfügige Verhaltensänderungen die Knappheit bezwingen werden. Ebenso wenig denkt diese Gruppe wie GORE und BROWN, FLAVIN und POSTEL, dass ein ehrgeiziges Umweltprogramm der Regierung, das bedeutende Kosten vermeidet, dieses Ziel verwirklichen kann. Die meisten Wissenschaftler/innen stimmen überein, dass ein tiefer greifender Wandel nötig ist, um wirkliche Nachhaltigkeit zu erreichen. Wenn man diesem Gedankengang folgt, ist die Kernfrage, welche zusätzlichen Reaktionen wahrscheinlich oder überhaupt machbar sind. Werden die Menschen ihren Lebensstil so verändern, dass es für sie ein Opfer bedeutet? Werden Unternehmen Profite riskieren, um die Umwelt zu schützen? Werden Regierungen eine harte Umweltgesetzgebung beschließen? Die vorherrschende Antwort dieser Forscher/innen auf alle drei Fragen lautet: «Nein!»

Diese pessimistische Sicht basiert auf vier Argumenten: dem Problem der öffentlichen Güter und dem Trittbrettfahrerproblem, dem Problem des «Das Geschäft des Geschäfts ist Profit», dem Problem, dass Spezialinteressen harte neue politische Entscheidungen verhindern können, und dem Problem, dass die Öffentlichkeit schmerzhafte Lösungen nicht unterstützt. Das Problem der öffentlichen Güter liegt darin, dass es nicht im rationalen Selbstinteresse von Einzelpersonen oder Nationen liegt, freiwillig ein Opfer für die Umwelt oder den Schutz nicht erneuerbarer Energiequellen zu bringen, da sie gegenüber anderen, die die Umwelt weiterhin ausbeuten oder die seltenen Ressourcen verbrauchen, in Nachteil geraten. Die Menschen werden nicht freiwillig weniger mit dem Auto fahren, um Erdöl zu sparen; sie müssen hierzu durch hohe Benzinsteuern oder Benzinrationierung gezwungen werden. Nationen werden ihren Verbrauch an fossilen Energieträgern nicht freiwillig verringern, um die globale Erwärmung zu verlangsamen, wenn andere Nationen nicht dasselbe tun, denn die sparsamen Länder hätten hohe Kosten, ohne daraus mehr Nutzen zu ziehen als Länder, die diese Kosten einsparen.

Das Argument des «Das Geschäft des Geschäfts ist Profit» macht geltend, dass Lösungen für Umweltprobleme nicht von der Wirtschaftswelt kommen werden, wenn die Regierungspolitik nicht den Anreiz dafür schafft. Ohne äußeren Einfluss wird die Geschäftswelt alles beim Alten lassen, um Geld zu sparen, und Technologien erfinden, die ihr dabei helfen, mit weniger mehr zu erreichen; sie wird jedoch weder aufhören, schädliche Dinge zu tun, die ihr nützen, noch wird sie «richtige» Dinge tun, die Kosten verursachen. Die Wirtschaft muss durch Regierungsbeschlüsse zu diesen Dingen gezwungen werden, doch wenn wir das dritte Argument berücksichtigen, wird sie die Durchsetzung derartiger Entscheidungen verhindern, und dem vierten Argument zufolge wird die Öffentlichkeit diese Entscheidungen ebenfalls ablehnen. Die meisten Fachleute schätzen deshalb die Fähigkeit der Regierung zur Einführung der notwendigen Maßnahmen pessimistisch ein. Sie glauben daher, dass sich die Umweltprobleme verschlimmern werden, bis eine akute Krise zum Richtungswechsel zwingt. Es ist vorhersehbar, dass demokratische Gesellschaften dann, wie bereits oben gesagt, wesentlich autoritärer werden.

Ein wahrscheinliches Ergebnis von langfristiger Knappheit wird folglich die Schwächung und letztendlich der Tod der Demokratie sein. Unter den richtigen Umständen könnten die Demokratien jedoch überleben. Wenn eine Demokratie einen ziemlich hohen Grad an Gleichheit und Gerechtigkeit verwirklicht hat und sich in einer schweren Krise befindet (einer Krise, die allgemein als so schlimm gilt, dass radikale Veränderungen nötig sind, um eine sichere Katastrophe abzuwenden), und wenn sie ferner von einer charismatischen Persönlichkeit angeführt wird, dann könnte diese Demokratie entschieden und einheitlich handeln, um Nachhaltigkeit zu erreichen. Der hohe Grad an Gleichheit und Gerechtigkeit ist notwendig, damit es nicht zu destruktiver Polarisierung und Konflikten kommt. Die «richtige» Art von Krise ist die dramatische und plötzliche, da Demokratien in Notfällen, wie in Kriegen oder Wirtschaftskrisen, entschieden handeln können. Die Alltagspolitik mit ihren Konflikten, ihrem ständig wachsenden Wohlstand und ihrer relativen Machtlosigkeit wäre zeitweilig aufgehoben, solange Interessengemeinschaften und Parteien ihre gegensätzlichen Interessen zurückstellten und der Führung erlaubten, das Land zu retten und das Gemeinwohl zu verfolgen.

Wir können zusammenfassen: Die gesellschaftliche Reaktion auf Knappheiten wird unter anderem Forschung zu den aufgeworfenen Fragen, technologische Innovationen und kleinere Verhaltensänderungen umfassen. Diese Reaktionen sind deshalb wahrscheinlich, weil sie kaum auf Ablehnung stoßen werden. Ich sage außerdem (in Übereinstimmung mit den meisten Beobachtern) voraus, dass diese Reaktionen mit der durch Umweltprobleme verursachten Knappheit nicht angemessen fertig werden können, sodass die Demokratien in schwere Krisen geraten werden und die resultierenden politischen Unruhen vermutlich, aber nicht unausweichlich, in autoritären Systemen münden werden.

Wege aus der Krise: Sozialer und politischer Wandel ist für eine nachhaltige demokratische Gesellschaft notwendig

Ich stelle jetzt einige Ideen zu größeren institutionellen Veränderungen vor, die eine nachhaltige demokratische Gesellschaft schaffen. Jede hätte viele tief greifende Auswirkungen, die hier nicht erläutert werden können; es handelt sich also nur um Diskussionsvorschläge, die insbesondere auf die Verhältnisse in den Vereinigten Staaten zugeschnitten sind.

Der erste Schritt für eine tragfähige Demokratie ist, die Befugnis der Regierung derart zu erweitern, dass diese die erforderlichen Rahmenbedingungen für die Wirtschaft setzen kann, folglich eine nationale Industriepolitik. Häufig wird zu diesem Zweck als vierter Arm der Regierung eine Planungsbehörde vorgeschlagen. Aufgabe dieser Behörde wäre es, langfristige Pläne für Amerikas Zukunft zu machen, dem Kongress Gesetze vorzuschlagen, um den Rahmen notwendiger Beschränkungen durchzusetzen, und die für diese Pläne und Gesetze notwendige Forschung zu fördern.

Die zweite Erfordernis für eine tragfähige Demokratie ist, die Macht der Konzerne über die Regierung zu verringern und die Macht der größeren Konzerne zumindest in gewissem Maße öffentlich zu kontrollieren. Großkonzerne stellen heutzutage die größte Gefahr für die pluralistische

Demokratie dar und sind für sehr viele Umweltschäden verantwortlich. Zurzeit besitzen sie eine Macht, die sich niemandem gegenüber verantworten muss. Eine Reform der Wahlkampffinanzen ist erforderlich, um den Einfluss der Konzerne auf die Regierung zu verringern; und ich schlage zwei Reformen vor, um die Konzerne zu zwingen, vermehrt Rechenschaft abzulegen. Diese Reformen würden jedoch auf sehr großen Widerstand von Seiten der Konzerne stoßen. Die erste Reform ist ein *federal chartering* (gesamtstaatliche Erfassung und Vergabe von Konzessionen in einer Art Kammer) aller Konzerne, die zwischenstaatliche Geschäfte abwickeln und über eine gewisse Mindestgröße hinausgehen. Zurzeit werden Konzerne von den Bundesstaaten registriert, und der Wettbewerb der Bundesstaaten um die Konzerne hat dazu geführt, dass die legale staatliche Aufsichtsfunktion vernachlässigt wird. Der daraus entstandenen mangelnden Verantwortlichkeit der Konzerne kann durch *federal chartering* und die Bedingung abgeholfen werden, dass Konzerne nur dann eine Konzession erhalten, wenn sie nachweislich zum Nutzen der Öffentlichkeit arbeiten. Auf diese Weise könnten Umweltfolgen, Werkschließungen, Sicherheitsmaßnahmen, Arbeitsbedingungen usw. überwacht und die Konzerne effektiver diszipliniert werden.

Eine weitere Reform richtet sich gegen Konzerne, die über eine bestimmte Mindestgröße hinausgehen und zwischenstaatliche Geschäfte abwickeln. Diese Unternehmen würden ihre Steuern an die Regierung in Form von Aktien anstelle von Geld zahlen. Auf diese Weise würde der Aktienanteil der Firma allmählich sinken, bis die Regierung 50 Prozent der Aktien besäße. Dann würde das, was zum Beispiel General Motors nützt, auch den Vereinigten Staaten nützen. Der Aufsichtsrat würde umstrukturiert, sodass auch Vertreter der Regierung, der betroffenen Gemeinden und anderer Interessengruppen beteiligt wären. Auf diese Weise würden nicht länger nur die Profite berücksichtigt werden, obwohl der Gewinn nach wie vor das Hauptziel des Konzerns bliebe.

Die oben genannten Reformen betreffen Kapazitäts- und Fairnessfragen der politischen Ökonomie, jedoch keine Reformen, die sich direkt mit Umweltproblemen befassen. Herman DALY hat in seinem Buch *Steady-State Economics: The Economics of Biophysical Equilibrium and Moral Growth* (1977) die wichtigsten Empfehlungen entwickelt, die auch hier (und in vielen anderen Listen mit Vorschlägen zur Nachhaltigkeit) aufgeführt werden. Es sind: 1. Festsetzen einer Mindest- und Höchstgrenze für Einkommen und einer Höchstgrenze für Reichtum, um überbordenden Konsum zu dämpfen und Ungleichheit zu lindern; 2. von der Regierung festgesetzte übertragbare Geburtslizenzen, um ein Nullbevölkerungswachstum zu erreichen; 3. Verknappungsquoten für alle nichterneuerbaren Ressourcen, die von der Regierung zur Regelung des jährlichen Verbrauchs festgesetzt und an Ressourcenaufkäufer versteigert werden.

Die Geburtslizenzen ermöglichen es jedem Paar, zum Beispiel zwei Kinder zu haben. Wenn es mehr Kinder wünscht, muss es eine Lizenz von jemandem kaufen, der nicht beide Lizenzen benötigt. Die Quoten würden die Erschöpfung der Ressourcen verlangsamen und zu höheren Preisen führen, wodurch Effizienz und Innovation gefördert würden. Alle drei Verfahren würden den Rahmen notwendiger Beschränkungen vorgeben, aber nicht in die Mikroprozesse eingreifen, die durch die freien Märkte und individuelle Wahlfreiheit innerhalb des gesteckten Rahmens reguliert würden.

Weil Land die wichtigste natürliche Ressource eines Staates ist, betrifft der letzte Vorschlag einen nationalen Landnutzungsplan, der mit den Landnutzungsplänen der einzelnen Bundesstaaten koordiniert ist. Die Interessengemeinschaft der Grundbesitzer würde diese Politik vehement bekämpfen, um ihre finanziellen Interessen bei der Landnutzung oder dem Landverkauf zu Höchstpreisen zu wahren. Dennoch ist es notwendig, Agrarland, Wälder und komplexe Ökosysteme zu erhalten sowie die verschiedensten Umweltprobleme anzugehen. In städtischen Gebieten muss eine Zonierung eingeführt werden, die mittlerweile aus ähnlichen Gründen auch in anderen Gebieten nötig ist. Gegenwärtig geht die Landnutzung dahin, dass sich die Wohnsiedlungen der Bevölkerung immer mehr ausdehnen (Zersiedelung), was zu hohem Energie- und Transportaufwand, Infrastrukturproblemen und steigender Zerstückelung von Ökosystemen führt.

Diese Vorschläge sind nach heutigen Maßstäben des politischen Wandels radikal. Sie könnten nur in einer akuten Umweltkrise durchgesetzt werden. Zum Erreichen von Nachhaltigkeit wären noch viele andere Veränderungen nötig wie eine umfassende Neuausrichtung des Kultur- und

Wertesystems – weg von der Betonung des materiellen Konsums und des Individualismus und hin zu einer Betonung von Umweltvitalität, innerer Entwicklung und Solidarität. Ich werde jedoch nicht weiter auf die Veränderungen eingehen, die zum Erreichen der nachhaltigen Gesellschaft nötig sind, denn das Problem ist nicht mangelndes Wissen um die Notwendigkeiten, sondern die zurzeit fehlende Unterstützung für die dringend erforderlichen Veränderungen.

Weiterführende Literatur

BLUMBERG, Paul. 1980. *Inequality in an Age of Decline.* New York: Oxford Univ. Press.

BROWN, Lester, Christopher FLAVIN und Sandra POSTEL. 1991. *Saving the Planet: How to Shape an Environmentally Sustainable Global Economy.* New York: W. W. Norton. – Deutsche Ausgabe 1992. *Zur Rettung des Planeten Erde. Strategien für eine ökologisch nachhaltige Weltwirtschaft.* Frankfurt: Fischer.

BROWN, Lester, und Hal KANE. 1980. *Building a Sustainable Society.* New York: W. W. Norton.

DALY, Herman E. 1977. *Steady-State Economics: The Economics of Biophysical Equilibrium and Moral Growth.* San Francisco: Freeman.

FINSTERBUSCH, Kurt. 1973. «The Sociology of Nation States: Dimensions, Indicators, and Theory.» In *Comparative Social Research: Methodological Problems and Strategies,* herausgegeben von Michael Armer und Allen Grimshaw, 417–466. New York: John Wiley and Son.

FINSTERBUSCH, Kurt. 1983. «Consequences of Increasing Scarcity on Affluent Countries.» *Technological Forecasting and Social Change* 23: 59–73.

GORE, Al. 1992. *The Earth in Balance: Ecology and the Human Spirit.* Boston: Houghton Mifflin. – Deutsche Ausgabe 1994. *Wege zum Gleichgewicht. Ein Marshallplan für die Erde.* Frankfurt: Fischer.

GURR, Ted Robert. 1985. «On the Political Consequences of Scarcity and Economic Decline.» *International Studies Quarterly* 29: 51–75.

HEILBRONER, Robert. 1992. *An Inquiry into the Human Prospect: Looked at Again for the 1990s.* New York: W. W. Norton.

KAPLAN, Robert D. 1994. «The Coming Anarchy.» *Atlantic Monthly* (Feb.): 44–76.

LENSKI, Gerhard. 1966. *Power and Privilege. A Theory of Social Stratification.* Chapel Hill: University of North Carolina Press. – Deutsche Ausgabe 1973. *Macht und Privileg. Eine Theorie der sozialen Schichtung.* Frankfurt/Main: Suhrkamp.

MILBRATH, Lester W. 1989. *Envisioning a Sustainable Society: Learning Our Way Out.* Albany: State Univ. of New York Press.

OPHULS, William, und A. Stephen BOYEN, Jr. 1992. *Ecology and the Politics of Scarcity Revisited: The Unraveling of the American Dream.* New York: W. H. Freeman.

SCHNAIBERG, Allan, und Kenneth Alan GOULD. 1994. *Environment and Society: The Enduring Conflict.* New York: St. Martin's Press.

TILLY, Charles. 1978. *From Mobilization to Revolution.* Reading, Mass.: Addison-Wesley.

Joseph A. Tainter

7 Grundlagen und Zusammenhänge heutiger Konflikte

Mit dem Ende des Kalten Krieges sind anscheinend überall kulturell definierte Konflikte aufgebrochen, die von nirgendwo zu kommen scheinen. Sie traten derart plötzlich, mit solcher Intensität und an so vielen Orten auf, dass sie oberflächlich als etwas völlig Neues erscheinen. In Erklärungsversuchen von Journalisten heißt es dann, diese Konflikte seien nicht wirklich neu, und es fallen typischerweise Schlagworte wie «alte Stammeskonflikte». Diese Begriffe verbergen mehr, als sie enthüllen. Tatsächlich liegen die Ursprünge heutiger Konflikte in geschichtlichen Ereignissen und Vorgängen, die zeitlich und räumlich weit entfernt sind.

Ihrem Wesen nach ist Geschichte eine Chronik reaktiver Prozesse. Die meisten Gesellschaften und viele Menschen müssen sich zunächst einmal an andere Gesellschaften und andere Menschen anpassen; reaktive Prozesse sind nicht nur für vieles verantwortlich, was das politische System unserer heutigen Welt ausmacht, sondern auch für dessen vermutlich bevorstehende Auflösung. Wenn man den Wettbewerb zwischen den europäischen Staaten, ihre globale Expansion und ihre Kolonisierungsbestrebungen sowie die Reaktion eines Großteils der Welt auf die euroamerikanische Vorherrschaft im historischen Zusammenhang sieht, kann man die heutigen Konflikte verstehen. Solange Politiker/innen, Diplomaten und internationale Expertinnen und Experten, die mit der heute üblichen Gewalt konfrontiert sind, weder die Ursprünge dieser Probleme noch ihre reaktive Natur verstehen, behindert sie dies massiv in ihrer Arbeit. Die gegenwärtigen Gewaltausbrüche sind Folgen historischer Prozesse; diese müssen wir verstehen, um diese Gewalt begreifen zu können.

Anhand zweier Formen von reaktiven historischen Prozessen lassen sich viele Probleme verdeutlichen, denen sich die Welt heute gegenübersieht. Der erste Prozess ist der Wettbewerb, der dann entsteht, wenn Gemeinwesen mit gleichwertigem Militärpotenzial um die Vorherrschaft ringen. Der zweite Prozess ist das Muster, mit dem ein Großteil der Welt auf 500 Jahre europäischer Expansion und 150 Jahre euro-amerikanischer Vorherrschaft reagiert hat. Gemeinsam haben diese Prozesse das Fundament für die zerstörerischen Kräfte der gegenwärtigen Weltpolitik gelegt.

Wettbewerb in der europäischen Geschichte

Zumindest während der letzten 4000 Jahre war Wettbewerb zwischen Gesellschaften, die sich in Bezug auf Bevölkerung, Territorium, Technologie, Organisation, Pro-Kopf-Produkt und Militärkraft auf etwa gleicher Ebene befanden, einer der grundlegenden historischen Prozesse. Man bezeichnet diese Gesellschaften als *peer polities*, was so viel wie gleich starke Gemeinwesen bedeutet. Beispiele sind die «Streitenden Reiche» in der Zerfallsphase der Zhou-Dynastie in China, die Stadtstaaten der mykenischen Zeit und des klassischen Griechenlands, die italienischen Stadtstaaten in der Antike, im Mittelalter und in der Renaissance, ferner die südlichen Tiefland-Maya, Europa im Mittelalter und in der Renaissance und schließlich unsere gegenwärtige Epoche. Für *peer polities* ist es charakteristisch, dass ihre Entwicklung hauptsächlich von ihrer gegenseitigen Interaktion und nicht von der Reaktion auf eine dominante Macht oder die Beziehungen zwischen Kernregionen und peripheren Regionen geprägt ist.

Im typischen Fall stehen *peer polities* gleichzeitig in einer Handels- und in einer Wettbewerbsbeziehung. Wenn die natürlichen oder die finanziellen Ressourcen ausreichen, können *peer polities* über Generationen oder sogar Jahrhunderte dauernde Konflikte austragen. Im ihrem Verlauf kommt es zu endlosen Manövern, um Vorteile zu erlangen, Allianzen zu bilden und aufzulösen, sowie zu ständigen Versuchen, auf Kosten von Nachbarn den eigenen Einfluss oder das eigene Territorium zu vergrößern bzw. die Nachbarn daran zu hindern. Der für *peer polities* typische Wettbewerb wirkt in vielen Bereichen stimulierend: Größe und Komplexität von Militärsystemen wachsen, die Dimension der Kriegführung nimmt zu, Innovationen in Technologie, Strategie, Taktik und Logistik werden gefördert, und es findet eine Reorganisation der Gesellschaft statt, um die Wettbewerbsfähigkeit zu unterstützen.

Vor 1815 herrschte in Europa fast ständig irgendwo Krieg. Vom 12. bis zum Ende des 16. Jahrhunderts bekriegten sich Frankreich, England und Spanien einen Großteil der Zeit (zwischen 47 Prozent und 92 Prozent in jedem Jahrhundert). Im gesamten 16. Jahrhundert findet man kaum ein Jahrzehnt, in dem in ganz Europa Frieden herrschte. Im 17. Jahrhundert gab es nur 4 echte Friedensjahre, im 18. Jahrhundert waren es 16 Jahre.

Die Entwicklung von Belagerungsgeschützen im 15. Jahrhundert beendete den Vorteil der Burgen und erzwang einen Wandel der Verteidigungsstrategie und -technologie. Seit dem frühen 15. Jahrhundert baute man Befestigungsmauern, die das Gewicht der zur Verteidigung eingesetzten Kanonen tragen konnten. Kurz darauf wurden Festungsmauern errichtet, die auch einem Beschuss standhalten konnten. Um 1560 hatte man bereits alle Elemente einer so genannten *trace italienne* entwickelt: eines Befestigungssystems aus niedrigen, dicken Festungswällen mit spitzwinkligen Bastionen und bisweilen mit zusätzlich weit vorgeschobenen Außenforts. Das war wirksam, aber teuer. Die Stadt Siena gab beispielsweise 1553 so viel Geld für die Errichtung ihrer Befestigungsanlage aus, dass keine Mittel für die Armee oder Flotte übrig blieben. Und so wurde Siena von Florenz annektiert, gegen das die Befestigungen ursprünglich errichtet worden waren.

Es konnte Monate oder Jahre dauern, einen derart befestigten Ort einzunehmen. Die Angriffsstrategen entwickelten kompliziertere Belagerungsmethoden, die wiederum teurer waren. Eine Belagerungsarmee von vielleicht 50'000 Mann musste vor Ort für Wochen oder Monate unterhalten werden. Eine derartige Armee benötigte pro Tag 165'000 Pfund Mehl und 2500 Schafe oder 250 Rinder. Das war mehr, als für die Ernährung einer Stadt (außer den größten Städten in Europa) nötig war. Territorialfürsten konnten es sich nicht länger leisten, effektive Befestigungen zu erbauen, zu verteidigen oder anzugreifen. Die feudal regierten ländlichen Regionen waren nicht mehr in der Lage, Ressourcen zur Kriegführung aufzubringen, nur mehr die kapitalistisch geprägten Städte waren dazu noch fähig.

Ähnliche Entwicklungen gab es im Bereich der Feldschlachten. Im 14. und 15. Jahrhundert machten Truppen mit Bogenschützen und Pikenträgern die Ritter zu Pferd überflüssig. Diese Innovationen wiederum wurden allmählich durch die Feuerwaffen verdrängt. Da die Befehlshaber durch Manövrieren versuchten, Vorteile auf dem Schlachtfeld zu erlangen, entwickelte man Taktiken, um die Wirksamkeit und Effizienz der Feuerbefehle zu steigern. Training und Koordination auf dem Schlachtfeld wurden immer wichtiger. Ungebildete Soldaten mussten sich mit Waffen vertraut machen, die zum damaligen Zeitpunkt hochmodern waren. Die Soldatenlinien mussten sich auf ein Signal hin öffnen und schließen. Ein Sieg wurde abhängig von der richtigen Kombination von Infanterie, Kavallerie, Feuerwaffen, Kanonen und Reservekräften, und in ganz Europa wurden Handbücher zum Exerzierwesen verfasst.

England, die Niederlande, Schweden, Dänemark und Norwegen, Frankreich und Spanien waren die Seemächte dieser Epoche. Zwischen 1650 und 1680 stockten die fünf nördlichen Mächte ihre Flotten von 140'000 auf 400'000 Tonnen auf. Auch diese Marinestrategie führte zu einem Anstieg an Komplexität und Kosten. So gab James IV. von Schottland im Jahr 1511 das Schiff *Great Michael* in Auftrag; die Baukosten beliefen sich fast auf die Einnahmen eines halben Jahres, und die Heuer für die Seeleute verschlang 10 Prozent seines Jahresetats. Die *Great Michael* verrottete schließlich im Hafen von Brest, nachdem sie 1514 an Frankreich verkauft worden war.

Der Krieg erfasste ständig größere Teile der Gesellschaft und wurde dementsprechend zu einer noch größeren Belastung. In mehreren europäischen Staaten nahm die Größe der Armeen von 1500 bis 1700 um das Zehnfache zu. 1691 umfasste die Armee Ludwigs XIV. 273'000 Soldaten; fünf Jahre später waren es 395'000 Mann, und damit stand ein Viertel aller Franzosen unter Waffen. Kastilien verlor von 1560 bis 1659 etwa 11 Prozent seiner erwachsenen männlichen Bevölkerung in den andauernden Kriegen.

Während die Größe der Armeen im 18. und 19. Jahrhundert weiter anwuchs, entwickelten sich neue Spezialgebiete. Fertigkeiten wie Landvermessung und Kartographie gewannen an Bedeutung. Genaue Uhren und statistische Dokumentation waren gefragt. Einige Armeen führten im 18. Jahrhundert ihre eigene Druckpresse mit sich. Die Organisation wurde immer komplexer. Stab und Verwaltung wurden getrennt. Armeen marschierten nicht mehr als Gesamtheit, sondern konnten in kleinere Einheiten aufgeteilt werden, die sich auf Befehl selbständig fortbewegten. Schlachten konnten bis zu mehreren Monaten dauern. Im Jahr 1793 begann die Mobilmachung in Frankreich. 1812 marschierte Napoleon auf 400 Kilometer breiter Front mit einer Armee von 600'000 Mann in Russland ein, wobei er 1146 Feldgeschütze mitführte.

Trotz all dieser Neuentwicklungen befand sich die Bodenkriegführung mehr oder weniger in einem Patt. Es gab einige dauerhafte Durchbrüche. Die neuen militärischen Technologien wie auch die dazugehörigen Söldner konnten von jeder Macht gekauft werden, die genug Geld besaß. Keine Nation konnte einen dauerhaften technologischen Vorteil erringen. Drohte eine Nation wie Spanien oder Frankreich die Vorherrschaft zu erlangen, so wurden Allianzen gebildet, um dieser Macht zu begegnen. Deshalb dauerten die größeren Kriege dieser Epoche lange, und die Entscheidung kam eher durch mehrere kleine Siege und die langsame Aushöhlung der Wirtschaft des Feindes zustande. Die besiegten Nationen waren schnell wieder zum Kampf bereit. Landkriege mussten von flankierenden Maßnahmen begleitet werden, die schließlich globale Ausmaße annahmen. Die europäischen Kriege wurden zu einem Kampf um Macht und Einfluss in Übersee.

Als Ludwig XII. 1499 zu einem Feldzug nach Italien aufbrach, fragte er, was für den Sieg nötig sei. Die Antwort war: «Nur drei Dinge, Geld, Geld und noch einmal Geld.» Als alles Militärische in Umfang und Komplexität wuchs, wurde die Finanzierung zur Hauptbelastung. Die Staaten gaben einen immer größeren Teil ihrer Einkünfte für Kriege aus. Im Jahr 1513 verwendete England zum Beispiel 90 Prozent seines Haushalts fürs Heerwesen, im Jahr 1657 waren es 92 Prozent. In Frankreich gab die Regierung ihr Geld hauptsächlich für die Kriegführung aus, im Jahr 1643 waren diese Ausgaben doppelt so hoch wie die jährlichen Regierungseinkünfte.

Die größeren Staaten begannen, ihre Kriege mit Krediten zu finanzieren. In Spanien stiegen die Staatsschulden trotz der Einfuhr von Edelmetallen aus den Kolonien der Neuen Welt von 6 Millionen Dukaten im Jahr 1556 auf 180 Millionen ein Jahrhundert später, und spanische Militäroperationen wurden häufig durch Zahlungsunfähigkeit behindert. Die

Kosten für Kriegsanleihen stiegen von 18 Prozent Zinsen um 1520 auf 49 Prozent um 1550. Frankreich und Spanien mussten beide häufig Zahlungsunfähigkeit erklären oder eine Senkung der Zinssätze erzwingen. Vom Anfang des 16. bis zum Ende des 18. Jahrhunderts erschlossen sich zuerst die Niederländer und anschließend die Engländer verlässliche kurzfristige und langfristige Kredite und konnten damit ihre finanziellen Engpässe überwinden. Sie achteten darauf, die Zinsen pünktlich zu zahlen, und erhielten deshalb günstigere Darlehensbedingungen als andere Staaten. England und die Niederlande nutzten diesen Vorteil, um die Gegner Frankreich und Spanien zu besiegen, die zwar reicher waren, aber für die Kreditgeber ein hohes Kreditrisiko darstellten.

Globale Folgen der europäischen Kriege

Der europäische Wettbewerb förderte die technologische Innovation, die Entwicklung der Wissenschaft, politische und finanzielle Transformationen und die globale Expansion. Die Entwicklung einer Seestreitmacht und der Erwerb von Kolonien wurden zu strategischen Aspekten in der festgefahrenen europäischen Kriegssituation. Europäische Kriege betrafen und veränderten schließlich die gesamte Welt. 1914 hatten die europäischen Nationen und ihre «Ableger» 84 Prozent der Erdoberfläche vollständig unter ihrer Kontrolle.

Da der Landkrieg in Europa keine dauerhaften Vorteile brachte, war die Ausdehnung des Wettbewerbs auf die globale Arena die logische Konsequenz. Der Wettbewerb dehnte sich aus auf den Handel, die Eroberung von Überseeterritorien, die Gründung von Kolonien, den Angriff auf gegnerische Kolonien und das Kapern der Reichtümer aus diesen Kolonien. Die Ressourcen aus Übersee wurden benötigt, um den europäischen Wettbewerb zu unterstützen. Bis zum 19. Jahrhundert wurden diese Gesellschaften fast ausschließlich durch Sonnenenergie versorgt. Der schwedische Nachschub bestand im 17. Jahrhundert fast vollständig (87 Prozent) aus erneuerbaren Energien. Da Schweden keine Kolonien außerhalb der Region besaß, wurde fast die Hälfte des schwedischen Exports von Forstprodukten zur Finanzierung von Kriegen im Ausland eingesetzt. Gesellschaften, die ihre Energie aus Sonnenenergie bezogen und diese bis zu den Grenzen ihrer technischen Möglichkeiten ausnutzten, konnten ihren Reichtum hauptsächlich dadurch vermehren, dass sie einen größeren Anteil der Erdoberfläche kontrollierten, um so mehr Sonnenenergie für sich zu nutzen. Man musste sich deshalb die Erzeugnisse fremder Länder sichern, um den europäischen Wettbewerb zu subventionieren. Neue Ressourcen wurden in diesen kleinen Teil der Welt geleitet. Durch diese Konzentration globaler Ressourcen konnten europäische Konflikte ein Maß an Komplexität und Kosten erreichen, die mit europäischen Ressourcen allein niemals möglich gewesen wären.

Wettbewerb nach dem Prinzip der *peer polities* zwang die Europäer nicht nur, fremde Länder und Ressourcen ausfindig zu machen, sondern garantierte ihnen praktisch auch den Erfolg dieses Manövers. Die Pattsituation in den bewaffneten Konflikten förderte eine ständige Innovation auf dem Gebiet von Technologie, Organisation, Strategie, Taktik und Logistik. Jede Macht, die ihren Gegnern auf diesem Feld nicht gewachsen war, riskierte Niederlage und Unterwerfung. Eine Nation, die diesen Prozess überlebte, war schließlich so erfahren in der Kriegführung, dass außerhalb ihrer *peer group* (Gruppe von Gleichen) unter Umständen keine andere Militärmacht mehr existierte, die ihr gewachsen war. Durch diesen unerbittlichen Druck auf die europäischen Staaten, ihre Kriegführung ständig zu verbessern, hatten sie außerhalb von Europa gewöhnlich einen Wettbewerbsvorteil gegenüber anderen Völkern. Immer wieder in den letzten 500 Jahren haben relativ kleine europäische Mächte viel größere Mächte in der Neuen Welt, in Afrika und Asien besiegt.

Die europäische Expansion bereitete die Bühne für eine ununterbrochene Kette von reaktiven Prozessen in der restlichen Welt. Ein Verständnis dieser reaktiven Prozesse ist der zweite historische Faktor, der nötig ist, um die ethnopolitischen Probleme zu verstehen, mit denen wir heute konfrontiert sind.

Reaktionen auf die globale europäische Expansion

Eine Epoche von mehr als 400 Jahren kolonialer Expansion, gefolgt von einem Jahrhundert der westlichen ökonomischen und kulturellen Durchdringung der gesamten Welt, hat zu einem Weltsystem geführt, in dem sich die meisten Menschen teilweise in Reaktion auf Europa und Amerika definieren müssen. Es war unvermeidlich, dass sich viele Menschen in Opposition zur euro-amerikanischen Vorherrschaft sehen würden. Durch diese Reaktion haben sich Bewegungen wie der islamische Fundamentalismus, der *Sendero Luminoso* (der Leuchtende Pfad) sowie Fälle von reaktivem Ethnonationalismus entwickelt. Was oft nicht erwähnt und typischerweise missverstanden wird, ist die Tatsache, dass die europäische Expansion auch Gewalt *zwischen* nicht westlichen Volksgruppen verursacht hat.

Diese Reaktionen begannen mit den frühesten Phasen der europäischen Expansion. Überlegungen zur Häufigkeit, mit der indigene Völker Konflikte austrugen (untereinander und mit Europäern), und zur Vehemenz dieser Konflikte sind von Europäern mit ganz unterschiedlichem Hintergrund angestellt worden. Angefangen mit HOBBES, hat die Art der Kriegführung bei diesen Völkern bis zum heutigen Tag zu vielen soziologischen Spekulationen geführt, zum Beispiel über die Natur des Krieges in nicht staatlichen Gesellschaften, über die Rolle des Konflikts in der Entwicklung von staatlichen Institutionen und sogar über die angeblich aggressive Natur unserer Spezies. Diese Gewalt ist von Anfang an missverstanden worden.

Von Beginn an veränderte die europäische Expansion die indigenen Gesellschaften. Die unmittelbaren Folgen waren Krankheit, Einführung neuer Pflanzen und Tiere und technologischer Wandel. Derartige Auswirkungen erreichten diese Gesellschaften häufig schon vor den Europäern selbst, sodass sogar die ersten Schilderungen indigener Gesellschaften manchmal Menschen beschrieben, die schon einen deutlichen Wandel durchlaufen hatten. Zu diesen Veränderungen gehörten stammesübergreifende Bündnisse und ethnische Gruppierungen. Stämme und ethnische Gruppen haben sich anscheinend als Reaktion auf expandierende Staaten gebildet und haben möglicherweise vor der Einführung des Gebildes «Staat» nicht existiert.

In der Ära der europäischen Expansion war der Zugang zu europäischen Gütern der Ausgangspunkt für viele Konflikte zwischen indigenen Völkern wie auch zwischen ihnen und den Europäern. Der Warenverkehr über Staatsgrenzen hinweg ist schon seit langem ein Element von Beziehungen zwischen Staaten und Nichtstaaten. Die europäische Expansion vervielfachte diesen Faktor durch ihre Kapazität zur Massenproduktion. Europäische Waren wurden von indigenen Völkern nicht nur als Gebrauchsgegenstände geschätzt, sondern auch deshalb, weil sie Teil der sozialen Beziehungen wurden. Fabrikwaren wurden eingesetzt, um Statusansprüche zu bestätigen, und waren eng mit Kriegen und Allianzen verwoben. Häufig hatte Krieg unter indigenen Völkern beziehungsweise zwischen diesen Völkern und Europäern mit dem Zugang zu europäischer Technologie zu tun.

Diese Punkte lassen sich anhand der Yanomamö aus dem Amazonasbecken veranschaulichen. Sie waren bei Anthropologen seit langem wegen ihrer kriegerischen Verhaltensweisen bekannt; die breite Öffentlichkeit erfuhr unter Stichworten wie *The Fierce People* von ihnen (so der Untertitel eines Buchs von Napoleon A. CHAGNON, 1968). Darin werden die Yanomamö als Menschen im Urzustand gemäß HOBBES dargestellt, das heißt im Zustand des «Krieges aller gegen alle», in dem alle nicht staatlichen Völker angeblich einstmals lebten. Analysen von Brian FERGUSON (1995) haben jedoch gezeigt, dass nichts Ursprüngliches oder ihnen Angeborenes an ihrer Gewalt ist. Jeder nachgewiesene Konfliktfall bei den Yanomamö ist im Gegenteil direkt oder indirekt mit dem Zugang oder der Kontrolle von Fertigwaren verbunden. Yanomamö mit direktem Zugang zu westlichen Gütern versuchen, für diese ein Monopol zu halten. Dadurch entstehen Spannungen mit den weiter entfernten Dörfern und sogar innerhalb der Dörfer. Das Problem des Güterzugangs zeigt sich nicht nur durch Gewalt, sondern auch durch Veränderungen in den Sippenbeziehungen, Standortwechsel von Dörfern, Zusammensetzung der Bevölkerung, Bündnisse zwischen Dörfern, Feste, wirtschaftliche Spezialisierung und Austausch, in der Autorität von Häuptlingen und der Behandlung der Yanomamö als kultureller Gesamtheit. Fabrikwaren haben die Gesellschaft der Yanomamö so stark verändert, dass man nicht davon ausgehen kann, ihr aktueller Zustand widerspiegle präzise die Gesellschaft vor Kontakt mit den Europäern. Überdies haben möglicherweise ausgerechnet Anthropologen, die bei ihren Besuchen bei den Yanomamö Fertigwaren mitgeführt haben, ungewollt die Ereignisse von «ursprünglicher» Gewalt ausgelöst, die sie dann beschrieben haben.

Die Irokesen im Nordamerika der Kolonialzeit waren eine Gruppe unabhängiger «Nationen», die häufig wegen ihrer Wildheit und territorialen Ambitionen erwähnt wurden. Möglicherweise sind die irokesischen Konflikte zwar in vorgeschichtlicher Zeit entstanden, doch in historischer Zeit hatten die Irokesen Kriege in einem Ausmaß geführt, das in keinem Verhältnis zu ihrer durch Krankheit dezimierten Bevölkerungsgröße stand. Dies hing eng mit ihrem Bedürfnis nach europäischen Waren zusammen. Da Musketen neuerdings wichtig für die Kriegführung waren und die lokale Versorgung mit Biberpelzen abnahm, sahen sich die Irokesen im 17. Jahrhundert an den Rand gedrängt und von Ausrottung bedroht. Sie mussten an Pelze gelangen, um sie gegen Musketen einzutauschen. Gleichzeitig waren die Menschenverluste durch von den Europäern eingeschleppte Infektionskrankheiten so hoch, dass die Irokesennationen ihre Bevölkerung ständig mit Kriegsgefangenen und Flüchtlingen ergänzen mussten. Die Irokesen begannen, Kanuflotten in Kanada aufzulauern, um Pelze zu erbeuten, und weiteten aus demselben Grund auch ihre Jagdgebiete aus. Ihre Kriege gingen letztendlich darum, an europäische Güter zu kommen.

Als Grenzgefechte in koloniale Verwaltungsakte und schließlich in Beziehungen zwischen unabhängigen Staaten übergingen, diente der europäische Nationalstaat als Vorlage für politische und ökonomische Prozesse. Die fundamentalen reaktiven Prozesse veränderten sich jedoch nicht. Viele der heutigen Konflikte lassen sich auf die Expansion, Vorherrschaft und Einmischung der Großmächte zurückführen. Politische und territoriale Zustände in früheren Kolonien wie auch im früheren osmanischen, österreichisch-ungarischen und sowjetischen Imperium haben dazu geführt, dass die dort lebenden Menschen, die eine Machtposition in den staatlichen Institutionen anstreben, ihre Unterschiede betonen. Völker, die jahrhundertelang nebeneinander existiert haben, betonen jetzt den «traditionellen» Charakter ihrer Konflikte. Es entstehen neue kulturelle Identitäten, wie bei den Maya in Guatemala, aber auch in Tadschikistan. Offensichtlich war Ethnogenesis eine Politik der früheren UdSSR. Auch der Widerstand der Beduinen gegen israelische Versuche, sie ethnisch zu klassifizieren, macht die Rolle des Staates bei der ethnischen Formung sichtbar. Wie ein beduinischer Schuldirektor einst klagte: «Als ob es nicht genug wäre, was sie [die israelische Verwaltung] uns antun, jetzt sagen sie uns auch noch, dass wir eine ethnische Gruppe sind.» (JAKUBOWSKA 1992, 85)

In vielen Fällen hat koloniale Politik kulturelle Feindseligkeiten verschlimmert oder erst geschaffen. Als die Briten zum Beispiel die Muslime als indische Herrscher ablösten, setzten sie Hindus in der kolonialen Verwaltung ein und betonten die Unterschiede zwischen den Religionen. Hindus wurden auf englische Schulen geschickt und als niedere Beamte eingestellt. Muslime besuchten überwiegend islamische Schulen, wo der Lehrstoff eher religiös orthodox als säkularisiert und fortschrittlich ausgerichtet war. In der postkolonialen Phase wurde das Entstehen des Nationalismus bei Muslimen, Hindus und Sikhs durch anhaltende Armut, den fehlenden Zugang zur Macht und die Enttäuschung über westliche Modelle der «Modernität» gefördert. Politiker in ganz Südasien nutzen diese zunehmend stärker betonten kulturellen Verschiedenheiten zu ihrem eigenen Vorteil aus und provozieren damit Gewaltausbrüche. In so einer Situation können skrupellose Führungspersönlichkeiten schnell eine feindselige Atmosphäre schaffen und zum Zweck weiterer politischer Ambitionen manipulieren.

Die Tragödie in Rwanda hat sich tief ins Bewusstsein der Welt eingeprägt. Die wirklichen Ursprünge dieses Konflikts sind in der Öffentlichkeit aber kaum bekannt. Nach Alex de WALL (1994) fanden europäische Kolonialherren vor einem Jahrhundert im heutigen Rwanda ein zentralistisches Königreich vor; es bestand aus zahlreichen Clans sowie drei Gruppen, die hauptsächlich durch ihre Tätigkeit definiert waren. Die europäischen Verwalter formten diese «Berufshierarchie» in eine angebliche Rasseneinteilung um. Die belgischen Missionare behaupteten, die herrschende Tutsi-Minorität besitze kulturelle und «rassische» Wurzeln in Äthiopien und stünde damit Europa näher. Da die Tutsi zum katholischen Glauben konvertierten, übernahmen sie diese neue «Geschichte», um ihre anhaltende Herrschaft zu legitimieren. Hutu-Landarbeiter mussten hingegen ein mühevolles Leben führen.

Kurz vor der Unabhängigkeit Rwandas änderten die Belgier 1959 ihre Politik und damit auch die Gesellschaftsordnung in Rwanda. Sie halfen mit, die Tutsi-Monarchie zu beseitigen und eine Hutu-Republik einzusetzen. Die Hutu haben sich seither den Mythos zu Eigen gemacht, die Tutsi stammten nicht aus Rwanda, und haben sie als Ausländer geschmäht. Mittlerweile ist die Tatsache irrelevant, dass die «ethnischen» und «rassischen» Identitäten der Tutsi und Hutu vor nicht allzu langer Zeit durch eine Macht von außen geschaffen wurden. In den gegenseitigen Verfolgungen und Kämpfen um die Kontrolle in Rwanda hängt das Überleben jetzt davon ab, dass sie ethnische Gruppen *sein müssen*.

In den 1930er-Jahren gaben die Belgier Personalausweise aus, auf denen die Menschen als Tutsi, Hutu oder Twa (Jäger-und-Sammler, eine niedrige Kaste, die in heutigen Medienberichten nicht auftauchen) bezeichnet wurden. Da die belgische Verwaltung diese Rassentypologie in der Praxis nicht verwirklichen konnte, klassifizierte man die Menschen nach dem Besitz von Vieh. Alle Menschen mit zehn oder mehr Stück Vieh wurden auf immer zu Tutsi, wer weniger hatte, war ein Hutu. Diese Personalausweise existieren noch immer und haben dazu gedient, die Menschen in den jüngsten Massakern zu kategorisieren. Eine derartige Unterscheidung führte zum Tod von 500'000 Menschen.

Wege aus der Krise

Es gibt keinen einfachen Ausweg für Probleme, die sich über so lange Zeit entwickelt haben. Der wichtigste Schritt ist Verständnis. Am realistischsten ist es, nicht von Sofortlösungen zu reden, sondern die Probleme so gut zu verstehen, dass sie durch Eingreifen nicht verschlimmert werden. Jeder Konflikt stellt nur den Endpunkt einer langen Reihe von früheren Ereignissen und Prozessen dar. In unserer Arroganz bezüglich der Geschichte können wir die Zusammenhänge zwischen den heutigen Zwangslagen nicht sehen. Der erste Schritt zu einem Ausweg liegt darin, die lange Geschichte zu verstehen, die die heutigen Ereignisse verursacht. Sobald dieses Verständnis da ist, können die nächsten Schritte auf den Faktoren aufbauen, die zu den Konflikten führen (zum Beispiel Reaktionen auf äußere Kräfte), statt diese Schritte auf Vereinfachungen von Journalisten oder auf Illusionen lokaler Führungspersönlichkeiten zu gründen. Nicht nur die in den Konflikt Eingreifenden sind verpflichtet, die historischen Zusammenhänge der Gewalt zu verstehen, sondern auch die Teilnehmer des Konflikts haben diese Aufgabe. Verständnis gibt ihnen die Chance, zwischen der Fortführung des Konflikts oder einer anderen Reaktion zu wählen.

Europäische Expansionen haben immer ein ähnliches Reaktionsmuster ausgelöst, das aus Tribalisierung und Ethnogenesis, Verstärkung der kulturellen Identität und Gewalt bestand. Die Konfliktursachen reichen von der Kontrolle über westliche Fertigwaren bis zur Kontrolle über nach Westmodell funktionierende Regierungen. Man kann diese Muster überall entdecken: in historischer Zeit bei den Irokesen, in den letzten Jahrzehnten bei den Yanomamö und heute bei öffentlich wahrgenommenen, aber auch bei öffentlich nicht beachteten Konflikten. In Gebieten wie dem Balkan, Iran, Zentralasien, Rwanda, Burundi, Somalia, Liberia und Sierra Leone wird die Gewalt von kulturellen und politischen Reaktionen auf Einmischungen von außen geformt. Obwohl sich diese Konflikte in ihrer Form unterscheiden, ist ihnen allen der Faktor gemein, dass sie zumindest teilweise eine Antwort auf frühere koloniale, imperiale oder andere globale Mächte sind. Dort, wo die Gewalt sich auf europäische oder US-amerikanische Übergriffe konzentrierte, fanden die Großmächte das zwar unangenehm, aber verständlich. Ein Großteil der gegenwärtigen Gewaltausbrüche erscheint jedoch so unverständlich, weil sie nach innen gerichtet sind. Europäer und Amerikaner haben nicht begriffen, dass ihre eigene Expansion sehr viele der heute als kulturell definierten Konflikte gefördert hat. Von der Kriegführung im Europa des Mittelalters und der Renaissance führt ein direkter Weg zur globalen Expansion und zum Kolonialismus und weiter zu den heutigen Ereignissen in Rwanda, Peru und Indien.

Aus dieser Diskussion ergeben sich zwei Implikationen für das Verständnis heutiger und zukünftiger Schwierigkeiten. Wenn wir diese Implikationen begreifen, finden wir die ersten Schritte zum Ausweg. Erstens: Wir müssen unseren Standort in der Geschichte erkennen. Historische Muster, die sich über Generationen oder sogar Jahrhunderte entwickeln können, bilden den Kontext der gegenwärtigen Gewalt. Auf dem Balkan sehen wir zum Beispiel mehr als ein Jahrhundert nach dem Ende der Türkenherrschaft das Vermächtnis des Osmanischen Reiches. In der Trennung zwischen katholischen Kroaten und orthodoxen Serben erkennen wir immer noch das Vermächtnis der Teilung des Römischen Reichs im Jahr 395 nach Christus. Selten kann ein Individuum im Verlauf eines Lebens die Ursprünge eines Ereignisses oder Prozesses vollständig verstehen. Verharren wir jedoch in Ignoranz, was die Ursprünge unserer heutigen Probleme angeht, so verdammen wir uns selbst zu einem ungeeigneten Problemmanagement, und wir verdammen damit andere, die Folgen dieses Missmanagements zu tragen. Es ist Unsinn, zu glauben, wir könnten unter Berücksichtigung der heutigen Zustände die Zukunft im 21. Jahrhundert vorhersagen, wenn wir das Zustandekommen der Gegenwart nicht verstehen. Um mit politischen und kulturellen Problemen umzugehen, müssen wir wissen, wo wir in der Geschichte stehen.

Westliche Nationen, die Konflikte lindern oder verwalten wollen, müssen zuerst begreifen, dass ihre eigene Geschichte viele dieser Probleme verursacht hat. Wenn es so ist, dass die heutigen Konflikte als Antwort auf europäische politische und wirtschaftliche Expansion entstanden sind, birgt jede Einmischung das Risiko, zukünftige Reaktionen zu provozieren. Auf einer Ebene kann man das klar erkennen. Videoclips, die zum Beispiel von muslimischen Fundamentalisten im Libanon, von der Regierung des Irak und von den bosnischen Serben lanciert werden, sollen ganz eindeutig in westlichen Nachrichtensendungen gezeigt werden. Oder die von den Tutsi dominierte Patriotische Front von Rwanda (RPF) hatte ihren Herrschaftsanspruch für Rwanda dadurch legitimiert, dass sie beteuerte, ihr Kampf beruhe eher auf sozialem Wandel als auf Ethnizität, ihre Truppen seien diszipliniert, und sie wollten keine Rache an den Hutu, sondern nur Gerechtigkeit. Diese Botschaften sind für europäische und amerikanische Ohren bestimmt. Jenseits dieser offensichtlichen Reaktionen auf die westliche Einmischung sind subtilere und weiter reichende Konsequenzen möglich. Zu diesen Rückwirkungen gehören anhaltende Ethnogenesis, weitere Intensivierung bereits existierender kultureller Identitäten und das Entstehen neuer kulturell definierter Konflikte. Wenn Länder Interventionen in Weltkonflikte planen, müssen sie sich darüber im Klaren sein, dass die Beteiligung von mächtigen Nationen *immer* unvorhersehbare Reaktionen fördert.

Eine zweite Implikation betrifft die westliche Sicht von kulturellen Konflikten. Viele Menschen in westlichen Nationen (unglücklicherweise auch Journalisten) nehmen an, dass kulturelle Konflikte angeboren und unwandelbar sind und automatisch zu Gewalt führen. Die journalistische und auch ein Teil der wissenschaftlichen Berichterstattung neigt zum «Erklären» dieser Gewalt als einer irrationalen, aber unvermeidlichen Folge «alter Stammesfehden». Man nimmt an, in den heutigen Manifestationen kultureller Unterschiede drückten sich sowohl die historischen als auch die «natürlichen» Trennungen und Unterschiede unserer Art aus.

Das Gegenteil trifft zu: Kulturelle Differenzierung in heutigen Konflikten ist flexibel und beweglich, sie reagiert auf Geschichte, äußere Stimuli und absichtliche Manipulation. Die Konflikte in Zentralasien sind ein deutliches Beispiel, dort entstehen neue kulturelle Identitäten (wie in Usbekistan), die sehr stark durch die Beteiligung ausländischer Mächte gefördert werden. In Regionen wie dem Balkan manipulieren «ethnische Unternehmer» (*ethnic entrepreneurs*, ein Ausdruck, der von Airat AKLAEV von der Russischen Akademie der Wissenschaften vorgeschlagen wurde) die kulturelle Identität als Mittel für politische Mobilisierung. Diese Manipulation verdeckt gelegentlich absichtlich die zugrunde liegenden Fragen. Ein oberflächlicher Beobachter kann leicht annehmen, die Konflikte zwischen den kulturellen Gruppen seien Konflikte *um* die Kultur. Häufig sind es Konflikte um die Beziehungen zum Westen, um die Beziehungen lokaler Gruppen zu Regierungen nach Westmodell oder, wie in Somalia und Liberia, um die Kontrolle dieser Regierungen. Ein Verweis auf die Kultur hebt in derartigen Wirren die moralische Autorität des politischen Anspruchs und spricht tiefe Emotionen an. Leider ist diese Strategie bei der politischen Durchsetzung erfolgreich. Wenn kulturelle Behauptungen die wirklichen Fragen verschleiern, verpasst man zwangsläufig die potenziellen Auswege, sofern man nur die kulturelle Ebenen berücksichtigt.

Die Konflikte des 21. Jahrhunderts können nicht vermieden oder gesteuert werden, wenn wir nur konventionelle kurzfristige Faktoren bedenken. Die vorliegende Analyse entwirft ein komplexes Bild, in dem sich reaktive historische Prozesse mit Knappheit, Macht, Politik und Kultur verbinden oder auch unabhängig davon wirken können, um zu Gewalt zu führen. Auch die Implikationen, um Gewalt im 21. Jahrhundert zu verhindern, sind von komplexer Natur: Nichts kann bei der Konfliktsteuerung schwieriger sein, als zu wissen, dass schon die Intervention selbst zu weiterer Gewalt führen kann (wie wir in Sierra Leone sehen). Zweifellos werden sich viele Personen, die in der krisengeschüttelten Welt der internationalen Beziehungen arbeiten, nur ungern die Mühe machen, sich auch mit den ganzen historischen Zusammenhängen auseinander zu setzen. Legen wir jedoch die einfache Prämisse zugrunde, dass Probleme nur selten lösbar sind, wenn wir ihre Ursachen nicht verstehen, dann ist historisches Wissen der erste Schritt in Richtung Ausweg. Diplomatinnen und Diplomaten, Politiker und Politikerinnen sowie Konfliktparteien können nicht auf langfristige Lösungen hoffen, wenn sie nicht zuerst begreifen, wie wichtig es ist, unseren Standort in der Geschichte zu kennen.

Weiterführende Literatur

FERGUSON, R. Brian. 1995. *Yanomami Warfare: A Political History.* Santa Fe: School of American Research Press.

FERGUSON, R. Brian, und Neil L. WHITEHEAD (Hrsg.). 1992. *War in the Tribal Zone: Expanding States and Indigenous Warfare.* Santa Fe: School of American Research Press.

KENNEDY, Paul. 1987. *The Rise and Fall of the Great Powers. Economic Change and Military Conflict from 1500 to 2000.* New York: Random House. – Deutsche Ausgabe 1989. *Aufstieg und Fall der großen Mächte. Ökonomischer Wandel und militärischer Konflikt von 1500 bis 2000.* Frankfurt/Main: Fischer-Taschenbuch-Verlag.

PARKER, Geoffrey. 1988. *The Military Revolution: Military Innovation and the Rise of the West, 1500–1800.* Cambridge: Cambridge Univ. Press. – Deutsche Ausgabe 1990. *Die militärische Revolution. Die Kriegskunst und der Aufstieg des Westens 1500–1800.* Frankfurt/Main: Campus.

SUNDBERG, Ulf, et al. 1994. «Forest EMERGY Basis for Swedish Power in the Seventeenth Century.» *Scandinavian Journal of Forest Research 1 (supp.).*

TAINTER, Joseph A. 1992. «Evolutionary Consequences of War.» In *Effects of War on Society,* herausgegeben von Giorgio Ausenda, 103–130. San Marino, Calif.: Center for Interdisciplinary Research on Social Stress.

TAINTER, Joseph A. 1998. «Competition, Expansion and Reaction: The Foundations of Contemporary Conflict.» In *The Coming Age of Scarcity: Preventing Mass Death and Genocide in the Twenty-first Century,* herausgegeben von Michael N. Dobkowski und Isidor Wallimann, 174–193. Syracuse: Syracuse Univ. Press.

WALL, Alex de. 1994. «The Genocidal State: Hutu Extremism and the Origins of the ‹Final Solution› in Rwanda.» *Times Literary Supplement* 4761 (1. Juli): 3–4.

Teil 3

Fallstudien über Knappheit und Massensterben

Einleitung

Die tragischen Gewaltausbrüche, die wir vor kurzem in Bosnien, Somalia, Osttimor und Rwanda erlebt haben, besitzen einige gemeinsame Wurzeln. Knappheit kann eine Vorbedingung sein, die Gruppenkonflikte in Gang setzt und sie in virulente ethnische Gewalt verwandelt, wie wir sie immer häufiger erleben. Es könnte sich dabei um einen Vorboten von völkermörderischen Vorfällen und Tendenzen handeln, die nur noch ausgeprägter werden, wenn sich Probleme wie Ressourcenverknappung und der wachsende Bevölkerungsdruck in den kommenden Jahrzehnten weiter verschärfen. Wenn sich diese aktuellen ökologischen und demographischen Trends rasch so weiterentwickeln, wird dies zusätzlichen Druck auf bereits instabile soziale und politische Systeme in den betroffenen Teilen der Welt ausüben. Dabei handelt es sich, wie Roger SMITH, David SMITH und Waltraud MORALES darlegen, genau um diejenigen Weltregionen, in denen viele der Genozide seit 1945 stattgefunden haben. Um zu vereiteln, was wohl wahrscheinlich, wenn nicht unvermeidlich ist, wie Leon RAPPOPORT argumentiert, müssen wir unsere Paradigmen, was Werte, Psychologie, Politik und wirtschaftliche Organisation angeht, umfassend verändern. Die Autoren und die Autorin dieses letzten Teils beschäftigen sich mit der wachsenden Bedrohung durch Genozide und bieten Lösungsmöglichkeiten an.

Roger W. Smith

8 Knappheit und Genozid

Genozid (Völkermord) ist nicht unvermeidlich, er ist eine politische Entscheidung. Aber politische Entscheidungen, einschließlich Genozid, werden von vielen verschiedenen äußeren und inneren Kräften beeinflusst. Knappheit wird dabei bereits in nicht so ferner Zukunft zunehmend eine Rolle spielen.

Die Frage nach der Beziehung zwischen Knappheit und Genozid ist wichtig, zum einen, um die Ursachen von Genoziden zu verstehen, zum anderen, um das Risiko für zukünftige Genozide im 21. Jahrhundert abzuschätzen. Wenn sich die gegenwärtigen Trends – eine Kombination aus Umweltzerstörung, Verlust von Ackerland, Erschöpfung der Fischbestände, Schwinden der Brennstoffvorräte und einer Verdopplung der Weltbevölkerung auf rund elf Milliarden Menschen im Verlauf des 21. Jahrhunderts – fortsetzen, so wird dies in vielen Teilen der Welt zu außerordentlich harten Lebensbedingungen, wenn nicht gar zu einer Katastrophe führen. Diese Regionen, die vorwiegend in der Dritten Welt liegen, sind genau die Gebiete, in denen ein Großteil der Genozide seit 1945 stattgefunden hat.

Die Genozide in Bangladesch, Burundi, Kambodscha, Indonesien und Rwanda sind jedoch nicht durch materielle Knappheiten ausgelöst worden. Tatsächlich war Genozid – abgesehen von einigen Ausnahmen, auf die wir später noch zu sprechen kommen werden – nur selten eine Folge materieller Not; ganz im Gegenteil war materielle Not oft eine direkte Folge von Genozid. Dennoch wäre es in einer Welt, die im 20. Jahrhundert eine beispiellose Fähigkeit zu Massenmord demonstriert hat, überraschend, wenn schwere Mangelzustände nicht bereits vorhandene Tendenzen verschärften, soziale und politische Probleme durch Eliminierung der Gruppen zu lösen, die man für die Verursacher des Problems hält.

Knappheit ist ein Konzept, welches das Relative und das Absolute umfasst. Diejenigen Menschen, die an Überfluss und Fülle gewöhnt sind, werden unter Umständen bereits eine leichte Verringerung der Güter, die *ihnen zur Verfügung* stehen, als Knappheit begreifen; desgleichen fühlen sie sich vielleicht schon schlechter gestellt, wenn andere ihren materiellen Lebensstandard verbessern, während sie auf ihrem alten Niveau verharren. Bei diesen Beispielen ist Knappheit nicht nur relativ, sondern auch ein psychologisches Problem: Verlangen wird mit Bedarf verwechselt. Psychologische Knappheit ist eine wichtige Facette des *developmental genocide* (Genozid durch die moderne wirtschaftliche Entwicklung), des Schicksals vieler indigener Völker in der Vergangenheit und wahrscheinlich auch in der Zukunft. Zwar haben viele Philosophen im «Verlangen» und seiner Kontrolle das entscheidende Problem gesehen, doch gemäß moderner Auffassung, die auch der Vorstellung von Fortschritt und Entwicklung zugrunde liegt, sind die Ausweitung des Verlangens und das ständige Bemühen, die dadurch geschaffenen Erwartungen zu befriedigen, die Hauptgründe für unsere soziale Existenz. Es ist diese künstliche Knappheit, einer aus dem Verlangen statt aus dem Bedarf geschaffenen Knappheit, welche zu einem großen Teil die Entwicklungsprojekte antreibt, die das Leben indigener Völker im Namen des «Fortschritts» zerstört haben. Knappheit kann aber auch gleichzeitig absolut *und* materiell sein: Ohne Nahrung und Wasser sterben wir natürlich nach einiger Zeit.

Materiell gesehen, kann Knappheit mindestens zwei verschiedene Formen annehmen. Erstens kann es zu einer Ressourcenverknappung kommen – wenig landwirtschaftlich nutzbares Land, Wälder, die erschöpft sind, seit langem ausgebeutete Bodenschätze. Einige dieser Ressourcen lassen sich erneuern, während andere einfach nicht mehr da sind. Ob Ressourcen erneuerbar sind oder nicht, ist *per se* ein wichtiger Aspekt bei der Überwindung der Knappheit und ihrer Rolle als Auslöserin von mörderischen Auseinandersetzungen. Zweitens können Ressourcen aufgrund der Bevölkerungsgröße knapp sein: Selbst wenn alle Güter gleichmäßig verteilt würden, würde noch immer allgemeine Armut herrschen. Um diese Art von Knappheit zu verhindern, müssten entweder die materiellen Ressourcen erhöht werden (man denke zum Beispiel an die grüne Revolution in der Landwirtschaft) oder die Bevölkerung müsste verkleinert werden.

Zusätzlich zur beschriebenen psychologischen und materiellen Knappheit gibt es eine Form der Knappheit – politische Knappheit –, bei der sowohl materielle als auch politische Deprivation eine Rolle spielen. Wo politische Knappheit herrscht, gibt es unter Umständen genügend Ressourcen, um die Bedürfnisse aller zu erfüllen, doch die Verteilung begünstigt gewisse Gruppen und diskriminiert andere. In der Praxis gehen Ressourcenmangel und eine wachsende Bevölkerung häufig miteinander einher, was beides zu einer Politik der ungleichen Güterverteilung beitragen kann. Derartige Situationen findet man oft in ethnisch geteilten («pluralen») Gesellschaften, und sie tragen dazu bei, Forderungen nach Gleichbehandlung laut werden zu lassen, Forderungen, die oft mit Unterdrückung und bei andauerndem Konflikt mit dem Versuch eines partiellen oder totalen Genozids beantwortet werden. Gewaltentrennung, Schutz von Grundrechten und Gleichbehandlung könnten viel dazu beitragen, Schwierigkeiten zu überwinden, die sich anderenfalls durch schwindende Ressourcen und Bevölkerungswachstum verschärfen.

Die Beziehungen zwischen Genozid und Knappheit lassen sich wie folgt beschreiben. Zunächst einmal führt Genozid in der Regel zu Knappheit: Er ruft soziales Chaos hervor, zerrüttet die Wirtschaft, zerstört das Leben vieler hunderttausend, wenn nicht gar Millionen von Menschen, die Talente und produktive Fähigkeiten besitzen; zudem lenkt Genozid die Täter selbst von ihrer Rolle im Wirtschaftsleben ab und verwandelt sie in Menschen, die zerstören, statt produktiv und kreativ zu sein. In Extremfällen, wie in Rwanda, kann die wirtschaftliche Produktion völlig zum Erliegen kommen. Begünstigt durch Hungersnöte, vergiftete Wasserquellen und mangelnde Hygiene können sich überdies Krankheiten in der Bevölkerung ausbreiten. Wo es im Rahmen eines Krieges zum Völkermord kommt, wie in Bosnien, erleiden Wohnhäuser, Betriebe und die Umwelt selbst oft allesamt schwere Schäden, was zu einer zusätzlichen materiellen Not führt.

Selbst wenn der Genozid die beabsichtigten Opfer am stärksten trifft, sind auch die Täter nicht immun gegen die Knappheit, die der Massenmord hervorruft. So starben beispielsweise in Kambodscha hunderttausende von Menschen, mit denen die Roten Khmer eine neue bäuerliche Gesellschaft aufbauen wollten, durch Hungersnöte, die die Agrarpolitik der neuen Herrscher mit sich brachte. Obwohl humanitäre Hilfe in Form von Nahrung und Medikamenten zur Verfügung stand, wollten die Roten Khmer diese Hilfe aus ideologischen Gründen nicht annehmen: Ihre Vision war die einer selbstgenügsamen bäuerlichen Gesellschaft; wenn Nahrung knapp war, dann, so das Regime, aufgrund von Sabotage durch «Feinde der Revolution», nicht etwa wegen eines Fehlschlagens des revolutionären Konzepts an sich.

Täter sind unter Umständen so darauf fixiert, eine bestimmte Gruppe von Menschen zu vernichten, dass sie nicht bedenken, welche Folgen ihre Handlungen für sie selbst haben. Oder sie erkennen zwar die Konsequenzen, doch das Kalkül, mit dem sie Kosten und Nutzen abschätzen, basiert auf Ideologie, Vergeltung oder Machtstreben, und nicht auf dem eigenen materiellen Wohlergehen.

Es gibt eine Form von Genozid, wo die Knappheit fast vollständig zu Lasten der Opfer geht. Beim Genozid an bedrohten Völkern aus ökonomischen Gründen (*developmental genocide*) ist es das Land der indigenen Bevölkerung, das «entwickelt», das heißt enteignet, wird, sodass ihnen die Ernährungsgrundlage verloren geht. Die Täter ihrerseits gewinnen Land, Gold, Holz oder billige Elektrizität mittels Staudämmen, die auf diesem Land errichtet werden.

Knappheit als Folge von Völkermord kann kurzfristig (zum Beispiel ein zeitweiliger Nahrungsmangel) oder anhaltend sein (wie in Bosnien, wo ein Großteil aller Häuser zerstört oder schwer beschädigt wurde). In einigen Fällen hält der wirtschaftliche Schaden sogar über Generationen an: Jahrzehnte nach dem Völkermord an den Armeniern 1915 sind Landstriche in der Osttürkei, die einst höchst produktiv waren, noch immer völlig verödet.

Direkter Konflikt wegen knapper Ressourcen ist ein anderes, immer wiederkehrendes Thema. Es gibt drei Situationen, die einen derartigen direkten Konflikt wahrscheinlich machen, und in allen dreien kann es zu Völkermord kommen. Die erste Situation entsteht durch Migration in Gebiete, die bereits von anderen Gruppen besetzt sind. Ein wohl bekanntes Beispiel dafür ist der Auszug der Israeliten aus Ägypten, ihre Wanderung nach Kanaan und die daraus resultierenden Kriege um Ressourcen, die in den frühen Büchern der Bibel stets als Vernichtungskriege beschrieben sind. Migration selbst wird unter Umständen durch den Mangel an adäquaten Ressourcen ausgelöst, doch in der modernen Welt häufiger durch Verfolgung, Krieg und Völkermord.

Zweitens ist ein direkter Konflikt um materielle Ressourcen auch dort wahrscheinlich, wo Ressourcen, die sich in den Händen indigener Völker befinden, von anderen zur «Entwicklung» vorgesehen werden. Ein Großteil der Knappheit, welche von denjenigen empfunden wird, die diese Entwicklung vorantreiben, basiert auf einem Mangel an Überfluss und nicht auf wirtschaftlicher Not.

Eine weitere Form von Knappheit, die dabei eine Rolle spielt, ist die *Fehlverteilung* von Ressourcen, insbesondere von Land, und nicht ein *Mangel* an Ressourcen. Einer der Gründe, warum politische und ökonomische Eliten so viel Gefallen an Entwicklung (oder auch an «Fortschritt») finden, ist, dass diese «Entwicklung» eine Art Sicherheitsventil darstellt, um die Frustrationen der Landlosen und der Verarmten zu kanalisieren, ohne dass irgendeine Neuverteilung der von den Eliten gehaltenen Ressourcen erforderlich wäre. Die Kosten dieser Entwicklung werden vielmehr von den Menschen getragen, deren Land enteignet wird. Es gibt gegenwärtig weltweit rund 200 Millionen indigener Menschen, von denen die meisten bereits einem zunehmenden Druck hinsichtlich einer stärkeren und produktiveren Nutzung von Ressourcen ausgesetzt sind. Wenn man davon ausgeht, dass das 21. Jahrhundert ein Zeitalter der Knappheit wird, sieht die Zukunft dieser Menschen düster aus.

Die dritte Ausgangsbasis für einen direkten Konflikt um Ressourcen ergibt sich, wenn ein Staat zusammenbricht, aber keine Gruppierung die gesamte Macht oder Kontrolle erringen kann. Wenn ein Staat kollabiert und die Sicherheit von Leben und Eigentum nicht mehr garantieren kann, ist zu erwarten, dass die Knappheit zunimmt und dies zu einem Kampf um grundlegende Ressourcen führt.

Im Prinzip kann eine dominante Gruppe aus dem Nichts erwachsen und eine repressive Ordnung aufstellen. Es ist jedoch auch möglich, dass zahlreiche Gruppierungen den Konflikt viele Jahre auf niedrigem Niveau «köcheln» lassen, wobei alle Seiten wiederholt völkermörderische Attacken unternehmen. Genozid wäre in diesem Fall nicht mehr die Ausnahme, sondern Teil eines zerstörerischen Gleichgewichts. Unter diesen Bedingungen wäre das Leben sehr wahrscheinlich «armselig, gemein, brutal und kurz». In dieser Situation verwischt sich jede Unterscheidung zwischen Krieg und Verbrechen bzw. Krieg und Völkermord.

Die Geschichte des Genozids liefert auch viele Beispiele für Völkermorde, die primär durch schlichtes Aushungern der Opfer begangen wurden. Im Altertum war Kriegführen gleichbedeutend mit Genozid; wenn eine befestigte Stadt Widerstand leistete, gingen die Angreifer zur Belagerung über und schnitten die Eingeschlossenen von jeder weiteren Lebensmittel- und Trinkwasserzufuhr ab. Schließlich mussten die Menschen in der Stadt verhungern oder kapitulieren, woraufhin sie getötet oder versklavt wurden. Während der spanischen Eroberung von Mexiko wurden die Indianer durch Hunger zur Unterwerfung gezwungen, denn ihre Nahrungsvorräte wurden konfisziert und ihre Ernte verbrannt. Ein modernes Beispiel war die stalinistische, menschengemachte Hungersnot von 1932/1933 in der sowjetischen Ukraine, bei der rund fünf Millionen Ukrainer verhungerten, die meisten von ihnen waren Bauern, die das beschlagnahmte Getreide produziert hatten. Eine kalkulierte Politik, um Bauern in eine kollektive Landwirtschaft zu zwingen und einen wachsenden ukrainischen Nationalismus zu zerstören, führte innerhalb von zwei Jahren zum Tod von fast 20 Prozent der Bevölkerung.

Knappheit, besonders in ihrer psychologischen und politischen Form, spielt seit Jahrhunderten eine Rolle bei Völkermorden; materielle Knappheit ist hingegen seltener Ursache für Massentötungen. Weitere Motive sind Eroberungswille, Vergeltung, Dominanz und im Fall bestimmter Ideologien die völlige Umgestaltung der Gesellschaft, um Rettung und «Säuberung» zu erreichen. Viele der Motive und Zwänge, die zu Völkermord führen können, existieren zwar seit alters her und werden vermutlich auch weiterhin existieren, doch wir treten möglicherweise in ein Zeitalter ein, in dem Knappheit in ihren vielen Formen zunehmend mit darüber entscheidet, ob Machthaber Genozide veranlassen oder nicht. In diesem Zusammenhang umfasst «Knappheit» die Erschöpfung und Zerstörung natürlicher Ressourcen, geringes Pro-Kopf-Einkommen aufgrund des Bevölkerungswachstums sowie ungleiche Ressourcenverteilung. Sie schließt auch die psychologischen und politischen Knappheiten ein, die eine Rolle beim Genozid von indigenen Völkern und Minderheiten in pluralen Gesellschaften spielen. Jede Form von Knappheit kann Umstände fördern, die einen Völkermord wahrscheinlicher werden lassen: Dazu gehören Konflikte um Ressourcen, Umsiedlungen und die daraus resultierenden Spannungen zwischen verschiedenen Bevölkerungsgruppen, Verteilung von Ressourcen nach rassischen, religiösen oder ethnischen Gesichtspunkten (was zu Forderungen nach Autonomie oder Unabhängigkeit führt) und eine Schwächung der staatlichen Legitimität, gefolgt von Revolution, Sezession oder wachsendem Autoritarismus, der die sozialen und politischen Probleme mit Gewalt zu lösen versucht. Unter diesen Umständen können sich auch neue Ideologien entwickeln, die wahrscheinlich im Rahmen von ethnischer Zugehörigkeit oder Religion formuliert werden. In einigen Fällen wird der Staat in verschiedene, einander bekämpfende Gruppen zerfallen, von denen zwar keine die Herrschaft erringen, aber eine einzelne andere Gruppen in immer wieder aufflammenden Kämpfen dezimieren kann. Und schließlich erwachsen aus Völkermord neue, insbesondere materielle Knappheiten, die das Fundament für weitere Gewalt in der Zukunft legen.

Um ein Beispiel für die möglichen Auswirkungen von Knappheit anzuführen, die zum Völkermord beiträgt: Wo die Legitimität des Staates oder der herrschenden Gruppe in einer pluralen Gesellschaft angegriffen wird, wird das alte Regime wahrscheinlich zu autoritären Mitteln greifen, um sich an der Macht zu halten. Doch dadurch entfremdet es die Minderheiten, die es zuvor von der Macht ausgeschlossen hat, noch stärker. Durch diese Entfremdung wird die Autorität der Elite noch weiter herausgefordert, die darauf mit noch mehr Gewalt, einschließlich Massakern, antwortet. Dieses Beispiel ist klassisch; es zeigt, wie es in ethnisch geteilten, pluralen Gesellschaften zum Völkermord kommt. Wenn materielle Knappheit hinzukommt – die sich in Zukunft wahrscheinlich verschärft –, dann werden zunehmend Ansprüche an die Machthaber gestellt. Diese Ansprüche werden aufgrund von Ressourcen- und Kompetenzmangel oder mangelnder Fairness nicht erfüllt, was die Legitimität der Herrschaft der dominanten Elite weiter aushöhlt. In solchen Situationen liegt es nahe, gegenüber den Forderungen hart durchzugreifen, aber auch, die knappen Ressourcen noch entschiedener nach ethnischen Gesichtspunkten zu verteilen und die Mitglieder der herrschenden Klasse zu begünstigen. Das Ergebnis könnte man zum Teil als «Politik der Identität» bezeichnen – eine Politik, bei der man seine eigenen Leute favorisiert, zum Teil aber diejenigen Bürger/innen belohnt, die den Machthabern loyal erscheinen. Im Endergebnis geht das Regime in Zeiten der Knappheit von seinem üblichen Muster der Diskriminierung zu einer Politik über, die die Not vergrößert und im Extremfall ins Elend führt. Wenn die Schwächsten der Gesellschaft die Möglichkeit haben, Widerstand zu leisten, dann löst diese Gewalt ihrerseits eine neue Spirale der Unterdrückung aus: Es beginnt mit Massakern, die möglicherweise eine bestimmte Gruppierung an ihrem Platz halten, und endet unter Umständen mit Völkermord, dem Versuch, diese Gruppe völlig zu vernichten.

In diesem Szenario treffen ein bestimmter Typ von Gesellschaft (plural), ein bestimmter Typ von Regime (autoritär), ein bestimmter Typ von Politik (ungleichmäßige Ressourcenverteilung), eine Herausforderung für diese Politik (durch die als minderwertig angesehene und von der Macht ausgeschlossene Gruppe) und materielle Knappheit (aus welchen Gründen auch immer) aufeinander und bilden eine tödliche Mischung.

Einem Völkermord vorbeugen

Genozidforscher/innen möchten verstehen, warum es zu einem solchen extremen Gewaltausbruch kommt und warum er sich gegen bestimmte Gruppen richtet. Hinter der Suche nach Verständnis steht jedoch nicht nur der Wunsch nach Erkenntnis, sondern auch das Bemühen, Wege zu finden, um dieses Wissen zur Verhinderung künftiger Genozide einzusetzen. Wie bereits erwähnt, ist Genozid keineswegs ein unausweichliches Schicksal, dennoch gibt es einige begünstigende Elemente, und wenn man sie überwinden kann, steigt die Wahrscheinlichkeit, einem Genozid vorzubeugen. Dieses Kapitel schließt mit ein paar Überlegungen über mögliche Maßnahmen, die die Verbindung zwischen Völkermord und Knappheit durchbrechen können.

Die Maßnahmen fallen in zwei große Kategorien. Erstens stellt sich die Frage, wie mit Knappheit umgegangen werden sollte, ohne dass Regime sich unter Druck fühlen, Völkermord zu begehen. Zweitens stellt sich die allgemeinere Frage, wie man Völkermord verhindern kann, selbst wenn sich ein derartiger Druck nicht völlig abbauen lässt.

Knappheit verringern

Wie wir gesehen haben, kann Knappheit eine Reihe verschiedener Formen annehmen: Es gibt psychologische, politische und materielle Varianten. Lassen Sie uns diese Formen nacheinander betrachten.

Die psychologische Erwartung einer ständig wachsenden materiellen Befriedigung ist in der modernen Weltsicht tief verwurzelt, doch statt zu versuchen, die Natur zu beherrschen, könnten wir sie respektieren, mit ihr zusammenarbeiten und uns als Teil der Natur betrachten, von deren Existenz unser Überleben abhängt. Ein anderer Ansatz wäre es, darauf aufmerksam zu machen, dass beispielsweise das Abholzen des Regenwaldes nicht die beste Nutzung dieser Ressource ist, und dass viele Großprojekte in «Entwicklungsländern» Fehlschläge waren, die zahlreiche Menschenleben gekostet, Unsummen verschlungen und die Umwelt geschädigt haben.

Deprivation (Mangel) ist zudem der Pfeiler politisch definierter Knappheit. Sie enthält drei Elemente: Deprivation in Bezug auf Macht, materiellen Wohlstand und Respekt. Plurale Gesellschaften zeigen diese Formen von Deprivation häufig, was wiederum zu einer Herausforderung der autoritären Strukturen führt und dadurch Repressionen und erneute Forderungen nach Gleichheit oder Autonomie nach sich zieht – ein Teufelskreis, der ohne Eingreifen von außen in Völkermord endet. Tatsächlich wurde Genozid im 20. Jahrhundert in den meisten Fällen von politischer Knappheit ausgelöst, die aus Dominanz und Ausschluss erwuchs. Betroffen sind also nicht nur gespaltene Gesellschaften, sondern auch autoritäre Regierungen.

Die Bedingungen, um einen Völkermord abzuwenden, der unter anderem aus politischer Knappheit erwächst, sind ziemlich klar. Machtteilhabe in irgendeiner Form ist notwendig. Welche Form genau sie haben müsste, kann von Gesellschaft zu Gesellschaft variieren, doch denkbar wären zum Beispiel Föderalismus, ein gewisser Grad an Autonomie der Gruppierungen, bestimmte Posten oder ein bestimmter Prozentsatz an Posten beim Militär, in der Verwaltung oder im Parlament, der für die Mitglieder der zuvor unterdrückten Gruppierung reserviert wird. Eine solche Teilhabe an der Macht würde Gerechtigkeit bei der Güterverteilung erfordern. Und schließlich wären eine gewisse Akzeptanz der Minderheit sowie der Abbau von Zerrbildern und Vorurteilen unabdingbar, die als Rechtfertigung für die Ungleichbehandlung dieser Gruppe gedient haben.

Diese Bedingungen lassen sich leicht aufzählen, doch Gesellschaften haben ihre eigene Geschichte, und ihre sozialen Ordnungen sind kein Zufall. Die Alternative zu einer Veränderung der existierenden Verhältnisse ist eine Intervention von außen.

Die dritte Form von Knappheit ist die offensichtlichste und diejenige, die am schwierigsten zu überwinden ist. Materielle Knappheit hat zwei mögliche Ursachen: Entweder sind die Ressourcen nicht verfügbar, oder sie sind derart beschädigt, dass sie nicht mehr produktiv sind und der Pro-Kopf-Ertrag aufgrund des Bevölkerungswachstums unter Umständen gesunken ist. Die Lösungen für Ressourcenverknappung und Bevölkerungsexplosion sind sowohl technischer als auch politischer Natur. Überdies sind diese beiden Ursachen für Mangel so stark miteinander verflochten, dass es unmöglich ist, ein Problem ohne das andere zu lösen.

Ein hohes Bevölkerungswachstum tritt meist genau in den Gesellschaften auf, die es sich am wenigsten leisten können, in Regionen, die bereits unter Ressourcenmangel leiden oder deren Regierungen Ressourcen so verteilen, dass bestimmte Gruppen begünstigt und andere benachteiligt werden. Berücksichtigt man die existierenden Spannungen in solchen Gesellschaften, dann führt rasches Bevölkerungswachstum geradewegs zu noch größerem Mangel, zu Gewalt und einem möglichen Genozid. Der Teufelskreis des Mangels verschlimmert beides, weil die vorhandenen Güter nun unter mehr Menschen aufgeteilt werden müssen und weil Versuche zur Produktivitätssteigerung (insbesondere, was Wohnraum und Nahrung angeht) häufig zu schweren ökologischen Schäden führen und damit die Kapazität, den materiellen Bedarf zu decken, weiter schmälern.

In der Vergangenheit ist die Bevölkerungsdichte innerhalb eines bestimmten Territoriums immer wieder durch Abwanderung, Krankheit, Hungersnöte, Krieg und Völkermord verringert worden. Diese Faktoren werden wohl auch in Zukunft eine Rolle spielen, doch auch weniger apokalyptische Visionen sind möglich, die allerdings in ihrer Durchführung nicht frei von Schwierigkeiten sind. Hohe Geburtenraten sinken in der Regel, wenn vier Bedingungen erfüllt sind: eine geringe Sterberate, eine relative Verbesserung des Lohns, die Möglichkeit zu Familienplanung und

Geburtenkontrolle sowie die Gleichstellung der Frau. Dort, wo diese Bedingungen nicht erfüllt sind, wird sich das Bevölkerungswachstum höchstwahrscheinlich fortsetzen, was eine zunehmende Verarmung und dauerhafte Umweltschäden nach sich zieht.

Das Problem der Ressourcenknappheit ist gleichermaßen schwierig zu lösen, doch man kann einen gewissen Fortschritt erzielen, wenn sich die Populationsgröße stabilisieren lässt. Allzu oft bestand die Antwort auf Bevölkerungswachstum darin, Mittel einzusetzen, die zwar zeitweilig Erleichterung bringen, doch auf Dauer zu noch größerer Ressourcenverknappung führen.

Institutionelle und politische Maßnahmen

Knappheiten verschärfen die Bedingungen, die Völkermord als Mittel zur Problemlösung begünstigen, doch dies gilt nur für Gesellschaften, die bereits durch rassische, religiöse oder ethnische Schranken geteilt sind und von einem autoritären Regime gelenkt werden. Diese Erkenntnis führt uns zu der allgemeineren Frage, wie sich Genozid selbst dann verhindern lässt, wenn nicht der gesamte Druck, der durch Knappheit hervorgerufen wird, aufgehoben werden kann.

Man kann zahlreiche Schritte unternehmen, um einen Genozid zu verhindern. Staaten und internationale Organisationen können das Prinzip von «Zuckerbrot und Peitsche» verfolgen, um soziale und politische Veränderungen in geteilten, repressiven Gesellschaften zu unterstützen. Gesellschaften, denen man zutraut, zum Mittel des Völkermordes zu greifen, können identifiziert und streng überwacht werden. Frühwarnsysteme für die Wahrscheinlichkeit eines Genozids würden Regierungen und internationalen Körperschaften Zeit geben, über geeignete Gegenmaßnahmen zu entscheiden. Öffentlichkeitsarbeit und die Mobilisierung der Bürger/innen durch NGO, die sich für Menschenrechte einsetzen und Handlungsdruck auf Regierungen ausüben, sind in diesem Zusammenhang ebenfalls wichtig. Das internationale Recht kann durch die Schaffung eines ständigen Tribunals gestärkt werden, das über diejenigen Menschen zu Gericht sitzt, die Kriegsverbrechen, Verbrechen gegen die Menschlichkeit und Genozid begangen haben. Zudem muss das Recht auf humanitäres

Eingreifen anerkannt und zu einem wirksamen Instrument gemacht werden. Gegenwärtig haben einzelne Staaten die Kapazität zu intervenieren, und die Vereinten Nationen können eine Koalition von Mächten zusammenstellen, wie in Bosnien und Somalia. Viel effektiver ist jedoch eine ständige internationale Eingreiftruppe, die rasch eingesetzt werden kann; dies wäre wahrscheinlich auch das beste Mittel, einem Genozid vorzubeugen. Ebenfalls entscheidend ist, dass Staaten ihre Definition von nationalem Interesse so erweitern, dass sie die Verhinderung von Völkermord einschließt, denn ohne diese Voraussetzung werden die anderen Schritte wahrscheinlich gar nicht erst in Gang kommen. Hier laufen Moral und Realpolitik weitgehend zusammen.

Schlussfolgerungen

Viele, wenn nicht alle Strategien zur Verhinderung eines Genozids und zur Verringerung von begünstigenden psychologischen, politischen und materiellen Knappheiten könnten effizient sein, *wenn sie in die Tat umgesetzt würden.* Einen Völkermord zu verhindern, ist jedoch weniger eine Sache des Wissens denn des politischen Wollens. Deshalb stehen für die Zukunft zwei Fragen im Raum, die miteinander verknüpft sind: Werden die Staaten und internationalen Organisationen Genoziden weiterhin mehr oder minder tatenlos zuschauen? Oder wird sich in diesem Jahrhundert am Ende die menschliche Fähigkeit durchsetzen, soziale und politische Probleme auf humane Art und Weise zu lösen?

Wege aus der Krise

Es gibt weder einfache noch garantiert erfolgreiche Lösungen für Probleme wie Knappheit, Genozid oder die zunehmende Wahrscheinlichkeit, dass die materiellen Knappheiten des 21. Jahrhunderts den Druck in Richtung Genozid verschärfen werden – ein Druck, der bereits durch Knappheiten ausgeübt wird, die in der Politik und in modernen Erwartungen wurzeln. Doch es gibt mögliche Lösungen, und selbst wenn diese nicht hundertprozentig erfolgreich sind, könnten sie die Häufigkeit von Genoziden reduzieren.

Wenn Knappheit Völkermord begünstigt, ist jeder Versuch, diese Knappheit zu lindern, sinnvoll. Doch wie wir gesehen haben, gibt es verschiedene Formen von Knappheit. Eine Verringerung der materiellen Knappheit erfordert vor allem einen Rückgang des Bevölkerungswachstums. In diesem Zusammenhang ist es entscheidend, die Stellung der Frau zu verbessern und Familienplanung zu ermöglichen. Um die ständigen Attacken auf das Leben indigener Völker zu verhindern, müssen wir unsere Haltung gegenüber der Umwelt ändern, und führende Kreditgeber müssen mehr Verantwortung für die ökologischen und menschlichen Auswirkungen von «Entwicklungsprojekten» übernehmen. Schließlich ist auf Seiten des globalen Kapitalismus Zurückhaltung erforderlich. Politische Knappheit ließe sich durch Gewaltentrennung und durch die Umwandlung autoritärer in demokratische Regime verringern. Außerdem ist es entscheidend, dass die Wirtschaft die Grundbedürfnisse befriedigen kann.

Auf internationaler Ebene könnten viele Schritte dazu beitragen, Genoziden vorzubeugen. Die wichtigste Maßnahme besteht jedoch darin, dass Regierungen ihr «nationales Interesse» neu definieren und die Verhinderung von Genozid darin einbeziehen. Solange der politische Wille für wirksame Schritte noch nicht da ist, um dieses Verbrechen gegen die Menschlichkeit zu verhindern, wird Genozid eine Möglichkeit bleiben, mit der wir rechnen müssen.

Weiterführende Literatur

ARENS, Richard (Hrsg.). 1976. *Genocide in Paraguay*. Philadelphia: Temple Univ. Press.

CONQUEST, Robert. 1986. *The Harvest of Sorrow: Soviet Collectivization and the Terror-Famine*. New York: Oxford Univ. Press. – Deutsche Ausgabe 1988. *Ernte des Todes. Stalins Holocaust in der Ukraine 1929–1933*. München: Langen Müller.

FEIN, Helen. 1993. «Accounting for Genocide after 1945: Theories and Some Findings.» *International Journal on Group Rights* 1: 79–106.

HIRSCH, Herbert. 1995. *Genocide and the Politics of Memory Studying Death to Preserve Life*. Chapel Hill: Univ. of North Carolina Press.

HOBBES, Thomas. 1960. *Leviathan; or, The Matter, Forme, and Power of a Commonwealth Ecclesiasticall and Civil. 1651*. Nachdruck. Oxford: Blackwell. Deutsche Ausgabe 1996 (7. Aufl.). *Leviathan oder Stoff, Form und Gewalt eines kirchlichen und bürgerlichen Staates*. Frankfurt/Main: Suhrkamp-Taschenbuch Wissenschaft.

HOMER-DIXON, Thomas F. 1991. «On the Threshold: Environmental Changes as Causes of Acute Conflict.» *International Security* 16: 76–116.

KUPER, Leo. 1981. *Genocide: Its Political Use in the Twentieth Century*. New Haven: Yale Univ. Press.

SMITH, Roger W. 1987. «Human Destructiveness and Politics: The Twentieth Century as an Age of Genocide.» In *Genocide and the Modern Age: Etiology and Case Studies of Mass Death*, herausgegeben von Isidor Wallimann and Michael N. Dobkowski, 21–39. Westport, Conn.: Greenwood Press.

— 1998. «Scarcity and Genocide.» In *The Coming Age of Scarcity: Preventing Mass Death and Genocide in the Twenty-first Century*, herausgegeben von Michael Dobkowski und Isidor Wallimann, 199–219. Syracuse: Syracuse Univ. Press.

VAN CREVOLD, Martin L. 1991. *The Transformation of War*. New York: Free Press.

David Norman Smith

9 Globalisierung und Genozid: Ungleichheit und Massensterben in Rwanda

Das Ausmaß und die Intensität des Genozids in Rwanda 1994 überraschte die Welt. In hundert Tagen wurden mehr als 800'000 Menschen umgebracht, und so geriet Rwanda, ein Land, von dem die meisten Menschen kaum jemals zuvor gehört hatten, ins Zentrum der öffentlichen Aufmerksamkeit. Schnell wurden Erklärungen angeboten, die voller Klischees waren. Das Problem, so hieß es, liege bei der Bevölkerung von Rwanda, deren Hass nicht zu zügeln sei. Der Genozid, so erfuhren wir, sei das Ergebnis nicht zu behebender «stammesbedingter» und «ethnischer» Spannungen, die seit langem dort existierten.

Diese Denkweise führte viele Experten schließlich zu dem Schluss, die einzige Hoffnung für Rwanda liege in Kräften von außen: bei den internationalen Geldgebern, sobald sie die «politische Lektion» des Genozids einmal gelernt hatten, beim entsprechend (von außen) reformierten rwandischen Staat, beim freien Welthandel und vielleicht sogar, wenn alles andere versagte, bei einer «Rückkehr zum Kolonialismus».

Diese Perspektive beruht, wie ich zeigen werde, auf einem historischen Missverständnis – und setzt ihre Hoffnung gerade auf diejenigen Kräfte, die den Genozid zunächst einmal angefacht haben. Weit davon entfernt, ein Motor des Genozids zu sein, ist die rwandische Bevölkerung tatsächlich die einzige Kraft, die eine realistische Chance hat, weitere Genozide zu verhindern. Rwandas diverse Probleme – politische, ethnische, militärische, kulturelle, ökonomische und ökologische – erfordern populäre Lösungen, denen sich andere Staaten und globale Organisationen aller Wahrscheinlichkeit nach widersetzen werden.

Vor 1990 betrachteten viele Beobachter/innen Rwanda als eine Oase des Fortschritts im Osten von Zentralafrika, ganz im Gegensatz zu den Nachbarstaaten Zaire, Uganda und Burundi. Die herrschende Partei war seit 1973 an der Macht, und die Situation der Menschenrechte war, wenn von ausländischen Beobachtern auch als «schlecht» bezeichnet, deutlich besser als in vielen Nachbarländern. Tatsächlich hatten viele Schulen, Missionen und NGO, die vor dem Terror in den Nachbarländern geflohen waren, ihren Sitz nach Rwanda verlegt. Rwanda schien auch wirtschaftlich gesund zu sein. Seit 1965 hatte das Land seine Abhängigkeit von der Landwirtschaft stärker als jedes andere Land südlich der Sahara (mit Ausnahme von Lesotho) verringert. In den 1970ern, als das Bevölkerungswachstum die Nahrungsmittelproduktion im übrigen Afrika südlich der Sahara überflügelte, ging es Rwanda besser. Mitte der 1980er wies nur eine Nation südlich der Sahara ein rascheres Wachstum an Agrarexporten auf als Rwanda (diese Exporte bestehen im Falle von Rwanda hauptsächlich aus Kaffee)[1].

Obwohl Rwanda noch immer sehr arm war, befand es sich eindeutig auf dem aufsteigenden Ast. In den 1980ern erkannte die Europäische Union diesen Fortschritt an und lud Rwanda zusammen mit nur drei weiteren afrikanischen Ländern ein, an ihrem Programm für Ernährungsstrategien teilzunehmen. Ein Bericht der Weltbank, der fast ein Jahrzehnt afrikanischer Entwicklung überschaute, zollte Rwanda höchstes Lob.

Als Rwanda 1962 seine Unabhängigkeit gewann, hätten nur wenige Beobachter/innen dem Land eine derart verheißungsvolle Zukunft vorausgesagt. Rwanda war winzig (26'000 km^2), etwa so groß wie Mecklenburg-Vorpommern, ohne Zugang zum Meer, dicht bevölkert und fast vollständig ländlich geprägt. Von bescheidener geopolitischer Bedeutung, war Rwanda sogar für seine Eroberer nicht wirklich attraktiv gewesen. Deutschland, das Rwanda von 1899 bis 1916 regierte, wollte das Land hauptsächlich als Durchgangsland für eine Eisenbahn (die nie gebaut wurde) benützen. Auch Belgien, das sich Rwanda und Burundi im Ersten

---

1 Kaffee ist in Afrika südlich der Sahara der am häufigsten produzierte Exportartikel. Fast die Hälfte der vierzig Nationen, die 1992 in einer Studie untersucht wurden, sind auf Kaffeeproduktion spezialisiert, mehr als 25 Prozent hingegen auf die Baumwollproduktion.

Weltkrieg aneignete, hoffte zunächst, «Ruanda-Urundi» gegen Land anderswo in Afrika einzutauschen. Nachdem dies scheiterte, zwangen die Belgier Rwanda, Nahrungsmittel für die Kupferminenarbeiter in Belgisch-Kongo zu liefern. 1929, als der Kupfermarkt zusammenbrach, zwangen die Belgier die Bauern dazu, Kaffee für den Export anzubauen. Als diese Kaffeeproduktion im Zweiten Weltkrieg einen neuen Höhepunkt erreichte, tötete eine schreckliche Hungersnot 300'000 Menschen – ein Drittel der Gesamtbevölkerung.

Andere Probleme erwuchsen aus der zunehmenden Polarisierung der rwandischen Gesellschaft. Das präkoloniale Rwanda war in zwei große soziale Klassen geteilt, die Tutsi (eine Kriegeraristokratie) und die Hutu-Bauernschaft. Der Schlüssel zur Geschichte Rwandas ist die Tatsache, dass sich der Begriff «Hutu», anders als oft angenommen, nicht auf eine ursprüngliche, ethnisch einheitliche Gruppe, sondern vielmehr auf eine moderne Bauernklasse bezieht, die sich aus einer Vielzahl besiegter Völker zusammensetzte, deren Identität als «Hutu» (wörtlich «Untertan») ihre gemeinsame Unterwerfung unter die Tutsi-Aristokratie widerspiegelte. Das rwandische Reich, das in der späten präkolonialen Ära rasch wuchs, war das gemeinsame Produkt beider Klassen. Als dieses Reich an die Europäer fiel, geriet das empfindliche Gleichgewicht der rwandischen Klassenbeziehungen ins Wanken. Die Tutsi-Lords wurden zu verhassten Arbeitgebern, die von den Belgiern bedrängt wurden, die Bauern dazu anzutreiben, Kaffee für den Weltmarkt zu produzieren.

Nach Abzug der Belgier 1962 spülte eine Welle von Anti-Tutsi-Emotionen ein Hutu-Regime an die Macht, und tausende von Tutsi wurden getötet oder ins Exil getrieben; diese Tutsi waren Opfer einer Bewegung, die viele Zeichen von Rassismus aufwies (weil viele Hutu den belgischen Mythos akzeptierten, die Tutsi als «braune Weiße» seien ihre rassischen Feinde). Der Gewaltkreislauf, der 1994 seinen Höhepunkt erreichen sollte, hatte begonnen.

Der zweite Akt dieser Tragödie entfaltete sich in Burundi, wo eine andere «Tutsi»-Oberschicht auch nach dem Rückzug der Belgier an der Macht blieb. Im Jahre 1972 diente ein Aufflackern von Revolten als Vorwand für 100'000 Morde. Ähnliche Massaker ereigneten sich 1988 und 1993. Der dritte Akt fand in Uganda statt, wohin sich seit den 1920ern mehr als eine Million Rwander geflüchtet hatte, um Hunger oder Verfolgung zu entgehen. 1982 reagierte das Obote-Regime auf eine Revolte im Luwero-Distrikt mit brutaler Unterdrückung, wobei die Rwander oft als Sündenböcke dienten. Rund 300'000 Menschen wurden getötet, darunter etwa 60'000 Rwander.

Nach Obotes Sturz 1986 übernahmen mehrere Rwander in der neuen Museveni-Regierung Führungspositionen – aber dennoch blieben antirwandische Vorurteile lebendig. Viele Exilrwander wollten heimkehren, doch sie wurden immer wieder von der rwandischen Regierung zurückgewiesen. Im Oktober 1990 drangen rwandische Soldaten aus Musevenis Militär, die sich zur Rwandischen Patriotischen Front (RPF) zusammengeschlossen hatten, nach Rwanda vor, um den Hutu-Einparteienstaat durch ein multiethnisches Mehrparteiensystem zu ersetzen. Im April 1994, kurz nach Unterzeichnung des Friedensvertrags, unternahm das Hutu-Regime eine letzte Anstrengung, an der Macht zu bleiben, indem es einheimische Tutsi (vorwiegend Bauern) und Dissidenten massakrierte. Daraufhin nahm die RPF den Kampf wieder auf, gewann den Krieg und machte dem Völkermord ein Ende. Die frühere Regierung und ihre Helfershelfer flohen ins Exil.

Rwanda, die Oase des Fortschritts, war mit anderen Worten zu einem riesigen Schlachtfeld geworden. Warum? Welche Kräfte stürzten Rwanda in diesen Strom von Mord und Massensterben?

Afrika wird seit langem von zahlreichen, außerordentlich blutigen Bürgerkriegen geplagt. Von 1960 bis 1987 wurden 4,5 Millionen Afrikaner/innen südlich der Sahara in Bürgerkriegen, Revolten und anderen inneren Konflikten getötet – weitaus mehr als in Asien oder Lateinamerika.[2] Seit 1987 hat sich der Blutzoll weiter erhöht, denn auch in Sierra Leone, Liberia, Somalia, im Sudan, in Rwanda, Burundi, Eritrea, Äthiopien und im Kongo sind Kämpfe ausgebrochen. Der Grund dafür liegt letztlich – darin sind sich die meisten Beobachter/innen einig – in den inneren Widersprüchen der postkolonialen Regierungen. Diese Widersprüche sind manchmal

---

2 Man beachte, dass Südafrika, wo viele zusätzliche Konflikte stattgefunden haben, bei dieser Zahl nicht berücksichtigt ist.

ethnischer Natur. Aber Ethnizität ist nicht alles, noch verlaufen die Trennungslinien in Afrika so einfach, wie sich viele Außenstehende vorstellen. In Rwanda ist zum Beispiel das, was wie ein ethnischer Konflikt erscheint, in vieler Hinsicht ein Klassenkampf mit partiell ethnischem Charakter. Und es sind auch mächtige globale Kräfte im Spiel, die viele afrikanische Gesellschaften verwüstet haben.

Um diese Punkte zu verstehen, müssen wir uns kurz mit Rwandas Geschichte beschäftigen. Wie ist es beispielsweise wirklich um Rwandas ethnische Zusammensetzung bestellt?

In der frühesten Phase war die Tutsi-Hutu-Verbindung in ihrer Art weitaus ethnischer als in späteren Perioden. Die ersten «Tutsi» (wörtlich «Neuankömmlinge») waren wahrscheinlich Luo sprechende Einwanderer aus dem Norden. Nachdem sie in die Region der Ostafrikanischen Seenplatte gelangt waren, wuchsen sie zu einer Schicht Vieh hütender Krieger mit einem, wie es scheint, eigenständigen ethnischen Profil zusammen. Nicht lange, und einige dieser Neuankömmlinge hatten sich einheimische Bauern untertan gemacht, die so zum ersten Mal zu «Hutu» wurden.

In der nächsten Phase bekamen die Begriffe «Tutsi» und «Hutu» primär eine Klassenbedeutung. Auch wenn die Oberschicht noch immer als Tutsi bezeichnet wurde, so war diese Bezeichnung nicht länger ethnisch. Reiche Hutu konnten durch ein Ritual Tutsi-Status erlangen, und arme Tutsi konnten auf das Niveau eines gewöhnlichen Hutu sinken. In diesem Stadium intervenierte jedoch der Kolonialismus, und es begann eine dritte Phase. Überzeugt, die Tutsi seien durch ihre Rasse bedingt Aristokraten, garantierten ihnen die Kolonialherren aus ausgesprochen rassistischen Gründen viele Privilegien. Dadurch verhärtete sich nicht nur die rwandische Klassenteilung, sondern diese Polarisierung erhielt darüber hinaus einen quasiethnischen Beigeschmack. Auf diese Weise wurden die Tutsi für die Hutu-Bauernschaft zu einer verhassten Volksgruppe. Aus einer Klassenteilung wurde dadurch auch eine quasiethnische Teilung.

«Rassisch» bedingte Feindseligkeiten flammten während der Anti-Tutsi-Pogrome auf, die die Geburt von Rwandas Unabhängigkeit in den Jahren 1959 bis 1964 markierten. Obwohl die meisten in Rwanda verbliebenen Tutsi nun gewöhnliche Bauern waren, schwelten die Animositäten in der nächsten Generation unter der Oberfläche weiter. Die tatsächliche ethnische und selbst die hierarchische Bedeutung der Tutsi-Hutu-Trennung verwischte sich rasch, doch sie blieb ideologisch für viele Rwander sehr real. Ethnizität führt, einmal erfunden, oft zu Ethnozentrismus, und genau das ist offensichtlich in Rwanda geschehen. Und dieser Ethnozentrismus bot dem habgierigen rwandischen Staatsapparat eine Gelegenheit. Anfang der 1990er-Jahre standen die rwandischen Herrscher durch eine Guerillaarmee (die RPF), die internationalen Geldgeber (zum Beispiel IWF und Weltbank) und durch eine bedrohliche Unzufriedenheit der Bauern unter starkem Druck; in dieser Lage hofften die Machthaber, ihre Feinde zu entzweien, indem sie sich noch vorhandene ethnische Feindseligkeiten zunutze machten. Der Genozid bewies, dass der Ethnozentrismus in der Tat eine Kraft ist, mit der gerechnet werden muss.

Neben örtlichen Faktoren gab es auch mächtige internationale Kräfte, die Rwandas Stabilität unterminierten. Historisch gesehen, hingen die destruktivsten dieser Kräfte sämtlich mit dem Weltmarkt zusammen. So sollte man sich beispielsweise daran erinnern, dass selbst der belgische Kolonialismus, was Rwanda betraf, im Wesentlichen von Marktinteressen gelenkt war. Bis 1929 behandelte Belgien Rwanda wie ein Anhängsel des Weltkupfermarktes, und danach machte Belgien die rwandischen Bauern zu Sklaven des Kaffeemarktes. Dies war der entscheidende Punkt der kolonialen Phase und ist auch in der Postkolonialzeit eine grundlegende Realität geblieben. Kaffee und immer wieder Kaffee hat die Polarisierung in Rwanda angefacht. Stets ist Rwanda *gezwungen* worden, für den «freien Markt» zu arbeiten – zuerst von den Belgiern und ihren Tutsi-Adjutanten, dann durch zwei Anti-Tutsi-Regime. Die Folgen waren Massensterben in verschiedenen Formen, von Hungersnot bis Völkermord.

Meiner Meinung nach war die Verbindung zwischen Massensterben und Markt niemals deutlicher als beim zweiten postkolonialen Regime. Die Zweite Republik, die 1973 nach einem Militärputsch unter Leitung von Juvénal Habyarimana gegründet und nach dem Genozid 1994 gestürzt wurde, war eine Ausgeburt von Zwang und Gewalt und gleichzeitig eine Ikone der marktgesteuerten «Entwicklungsstrategien», die den Ideologen des freien Marktes so lieb und teuer sind. Diese Mischung von Qualitäten ist keineswegs seltsam oder ungewöhnlich, wie die Befürworter der Globalisierung gerne denken möchten. Ganz im Gegenteil, der hochgelobte

«Fortschritt» der rwandischen Wirtschaft, der Rwanda für den IWF und die Weltbank so viel versprechend machte, ruhte sicher und fest auf einem Fundament von Zwangsarbeit und einer Bürokratie, die alles von oben nach unten regelte. Rwanda war genau deshalb scheinbar eine Erfolgsgeschichte für die Globalisierung, weil es Zwang einsetzte, um «Entwicklung» zu garantieren. Hier wie auch sonst wo in Afrika südlich der Sahara war Zwangsarbeit das schäbige Geheimnis des «freien Handels».

Als es im Handel kriselte – der Kaffeemarkt brach 1987 zusammen, gefolgt von Hunger und Unzufriedenheit –, sahen der IWF und die Weltbank die Gelegenheit gekommen, dem Habyarimana-Regime eine noch strengere neoliberale Politik aufzuzwingen. Diese neue Politik verschlimmerte jedoch nur die grundlegenden sozialen und ökonomischen Probleme und gab denjenigen Kräften neuen Auftrieb, die schließlich zum Genozid führten. Da die Habyarimana-Clique vom Weltmarkt keine Rettung erhoffen konnte, nahm sie Zuflucht zu Gewalt.

Die Befürworter der Globalisierung behaupten, die Globalisierung käme Arm und Reich gleichermaßen zugute – den postkolonialen «neuen Nationen» wie auch den ehemaligen Kolonialmächten, die im IWF und in der Weltbank ihr Geld anlegen. Rwanda, das früher als Beleg für diese Behauptung herangezogen wurde, erzählt inzwischen offenbar eine ganz andere Geschichte.

Chronisten des Genozids haben eindeutig gezeigt, dass der Völkermord in Rwanda nicht *plötzlich* seinen Anfang nahm, wie es von den Medien dargestellt wurde, sondern dass es sich um eine quasimilitärische Kampagne handelte, bis ins Kleinste geplant von der habgierigen herrschenden Partei Rwandas, die sich bemühte, einen unterschwelligen Hutu-Rassismus auszunutzen, um sich an der Macht zu halten. An dieser Stelle möchte ich zwei weitere Punkte betonen, nämlich erstens, dass das Habyarimana-Regime zu Zwang überging, weil es nicht länger darauf zählen konnte, mit Konsens an der Macht zu bleiben, und zweitens, dass die globale Bankengemeinschaft eine verborgene, aber zentrale Rolle dabei spielte, Rwanda an den Rand des Abgrunds zu treiben – und darüber hinaus.

Beide Behauptungen hängen zusammen, und zwar auf folgende Weise: Auf der einen Seite nahm die Legitimität der rwandischen Regierung, die schon durch den Kolonialismus stark kompromittiert worden war, infolge der Habgier der postkolonialen Herrscher noch weiter ab. Diese Habgier wiederum wurde vom IWF und von der Weltbank angefacht und genährt, die dadurch dazu beitrugen, die Bühne für den Genozid vorzubereiten.

In den Zeiten vor der Kolonialisierung hatte sich der rwandische Staat im Abglanz seiner heiligen Könige gesonnt. Doch das Königtum wurde durch eine korrupte Kolonialbürokratie ersetzt, die sich weniger auf Konsens denn auf Zwang stützte. Im ersten Rausch der Unabhängigkeit machten die neuen Herrscher den Bauern kleine Zugeständnisse. Doch in den 1970ern und 1980ern, als ein Zustrom internationaler Darlehen die Abhängigkeit des Staates vom Kaffeemarkt (und damit von der Bauernschaft) verringerte, wurden die Herrscher noch habgieriger als zuvor. Die Ungleichheit nahm zu, und die Bauern wurden noch ärmer. Als die Kaffeepreise 1987 rapide sanken, mussten sich die Herrschenden noch stärker auf die internationalen Banken stützen. Von den Banken gezwungen, als Schocktherapie für ihre kränkelnde Wirtschaft rigorose Sparmaßnahmen einzuleiten, versuchte die rwandische Regierung, ihre Verluste wettzumachen, indem sie die Schrauben bei den Bauern fester anzog. Die Bauern leisteten Widerstand, und als auch die RPF den Druck erhöhte, fühlten sich die Machthaber in der Falle. Statt ihre Niederlage zu akzeptieren, entschieden sie sich für den blutigsten Weg – einen totalen Krieg gegen einen Großteil ihrer eigenen Bevölkerung.

Kaum getarnt als Ausbruch ethnischer Gewalt, war der Genozid tatsächlich nichts anderes als ein verzweifelter Machtkampf. Tatsächliche und potenzielle Feinde wurden umgebracht. Aus mehreren Gründen traf dieser Genozid die Tutsi-Bauern am stärksten: Erstens aus dem Wunsch des Regimes, schwelenden ethnischen Hass auszunutzen, um in einem letzten Versuch die «Hutu»-Legitimität festzuschreiben. Zweitens aus der Überzeugung, alle Tutsi seien geborene Dissidenten, und drittens als eine Maßnahme von echtem Ethnozentrismus auf Seiten des Regimes und seiner Komplizen. Doch auch tausende von Hutu wurden aus politischen Gründen umgebracht. Sie opponierten gegen das Regime. Und sie legten den fatalen Mangel an Legitimität der Herrschenden offen.

Letztlich war es der Legitimitätsverlust der Machthaber, der sich als entscheidend erwies. Auch wenn diese Legitimitätskrise durch die aktuelle

Politik der Weltbank verschärft wurde – wie wir im Folgenden noch sehen werden –, hat sie ebenfalls tiefe historische Wurzeln.

Als die Tutsi erstmals vor rund 500 Jahren in das Gebiet der Ostafrikanischen Seenplatte kamen, fanden sie unter den Zigaaba, Sindi und anderen Völkern der Region ein wohletabliertes System heiliger Könige. Bis dahin hatten die Tutsi ein egalitäres System, doch sie übernahmen die lokalen Normen. Unter verschiedenen Namen wie «Tutsi» und «Hima» schufen sie eigene heilige Königreiche. Rwanda, was so viel wie «Reich» bedeutet, war ein solches Reich, bei dem die Macht in Händen eines heiligen Königs, des «Mwami», lag, der als Personifikation von *imana*, der mystischen Kraft des Lebens und der Fruchtbarkeit, galt.

Bei den Barundi, die eine ähnliche Tradition haben, bedeutet das Verb «herrschen» auch «geben». In Rwanda vereint derselbe Begriff die Vorstellungen von «Mann», «Ehemann», «Männlichkeit», «Mut» und «Freigiebigkeit». Der König ist nach dieser Weltsicht die Quelle von Reichtum und Wohlbefinden, die Verkörperung des Reiches und die lebendige, spendende Gottheit, die durch das königliche Ritual für die Fruchtbarkeit von Boden, Vieh und Bevölkerung sorgt.

In Wirklichkeit basierten Reichtum und Ansehen des Mwami jedoch auf der Arbeit der Bauern. Sein Hofstaat, seine Kornspeicher und seine Herden wurden durch Dienstleistungen und Überschüsse seiner Untertanen unterhalten – den heute bekannten Hutu. Angeblich über den Klassen stehend, war der König in Wirklichkeit das Wahrzeichen von Rwandas Klassenbeziehungen. Als vornehmster Tutsi-Adliger und Träger der königlichen Trommel (vergleichbar mit der europäischen Krone) war der Mwami der gierigste Konsument der Überschüsse, die die Hutu erarbeiteten. Doch seine Herrschaft war nicht einfach nur ausbeuterisch. In den auf Gegenseitigkeit beruhenden Beziehungen rwandischen Typs sucht der König Legitimiät, nicht nur Dominanz. Und für diese Glaubwürdigkeit und Rechtsgültigkeit darf er nicht nur nehmen, sondern muss auch geben.

Dennoch hatten die Bande zwischen Staat und Bevölkerung bereits in präkolonialen Zeiten begonnen, brüchig zu werden, da der König immer mehr Macht verlangte. Dieser Wandel widerspiegelt sich in einem Sprichwort aus der Spätzeit des Königtums: «Die Trommel ist größer als der laute Schrei», was heißt, dass die Krone die Stimme des Volkes übertönt. Dieses Gefühl der Distanz zur Macht vertiefte sich, als der letzte präkoloniale König, Rwabugiri, in einer Zeit wachsender Ungleichheit zwischen Arm und Reich viele staatliche Funktionen zentralisierte. Schließlich, mit dem Anbruch des Kolonialismus, wurde die Kluft zwischen Staat und Bevölkerung noch tiefer.

Deutschland, das Rwanda 1899 annektierte, fand das kleine Königreich in Aufruhr. Rwabugiris Tod 1895 hatte einen Konflikt um die Nachfolge ausgelöst, der zu einem Staatsstreich der «matridynastischen» Kagara-Linie der Tutsi-Aristokratie führte, aus der schon viele rwandische Königinnen hervorgegangen waren. Im Jahre 1896 stürzten Kagara-Verschwörer (angeführt von der Königinmutter Kanjogera) den Erben der königlichen Trommel und erklärten Kanjogeras Sohn Musinga zum neuen Mwami. Diese widerrechtliche Machtergreifung entfachte zwei Rebellionen, die derart brutal unterdrückt wurden, dass es in der Folge zu Hungersnöten kam. Bald erhielt das neue Regime den zynischen Beinamen «Cyiimyamaboko», «die Gewalt, die herrscht». Selbst Kanjogera spürte, dass die Heiligkeit der Königswürde verletzt worden war. Sie und ihre Familienmitglieder hatten die Macht erobert, doch konnten sie für sich in Anspruch nehmen, *imana* zu verkörpern? Das schien vielen zweifelhaft.

Ähnlich schicksalhaft war Musingas Wunsch, das Volk der Kiga im Norden zu unterwerfen. Die Kiga, die sich aus vielen ethnischen Gruppen zusammensetzten, waren fast das einzige Volk im Gebiet der Ostafrikanischen Seenplatte, bei dem ein heiliges Königtum nicht Tradition war, und sie hatten sich einer Unterwerfung lange widersetzt. Musinga erkannte jedoch, dass die Europäer ihm helfen würden, die Kiga zu unterwerfen. Die Folge war, dass Rwanda Ende der 1920er-Jahre gewachsen war und nicht nur die Tutsi und Hutu im Süden, sondern auch die Kiga einschloss, die neu in der Tutsi-Hutu-Gesellschaft waren – und den hochmütigen Tutsi-Eroberern gegenüber unversöhnlich feindlich gesinnt blieben. Das volle Ausmaß dieser Feindseligkeit wurde 1994 deutlich.

Eine neue Phase begann, als Belgien 1916 die Macht in Rwanda übernahm. Bedeutsam war, dass die Belgier sich entschlossen, das Land mit Hilfe des Adels zu regieren und so den König an den Rand drängten. 1913 war Musingas Groll über seinen gesunkenen Status so stark angewachsen, dass die Belgier entschieden, ihn zugunsten seines nachgiebigeren Sohnes Rudahigwa zur Abdankung zu zwingen. Dieser Schachzug hatte einen tief greifenden «entweihenden» Effekt, der 1935 noch verstärkt wurde, als ein heiliges königliches Gebäude zum Sitz einer katholischen Kirche umfunktioniert wurde.

Im Jahre 1926 gestalteten die Belgier auch die Aristokratie um. Das präkoloniale System, das die Ansprüche mehrerer verschiedener Aristokratenkasten ausbalanciert hatte, wurde zugunsten eines zentralisierten Systems von Chiefs zerstört. 1935 gab es in ganz Rwanda knapp 70 Chiefs, die von 900 untergeordneten Chiefs unterstützt wurden. Diese Tutsi-Chiefs wurden überdies als «rassisch reine» Herrscherkaste behandelt; sie allein hatten Zugang zu Ämtern, Bildung und Luxus. Zwar wies die Rassenlogik der Belgier ein paar Löcher auf – da es an klaren rassischen Kriterien mangelte, definierte diese Theorie all diejenigen als Tutsi, die mindestens zehn Kühe besaßen –, dennoch verharrten die Belgier in ihrem Bemühen, Rwanda in rassische Lager zu spalten. Das Ergebnis war, wie viele Kritiker feststellten, eine Art Apartheid. Die subtile Frage nach der Identität wurde zu einer Tutsi-Hutu-Polarität verflacht. Statt Freigiebigkeit und Gegenseitigkeit brachten die Belgier Ungleichheit. Dadurch verwandelte sich der Klassenunterschied zwischen Aristokratie und Bauernschaft in einen tiefen Graben – und erhielt darüber hinaus ein «rassisches» Profil.

Die Belgier profitierten von dieser Polarisierung. «Wir setzen den Chiefs unablässig zu», schrieb ein Verwaltungsbeamter 1932, und die Chiefs schikanierten ihrerseits die Bauern. In demselben Jahr – ein Jahrzehnt nach Einführung der Zwangsarbeit und ein Jahr nach Beginn des erzwungenen Kaffeeanbaus – protestierte ein Priester, die Bauern würden so stark angetrieben, dass sie Gefahr liefen, zu verhungern. Zwangsarbeiten, wie Wege freischlagen, Bäume pflanzen, Feldarbeit und Bauarbeiten, kosteten täglich zwei Drittel der gesamten 2024 erwachsenen Männer in seiner Gemeinde ihre gesamte Arbeitszeit. Die belgischen Forderungen waren so extrem, dass der Begriff für harte Arbeit, *akazi*, zu einem Synonym für Zwangsarbeit wurde. Inzwischen musste jeder Steuerzahler zusätzlich zu *akazi* hundert Kaffeesträucher anpflanzen, deren Ernte für den Export bestimmt war, und zwar zu von den Belgiern festgelegten Preisen. Bis 1937 waren in «Ruanda-Urundi» zwanzig Millionen Kaffeesträucher gepflanzt worden, und später kamen noch viele weitere hinzu. 1944 war es so weit, dass die Zwangsarbeit von jedem Erwachsenen jährlich 120 Werktage forderte. Dies ging schließlich selbst einem der Generalgouverneure zu weit, und er schrieb 1955 empört, die Chiefs nötigten den Bauern alles ab, bis zum Existenzminimum.

Es genügt zu sagen, dass Rwanda unter belgischer Herrschaft den Bauern durch Zwangsarbeit buchstäblich das Mark aussaugte. Das änderte sich auch nach der Unabhängigkeit nicht (ein Prozess, der in mehreren Stufen ablief und von 1959 bis 1962 dauerte). Zu diesem kritischen Zeitpunkt wurden der König und tausende von Tutsi gezwungen, ins Exil zu gehen; sie waren die Opfer einer «Hutu-Revolution», die von einer neuen Partei, der Parmehutu (Partie du Mouvement de l'Emancipation Hutu), geführt wurde, deren Basis in Südrwanda, in Gitarama und in den nördlichen, weitgehend von Kiga bevölkerten Provinzen Gisenyi, Ruhengeri und Byumba lag. Obwohl sich die Parmehutu als Garantin republikanischer Tugenden gebärdete, erwies sie sich bald als würdige Nachfolgerin der Tutsi-Bürokratie. Bis 1965 hatte die Parmehutu einen Einparteienstaat etabliert, und schon bald darauf kontrollierten Gitaramisten die Partei und verdrängten die Bevölkerung aus den nördlichen Provinzen. Politiker aus Gitarama (geführt von Gregoire Kayibanda) entwickelten sich bald zu einer «Staatsaristokratie», der es darum ging, sich durch Kontrolle des Kaffeehandels selbst zu bereichern. Ihr Hauptinstrument war das staatlich geführte Vermarktungssystem, das die Exportprofite monopolisierte.

Die Bevölkerung der nördlichen Provinzen war aufgebracht, nicht nur, weil sich die Menschen im Stich gelassen fühlten, sondern auch, weil die Kiga in Kayibanda einen Gegner ihrer traditionellen sozialen Beziehungen sahen. Anders als die Gitaramisten, für die der Staat als Quelle der Bereicherung diente, wollten die Bewohner der Nordprovinzen den Staat zum Diener der traditionellen Kiga-Grundbesitzerklasse machen. Im Jahre 1973, als Kayibanda eine neue Behörde (Onaco) mit großen Machtbefugnissen über den Privatsektor einsetzte, war der Bogen dann überspannt. Im Juli 1973 riss ein Kiga-General, Habyarimana, die Macht an sich und «suspendierte» die Onaco, die er als «Kommunistenbrutstätte» verteufelte. Habyarimana war kein Populist und führte schon bald die Zwangsarbeit wieder ein; alle Erwachsenen mussten sich jeden Samstag unter staatlicher Aufsicht zu Arbeitsgruppen zusammenfinden. Auf Arbeitsverweigerung stand Gefängnis.[3] Auch in anderer Hinsicht errichtete Habyarimana einen noch elitäreren und habgierigeren Staat als seine Vorgänger. Den Kern des Regimes bildete ein enger innerer Kreis, «Akazu» oder «kleine Hütte» genannt, der aus Habyarimanas engsten Vertrauten bestand, von denen die meisten aus Gisenyi stammten. Viele andere Kiga (Politiker, Händler usw.) gehörten zum Umkreis des Akazu, und diese bereicherten sich unglaublich auf Kosten des Staates.

Obwohl Habyarimana vorgab, für alle Rwander zu sprechen, war es klar, so ein früherer Botschafter, dass er sich «in Wirklichkeit nur für die Bakiga[4]-Leute interessierte [...], insbesondere für diejenigen aus Gisenyi» (OMAAR/de WAAL, 1994). Nach Gitarama und Kibuye, wo 20 Prozent der Bevölkerung lebten, floss nur 1 Prozent der landwirtschaftlichen Investitionen (Geberfonds nicht mitgerechnet), während sich Gisenyi, Ruhengeri, Kigali (die Hauptstadt) und Cyangugu fast 90 Prozent der Gesamtsumme teilten. Ähnliche Ungleichheiten waren überall zu finden.

Ein belgischer Experte berichtete nur wenige Monate vor dem Genozid, dass die Tutsi-Hutu-Spaltung von einem Konflikt der Regionen abgelöst worden sei. Der Norden, der auf Kosten des Südens gedieh, hatte die alte Rhetorik von der «Einheit der Hutu» zum Gespött werden lassen. Doch auch der Norden war nicht frei von Konflikten. Als ein Anthropologe 1977 den Norden besuchte, fand er, dass sich die alte Grundbesitzer-

---

3 Der reaktionäre Wagemut dieses Schrittes lässt sich an der Tatsache ablesen, dass Zwangsarbeit 1957 im revolutionären «Manifest von Bahutu» ausdrücklich als Praxis bezeichnet wurde, die «nicht länger zur Situation und Psychologie von heute passt». Keine andere Bestimmung der Belgier/Tutsi-Herrschaft war so verhasst gewesen.

4 «Bakiga» ist der Bantu-Ausdruck für «Volk der Kiga», so wie «Bahutu» «Hutu» meint.

Bauern-Beziehung noch weiter zugunsten der Grundbesitzer verlagert hatte. Für die armen Kiga, schrieb er, heiße das Teufelswort *amataranga* – Geld. Die Kiga-Grundbesitzer hatten von der neuen Geldwirtschaft profitiert und sich das Land verarmter Bauern angeeignet, sodass es zu einer tiefen Kluft zwischen Arm und Reich kam.

Anderswo war die Situation ähnlich verzweifelt. Der durchschnittliche Besitz an Grund und Boden ging dramatisch zurück, viele verloren ihr ganzes Land, und das Einkommen der Bauern sank rapide. Diese krasse Ungleichheit führte zu einer tiefen Unzufriedenheit. Anfang der 1990er-Jahre braute sich eine offene Revolte zusammen. Der Genozid war ein allerletzter Versuch, diese Revolte im Keim zu ersticken.

Die Regierung von Rwanda verlor den Rückhalt der Bevölkerung, als sie zum Motor einer sich ständig weitenden Kluft zwischen Arm und Reich wurde. Nicht weniger als ethnische Animositäten spielte die Ungleichheit zwischen den Klassen eine entscheidende Rolle bei der Zerstörung der rwandischen Gesellschaft – und der rwandische Staat fachte die Klassen- wie auch die ethnischen Spannungen an. Der Staat seinerseits wurde stark von der wachsenden Globalisierung beeinflusst. Der altmodische Imperialismus, der hauptsächlich von Frankreich (das Belgien als Rwandas Alliierter verdrängt hatte) repräsentiert wurde, war immer noch mächtig, doch die globale Gemeinschaft der Geldgeber übte einen noch direkteren Einfluss aus. Und dieser Einfluss war größtenteils zerstörerisch.

Der IWF und die Weltbank geruhen nur selten, den politischen Tumult wahrzunehmen, den sie verursachen oder verschlimmern. Im Jahre 1988 beispielsweise, als die Regierung von Burundi zehntausende ihrer Bürger/innen tötete, wurde die Weltbank gelobt, weil sie Interesse zeigte! Und sie hatte guten Grund, sich zu interessieren, denn nicht lange zuvor hatte sie Burundi – pro Kopf gerechnet – zum weltgrößten Empfänger von Niedrigzinsdarlehen gemacht. Diese Darlehen, die mit einer von der Weltbank verordneten Sparpolitik einhergingen, trugen direkt zu Burundis Destabilisierung und Polarisierung bei. Doch die Bank kam bald zu dem Schluss, die Massaker seien keine «absichtliche Politik» gewesen, und kehrte zu ihrer früheren Kreditvergabepolitik zurück.

Anderswo schenkten IWF und Weltbank den politischen sowie sozialen Konsequenzen ihrer Vergabepolitik ebenso wenig Aufmerksamkeit. Doch die Programme der Weltbank und des IWF sind von so viel Gewalt begleitet worden, dass dies selbst IWF-Ökonomen aufzufallen begonnen hat. Die Schlüsselfigur in dieser Hinsicht ist Jean-Dominique LAFAY, der zusammen mit seinen Mitarbeitern DESSUS und MORRISSON die Daten von 23 afrikanischen Nationen (einschließlich Rwanda) analysiert hat, um herauszufinden, ob die Politik des IWF Konflikte und Gewalt angefacht hat. Ihre Schlussfolgerungen sind ernüchternd.

LAFAY konzentrierte sich auf ein Trio von «Entscheidungsträgern» – IWF und Weltbank, den Staat und die bürgerliche Gesellschaft – und stieß auf eine von oben nach unten gerichtete Kausalkette, die mit der IWF-Weltbank beginnt und über den Staat zur Öffentlichkeit führt. Die Bevölkerung, die unter der Sparpolitik von IWF und Weltbank zu leiden hat, widersetzt sich so lange, bis sie unterdrückt wird.[5] Staatliche Repression ist daher ein direkter Auswuchs der vertrauten IWF-Weltbank-Ziele: Einsparungen bei den öffentlichen Ausgaben, erhöhte Verbraucherpreise, Steuererhöhungen, Einschnitte bei der öffentlichen Beschäftigung und Währungsabwertung.

Empirisch gesehen, sind IWF- und Weltbank-Interventionen dieses Typs fast immer und überall unpopulär gewesen.[6] Einsparungen bei den Ausgaben, Preis- und Steuererhöhungen sowie Stellenstreichungen führen gewöhnlich zu Streiks und Demonstrationen, die wiederum in fast allen Fällen staatliche Gewalt provozieren – Verhaftungen, Maßnahmen, Gewerkschaften und Parteien zu verbieten sowie Bemühungen, die Medien zu zensieren und die Schulen zu schließen. Dazu kommt es, so LAFAY, weil fast jeder afrikanische Konflikt rasch «zu einem Disput über die Legitimität des Regimes» führt. Dennoch fahren IWF und Weltbank augenscheinlich ungeachtet der Konsequenzen fort, diese Konflikte zu speisen.

---

5 Von diesem Punkt an werde ich mich aus Gründen der leichteren Lesbarkeit auf LAFAY als Autor der zitierten Studie beziehen. Es sollte jedoch nicht vergessen werden, dass MORRISSON und DESSUS seine Koautoren sind.
6 In 15 von 16 sorgfältig überprüften Fällen.

Rwanda und Burundi sind der lebendige Beweis dafür. Als die Staatsgewalt von Burundi 1993 weitere 100'000 Menschen massakrierte, äußerten zwei Weltbankökonomen verspätetes Bedauern über die Auswirkungen der Bankpolitik. Die «Lehre ist», schrieben sie, «dass eine Regierung, wenn sie versucht, eine Wirtschaft neu zu strukturieren – was eine Umverteilung des Einkommens und damit der Macht mit sich bringt –, nicht nur die ökonomischen, sondern auch die sozialen und politischen Bindungen berücksichtigen muss, die eine Gesellschaft zusammenhalten». (ENGELBERT und HOFFMANN 1994, 18)

In Rwanda ist eindeutig das genaue Gegenteil geschehen. Der Staat, in die Enge getrieben durch Kräfte, die sowohl lokaler als auch globaler Natur waren, zog den Genozid der Solidarität vor. Gezwungen, die Wirtschaft nach den Vorgaben der Weltbank umzugestalten, war für Rwandas Regime bei der «Umverteilung des Einkommens und damit der Macht» die Grenze erreicht.

Im Zuge des Coups von General Habyarimana von 1973 wurde Rwanda zum Liebling der globalen Geber, größtenteils deshalb, weil das neue Regime – welches das Jahr 1974 zum «Jahr der Landwirtschaft und der manuellen Arbeit» erklärte und 1975 die Zwangsarbeit wieder einführte – ein System ausbeuterischer Effizienz war. «In den Augen der US-Regierung und anderer Geber», schrieb Lindsay HILSUM, «war Rwanda [...] ein Modell für effiziente Entwicklung. Jeder rwandische Bürger musste samstags Gemeinschaftsarbeit leisten. Das System war hart, aber erfolgreich – Straßen wurden gebaut, Bäume gepflanzt [...].» (1994, 14) Und was noch profitabler war, es wurde Kaffee angebaut. Von 1965 bis 1989 wuchs das Bruttosozialprodukt in Rwanda ständig an – um 4,9 Prozent pro Jahr –, und Kaffee erbrachte mehr als 80 Prozent der Exporteinnahmen. Die Kaffeeproduktion war derjenige Wirtschaftssektor, «auf den am meisten Zwang und Druck ausgeübt wurden», berichtet Peter UVIN, und dieser Anbau beanspruchte den weitaus größten Teil der bäuerlichen Arbeit. So wurden Bauernfamilien 1988 beispielsweise gezwungen, fast 54'000 Hektar Land für den Kaffeeanbau zu reservieren, was pro Familie durchschnittlich 157 Sträuchern entsprach (mehr als zu Kolonialzeiten). Im Jahre 1986 führte dieser Zuwachs zu einem Exporterlös von 150 Millionen Dollar – wovon, was kaum überrascht, nur wenig bis in die Hände der Kaffeepflanzer gelangte (tatsächlich betrugen die Einzelhandelspreise das Zwanzigfache dessen, was die Bauern erhielten). «Der Bauer in Rwanda, der still und hart arbeitet, ähnelt häufig mehr dem unbezahlten Angestellten eines öffentlichen Unternehmens als einem freien Landwirt», schrieb Uvin. (1998, 130)

Westliche Banken und Regierungen waren beeindruckt von der ausbeuterischen Effizienz des Regimes und machten Rwanda zu einem der führenden Empfängerländer ausländischer Finanzhilfe. Von 1980 bis 1986 erhielt Rwanda jedes Jahr mindestens 200 Millionen Dollar an Hilfegeldern; eine Ausnahme bildete 1987 – in diesem Jahr stieg die Finanzhilfe auf 340 Millionen Dollar. Von 1982 bis 1987 wurden mehr als zwei Drittel aller öffentlichen Investitionen mit Hilfe von ausländischem Kapital finanziert. Insgesamt waren mehr als 200 Kapitalgeber in Rwanda aktiv, und viele behandelten Rwanda privilegiert. Kanada beispielsweise unterstützte mehr als 150 Entwicklungsprojekte in Rwanda mit 150 Millionen Dollar. Rwanda war auch der größte Nutznießer von belgischer und Schweizer Finanzhilfe. Und allen voran erlag die Weltbank Rwandas «Charme». Noch in Berichten aus den Jahren 1989 bis 1991 – als sich der Kaffeemarkt und die Wirtschaft in einer Krise befanden, Kriege und Hungersnöte ausgebrochen waren und sich ethnische Spannungen und Repressionen verschlimmert hatten – lobte die Weltbank das Habyarimana-Regime wegen seiner Humanität und Klugheit. Wie Peter Uvin schreibt: «Die Weltbank hatte offenbar die heftigste Liebesaffäre mit Rwanda. Der Grund für diese intensive Beziehung war wahrscheinlich, dass Rwandas Wirtschaftspolitik insgesamt recht liberal [mit anderen Worten: marktorientiert] war und damit genau auf der ideologischen Linie der Bank lag, was in Afrika vor der zweiten Hälfte der 1980er-Jahre eine Seltenheit war.» (1998, 46)[7]

7 Wie Andy Storey schreibt: «Rwandas Wirtschaft ist bereits vor der formellen Durchführung eines Strukturanpassungsprogramms stark liberalisiert worden – sei es zum Guten oder zum Schlechten.» (1991, 54)

Das Ergebnis war, wie Catharine NEWBURY einmal bemerkte, dass «Rwanda sehr stark von fremder Hilfe abhängig ist» (1992, 199). In den Jahren 1989 und 1990 stammten 11,4 Prozent von Rwandas Bruttosozialprodukt aus dem Ausland. Diese Abhängigkeit machte das Regime äußerst verwundbar, besonders als der Kaffeemarkt 1987 zusammenbrach und der Export drastisch sank.

An dieser Stelle sei auf eine doppelte, traurige Ironie hingewiesen. Erstens waren Rwandas lange Flitterwochen mit den westlichen Geldgebern trotz steigender Produktivität auch eine Periode wachsender Armut und Ungleichheit. Und zweitens wurde die Kaffeekrise, die diese Flitterwochen abrupt beendete – eine Krise, die eindeutig allein das Ergebnis von Marktlaunen war –, vom IWF ausgenutzt, um Rwanda noch «marktkonformer» zu machen. Wie vorauszusehen war, verstärkte diese Strategie Armut und Konflikte nur noch weiter.

So bewirkte der freie Markt seine Wunder in Rwanda.

Wenn Kreditvergabe und «Marktreformen» tatsächlich Armut und Unterdrückung verringern würden – wie es offiziell immer wieder verkündet wird –, dann sollte Rwanda inzwischen vergleichsweise wohlhabend und befriedet sein. Doch häufig ist es so, dass marktorientierte Kapitalvergabe die Armen noch ärmer, die Reichen noch reicher und die Privilegierten noch härter bei der Verteidigung ihrer Privilegien macht. Genau das geschah in Rwanda. Im nördlichen Rwanda war der Reichtum seit langem in den Händen der alten Kiga-Grundbesitzerklasse konzentriert, der so genannten *abakonde*. In den 1960er-Jahren hatte die Parmehutu parallel dazu eine Elite von südrwandischen Geschäftsleuten und Politikern reich gemacht. Nach 1973, in den Jahren der Habyarimana-Regierung, wurde die Konzentration von Reichtum im Norden wie auch im Süden jedoch noch extremer. Dieser Zustand war bei der Ungleichverteilung von Grund und Boden wohl am deutlichsten zu erkennen und zeigte hier auch die schlimmsten Folgen.

Man muss sich zunächst einmal daran erinnern, dass die durchschnittliche Bauernfamilie 1949, nach jahrzehntelanger Kolonialherrschaft, noch immer 3 Hektar Land besaß. In den 1960er-Jahren war dieser Durchschnitt jedoch bereits auf 2 Hektar gefallen, und Anfang der 1980er-Jahre war er weiter auf nur noch 1,2 Hektar gesunken. Im Jahre 1984 arbeiteten mehr als die Hälfte aller Bauern (57 Prozent) auf einem einzigen Hektar oder weniger, während rund ein Viertel der Bevölkerung (27 Prozent) mehr als 1,5 Hektar besaß. Insgesamt wurde fast die Hälfte aller landwirtschaftlichen Betriebe von Bauern gepachtet, die kein eigenes Land hatten; das ärmste Viertel der Bevölkerung besaß weniger als 7 Prozent aller landwirtschaftlichen Flächen, und eine reiche Minderheit (16 Prozent) teilte sich fast die Hälfte des Bodenbesitzes (42,9 Prozent). Überdies hatte der Staat das gesetzliche Recht, Bauern willkürlich zu enteignen – und machte davon auch regelmäßig Gebrauch. Als rwandische Bauern 1982 gefragt wurden, ob sie sich wünschten, dass ihre Kinder ebenfalls Bauern würden, verneinten fast vier von fünf der Befragten.

Im Lohnsektor herrschte auch keine Gleichheit. Im Jahre 1986 erhielten die reichen 1,1 Prozent der Lohnempfänger mehr als ein Viertel des Gesamtbetrags aller Gehälter (27,8 Prozent), während die ärmere Hälfte (49 Prozent) gerade einmal 7,6 Prozent verdiente. Und so rasch entwickelte sich Rwanda auseinander, dass nur zwei Jahre später, also 1988, der Anteil des Gesamtbetrags, den das reichste Prozent einstrich, auf fast die Hälfte (45,8 Prozent) angestiegen war, während sich die ärmeren zwei Drittel (65 Prozent) nun mit weniger als 4 Prozent der Gesamtsumme begnügen mussten. Es sei betont, dass all dies schon galt, *bevor* Rwanda 1990 dem Strukturanpassungsprogramm (*Structural Adjustment Program*, SAP) des IWF zustimmte. Danach wurde die Lage noch schlechter.

Die Wurzel des Problems, das sei nochmals gesagt, war marktbedingt – namentlich durch den freien Fall der Kaffeepreise, der 1987 begann, als das System der Produktionsquoten auseinander brach, das unter dem Internationalen Kaffeeabkommen (ICA) eingeführt worden war. Zwei Jahre später geriet das ICA bei einem «historischen» Treffen in Florida, wie Michel Chossudovsky berichtet, «aufgrund des politischen Drucks aus Washington zugunsten der großen amerikanischen Kaffeehändler» endgültig in eine Sackgasse (1997, 111). In den nächsten paar Monaten fielen die Kaffeepreise um weitere 50 Prozent.

In Rwanda war der Nettoeffekt katastrophal. Insgesamt fiel der Weltpreis für Kaffee zwischen 1985 und 1992 um 72 Prozent, während die Preise für Rwandas andere Hauptexportgüter (Tee und Zinn) um 66 bzw. 35 Prozent sanken. Damit verringerte sich die reale Kaufkraft aus Rwandas Exporten in dieser Zeitspanne um 59 Prozent. Als Reaktion darauf zwang die Regierung die Bauern, das Volumen der Kaffeeproduktion 1989 und 1990 um 40 Prozent zu erhöhen – obwohl der Gewinn der Bauern aus dem Kaffeeanbau um 20 Prozent *fiel*. Gleichzeitig sank die Produktion der fünf wichtigsten Feldfrüchte, die der Ernährung dienten, um mindestens 20 Prozent.[8]

Die Weltbank sandte im November 1988 eine Delegation nach Rwanda, um sich einen Überblick über die Optionen der Regierung zu verschaffen. Das Ergebnis war das Dokument *With Strategy Change*, in dem eine verstärkte «Hinwendung Rwandas zum freien Markt» vorgeschlagen wurde. Auf der Basis von Computersimulationen wurde argumentiert, eine verstärkte Marktorientierung der Wirtschaft werde bis spätestens 1993 reiche Ernte bringen – steigende Investitionen und wachsenden Verbrauch, eine bessere Handelsbilanz und sinkende Schulden. Damit übte die Weltbank erfolgreich Druck auf das Habyarimana-Regime aus, eine ökonomische Schocktherapie in Form des Strukturanpassungsprogramms zu akzeptieren, das mit dem IWF, der Weltbank und der staatlichen amerikanischen Entwicklungshilfeorganisation *U. S. Agency for International Development* (USAID) ausgehandelt worden war.[9] Die Übereinkunft, das SAP fortzuführen, wurde am 17. September 1990 in Washington unterzeichnet – gerade einmal zwei Wochen, bevor die Patriotische Front Rwandas (RPF),

---

8 So sank die Maisproduktion zum Beispiel von 110'000 Tonnen im Jahre 1983 auf 90'000 Tonnen im Jahre 1993, während Hirse, ein weiteres Grundnahrungsmittel, von 213'000 Tonnen 1982 auf rund 140'000 Tonnen 1988 fiel. Die Produktion von Bohnen, der wichtigsten Quelle für die bäuerliche Ernährung, sank um 50 Prozent.

9 Wie die Organisation für Afrikanische Einheit in einem aktuelleren Bericht schrieb, «kam die Habyarimana-Regierung widerstrebend zu dem Schluss, sie habe kaum eine andere Wahl, als das Strukturanpassungsprogramm zu akzeptieren […] als Gegenleistung für ein Darlehen, das an die rigide und harte Politik geknüpft war, die für die damals im Westen herrschende ökonomische Orthodoxie kennzeichnend war. Die Prämisse war, dass Rwanda eine wirtschaftliche Schocktherapie benötige.» (CAPLAN und SANGARE 2000, 5.5)

die ebenfalls versuchte, Habyarimanas Verwundbarkeit auszunutzen, aus Uganda einmarschierte.[10]

Das neue SAP wurde im November 1990 mit einer 40-prozentigen Abwertung des rwandischen Francs eröffnet; ein paar Tage später folgten drastische Preiserhöhungen für Treibstoff und andere Verbrauchsgüter. Letztendlich, lobte die Weltbank 1997 in der Rückschau, habe die «rwandische Regierung 1991–92 die meisten der verabredeten Reformmaßnahmen umgesetzt». (zitiert in STOREY 1999, 49) Zinsen, Steuern und Schulgeld wurden erhöht, während die Produktionspreise für Kaffee, die den Bauern gezahlt wurden, zunächst auf dem Niveau von 1989 eingefroren wurden und 1990 dann um 20 Prozent fielen. Zu weiteren SAP-Maßnahmen gehörten die Privatisierung oder Liquidierung von Staatsunternehmen, Strategien, um die bäuerliche Produktion, insbesondere auf dem Exportsektor, zu kommerzialisieren und zu intensivieren, der Abbau von Importschranken, strikte Lohnkontrolle im staatlichen Sektor, die Aufhebung von Preis- und Gewinnkontrollen, die Eliminierung von mehr als der Hälfte aller mit öffentlichen Investitionen geförderten Projekte in Rwanda, die Stornierung eines Programms, um Sumpfgebiet in Ackerland zu verwandeln, was der Weltbank «unwirtschaftlich» erschien, und die Einführung von Gebühren für staatliche Leistungen auch im Gesundheits- und Bildungswesen.

Im Juni 1992 verfügte die Regierung eine weitere 15-prozentige Abwertung des rwandischen Francs, was zu einer erneuten Preissteigerung bei Treibstoff und der Grundversorgung führte. 1993 verkündete die Regierung, von der Weltbank gedrängt, Pläne zur Privatisierung des Electrogaz-Energiemonopols, kurz darauf wurden 2000 Angestellte von Electrogaz entlassen. Im September 1993 privatisierte die Regierung die staatliche Telekommunikationsgesellschaft Rwandatel. All diese Maßnahmen stellten tatsächlich eine gewaltige Schocktherapie dar.

10 Das war ein ungünstiger Zeitpunkt, um mit einem SAP zu beginnen, zumal der IWF gerade entschieden hatte, eine noch rigorosere Einhaltung der strengen Anforderungen zu verlangen. Und der Zusammenbruch der UdSSR gab dem IWF freiere Hand, die Dezentralisierung von Staaten voranzutreiben, die den freien Welthandel blockierten.

Die globalen Geldgeber klatschten Beifall. In einer Zeit, als die Finanzhilfe für Afrika insgesamt sank, wurde die Unterstützung für Rwanda 1991 kräftig erhöht. Bis Juni hatten IWF und Weltbank mehr als 100 Millionen Dollar an neuen Strukturanpassungsdarlehen bewilligt.[11]

Im selben Jahr gab die Europäische Union Rwanda 15 bis 40 Millionen Dollar, die Vereinigten Staaten zogen mit 10 bis 25 Millionen Dollar nach, Frankreich folgte mit 12 bis 14 Millionen Dollar, Österreich mit 6 bis 10 Millionen Dollar, Belgien mit 200 Millionen Belgischen Francs, und die Schweiz widmete 10,9 Millionen Schweizer Franken – «um einem befreundeten Land in Not zu helfen», wie es die Schweizer ausdrückten. 1991 überwies Deutschland 16 Millionen Dollar, Japan 6 Millionen Dollar und Belgien 720 Millionen Belgische Francs. Frankreich lieferte darüber hinaus von Kriegsbeginn an militärische Unterstützung. Und noch im Januar 1994, wenige Monate vor dem Genozid, schickte Japan noch einmal 7 Millionen Dollar.

Für die gewöhnliche Bevölkerung Rwandas waren die Auswirkungen dieser Politik schmerzlich fühlbar. In den ersten sieben Monaten des Programms erhöhten sich die Preise für Güter des täglichen Bedarfs in der Hauptstadt Kigali aufgrund der Inflation um durchschnittlich 50 Prozent. Insgesamt schnellte die Inflation zwischen 1989 und 1991 von 1 auf 19 Prozent. 1992 und erneut 1993 stieg die Inflationsrate um jeweils 10 Prozent. Wie die Caritas berichtete, zogen die Preise derartig an, dass die Menschen hungerten, Obdachlosigkeit sich verbreitete und besonders Kinder sowie Kranke aufgrund einer effektiven Hungersnot in große Gefahr gerieten. Staatsunternehmen gingen Bankrott, der Schulbesuch ging zurück, öffentliche Leistungen (auch im Gesundheitswesen und auf dem Bildungssektor) wurden drastisch eingeschränkt, Fälle starker Unterernährung bei Kindern mehrten sich, und die Häufigkeit von Malaria nahm (im ersten Jahr des Programms) um 21 Prozent zu – hauptsächlich deshalb, weil es im öffentlichen Gesundheitswesen an Antimalariamitteln fehlte.

11 Im April 1991 sagte der IWF dem Regime ein Darlehen von 11,91 Millionen Dollar für «erweiterte Strukturanpassungsmaßnahmen» zu, und zwei Monate später stimmte die Weltbank einem «Strukturanpassungskredit» von 90 Millionen Dollar zu.

So wirklichkeitsfremd wie immer berichtete die Weltbank 1994, in Rwanda seien «Grund und Boden weniger ungleich verteilt als anderswo» (zitiert in UVIN 1998, 11). Diese erstaunliche Behauptung wird durch zahlreiche Fakten widerlegt. Anfang der 1990er-Jahre war der durchschnittliche Grundbesitz einer Familie auf ein neues Tief von 0,7 Hektar gefallen – gerade einmal die Fläche, die die Vereinten Nationen als Existenzminimum für eine fünfköpfige Familie definieren. Unter Anwendung dieses Kriteriums kam die Uno zum Schluss, dass 43 Prozent aller bäuerlichen Haushalte in Rwanda unter die absolute Überlebensschwelle gefallen waren und infolgedessen unter chronischer Unterernährung litten. Selbst die Weltbank berichtete 1991, das durchschnittliche tägliche Einkommen der ärmeren Hälfte der rwandischen Gesellschaft wäre unter 2000 Kilokalorien pro Kopf gefallen. Bauern, die 1984 durchschnittlich 2055 Kilokalorien pro Tag erwirtschaftet hatten, waren bis 1991 auf nur 1509 Kilokalorien zurückgefallen – ein Rückgang um fast 27 Prozent.[12] Rund die Hälfte aller Kinder war im Wachstum zurückgeblieben.

Im Jahre 1991 waren 26 Prozent der ländlichen Bevölkerung völlig ohne Land. Im Jahre 1993 enthüllte ein USAID-Report, dass Rwanda nun die höchste Armutsrate auf der ganzen Welt hatte.

Das Habyarimana-Regime steckte nun in großen Schwierigkeiten. Die Wirtschaft lag am Boden. 1992 hatte sich die Auslandsverschuldung um 34 Prozent erhöht. 1993 waren die Einnahmen aus dem Kaffee-Export auf 20 Prozent der Einnahmen gefallen, die 1986 – vor der Krise – erwirtschaftet worden waren (150 Millionen Dollar). 1994 war das staatsbetriebene Kaffeevermarktungssystem völlig zum Erliegen gekommen. Alles in allem hatte sich das Verhältnis von Importen zu Exporten zwischen 1990 und 1993 verdoppelt, wobei die Importe 300 Millionen Dollar überstiegen, während die Exporte auf rund 50 Millionen Dollar fielen.

---

12 Die Kalorienaufnahme ihrerseits war «perfekt korreliert» mit dem Einkommen und «fast perfekt korreliert» mit der Ackerfläche. (UVIN 1998, 112)

Inzwischen sah sich das Habyarimana-Regime, nachdem es sich dem westlichen Druck gebeugt und rivalisierende Parteien zugelassen hatte, zuhause zunehmender Unzufriedenheit ausgesetzt. Die alten Parmehutu-Kräfte erwachten zu neuem Leben, und zu ihnen gesellte sich, über das ganze politische Spektrum verteilt, eine Vielzahl neuer Parteien. Unterdessen wurde die Bauernschaft gefährlich widerspenstig. Viele Bauern schlossen sich zu Bauernvereinigungen zusammen, die zu Zentren der Unzufriedenheit wurden. Die Bauern litten doppelt unter den schlimmen Nachwirkungen der Kaffeekrise, da der Staat seine Forderungen immer höher schraubte, und rissen im Jahre 1992 mindestens 300'000 Kaffeesträucher aus.[13] Sie weigerten sich, samstags zur Arbeit anzutreten, hörten auf, staatliche Massenversammlungen zu besuchen, besetzten vom Westen gesponserte Vorzeige- und Wiederaufforstungsprojekte und zerstörten Einrichtungen zum Erosionsschutz auf ihren Feldern. Diese Aktionen waren allesamt Ausdruck von Trotz und Verzweiflung, strikt illegal und erschreckten zudem die kampfbereiten Machthaber zutiefst, da diese sowohl ihre politische Zukunft als auch ihre Kaffeeprofite gefährdet sahen.

All dies geschah, während der Staat seine Militärausgaben vervierfachte und (mit Hilfe Frankreichs) seine Armeestärke verachtfachte. Ziel dieser militärischen Aufrüstung war es, die RPF zurückzuschlagen – doch auch dieser Plan misslang, denn bald wurde deutlich, dass die RPF den Vormarsch der Armee gestoppt hatte. Noch schlimmer wog vom Standpunkt von IWF und Weltbank die Befürchtung, dass die Militärausgaben den durch die Strukturanpassungsmaßnahmen vorgegebenen Sparhaushalt Rwandas untergraben würden. Im Jahre 1993 schrieb der Präsident der Weltbank einen Brandbrief an Habyarimana, der bald überall im diplomatischen Corps zirkulierte; die Weltbank bestand darauf, Habyarimana solle die Militärausgaben kürzen und einen Friedensvertrag mit der RPF aushandeln. Daraufhin traf die Regierung, die sich diesem Druck grollend beugte, mit der RPF in Arusha, Tansania, zu Friedensgesprächen zusammen. Doch es dauerte nicht lange, bis deutlich wurde, dass Habyarimana die Verhandlungen absichtlich verzögerte. Im Juli 1993 berichtete Alison DES FORGES: «Die Gebernationen – einschließlich Frank-

---

13 CHOSSUDOVSKY nennt dies «eine konservative (vorsichtige) Schätzung».

reich – hatten [wegen Habyarimanas Hinhaltetaktik] die Geduld verloren und griffen zum Ultimatum. Zusammen mit der Weltbank informierten sie Habyarimana, dass internationale Darlehen für seine Regierung eingefroren würden, wenn er bis zum 9. August keinen Vertrag unterzeichnet habe. Ohne andere verfügbare Geldquelle war Habyarimana gezwungen, am 4. August 1993 zusammen mit den anderen Parteien zu unterschreiben.» (1999, 124)

Diese Handlung brachte für die Extremisten der herrschenden Partei offensichtlich das Fass zum Überlaufen; sie entschlossen sich, nun auch ohne Habyarimanas Unterstützung, weiterzukämpfen. Beim Verlassen der Arusha-Gespräche meinte Oberst Theoneste Bagosora, der später beim Genozid eine zentrale Rolle spielen sollte, gegenüber Kollegen, er kehre nach Rwanda zurück, «um die Apokalypse vorzubereiten». (OMAAR und DE WAAL 1994, 79)

Seit Anfang der 1990er-Jahre waren in Rwanda viele tausend Mann starke Todesschwadronen trainiert worden. Offene Androhungen von Völkermord wurden geäußert, und es war wohl bekannt, dass Tutsi und Dissidenten gefährdet waren. Viele wurden umgebracht. Das Startsignal für den Genozid kam am 6. April 1994, als das Flugzeug, mit dem Habyarimana nach Rwanda heimkehrte, auf dem Rückflug abstürzte. In den folgenden Tagen schwärmten überall in Rwanda Todesschwadronen aus und töteten, unterstützt vom Militär, so viele tatsächliche oder vermutete Dissidenten wie möglich. In vielen Gemeinden wurden Bauern bestochen, gezwungen und beschwatzt, sich am Gemetzel zu beteiligen. Viele machten mit, und viele weigerten sich.

Innerhalb von nur 14 Wochen wurden rund 850'000 Menschen umgebracht. Der Genozid wurde Mitte Juli von der RPF ohne ausländische Hilfe gestoppt, als sie Kigali eroberte und die Überreste von Habyarimanas Armee sowie die Todesschwadronen ins Exil trieb.

Von Anfang an zeigten IWF und Weltbank bemerkenswert wenig Interesse an den möglichen negativen Auswirkungen der Strukturanpassungen in Rwanda. Die Gefahr einer Krise infolge der Schocktherapie könnte in einem Land am Rande des Krieges akut erscheinen, doch die Weltbank ging derart blasiert über dieses Risiko hinweg, dass sie unbeschwert alle «nichtökonomischen Variablen» ausschloss, als sie wahrscheinliche SAP-Folgen berechnete. Und tatsächlich gelang es der Weltbank so perfekt, keine Probleme zu sehen, dass sie Rwanda in einem Bericht 1991 wegen seiner ethnischen und sozioökonomischen Homogenität ausdrücklich lobte! Im selben Jahr fanden externe Beobachter auch «wichtige Geldgeber [...], die bestritten, dass ethnische Konflikte ernsthafte Risiken darstellten», berichtet Alison Des Forges von der Menschenrechtsorganisation *Human Rights Watch*. «Als sie den Geldgebern empfahlen, darauf zu bestehen, als Bedingung für weitere Hilfen ethnische Klassifizierungen aus Personalausweisen zu entfernen, machte sich niemand diesen Rat zu Eigen.»[14] (1999, 92)

Dies war kein Einzelfall. Im April 1993 reiste der Sonderberichterstatter der UN für willkürliche und außergerichtliche Massenhinrichtungen nach Rwanda, um Vorwürfen wegen weit verbreiteter Menschenrechtsverstöße nachzugehen, darunter auch der gewalttätigen Unterdrückung von Dissidenten und dem Massaker an 1500 Tutsi-Nomaden, dem so genannten Bagogwe-Massaker von 1992. Im August 1993 veröffentlichte der Berichterstatter einen Report, in dem das Habyarimana-Regime einer Vielzahl von Menschenrechtsverletzungen angeklagt wurde, einschließlich des Tatbestands von Völkermord, so wie er in der UN-Konvention zur Verhütung und Bestrafung des Völkermordes von 1948 definiert ist. Und wieder zeigten die Geldgeber kaum Interesse. Wie Uvin schreibt: «Die Tatsache, dass das Entwicklungsgeschäft weiterhin ablief, während die von der Regierung unterstützten Menschenrechtsverletzungen ständig zunahmen, war ein klares Signal dafür, dass sich die internationale Gemeinschaft nicht allzu sehr für das rassisch motivierte und öffentlich organisierte Abschlachten der Bürger interessierte.» (1998, 229)

Seit dem Genozid haben die meisten Kritiker/innen dem Staat und seinen Todesschwadronen die Schuld zugeschoben, ferner Frankreich, weil es Habyarimana Geld, Waffen und militärische Unterstützung sandte, und der Uno, weil sie, als der Genozid begann, ihre Truppen aus Rwanda zurückzog und damit nicht verhinderte, was General Roméo Dallaire, der

---

14 Des Forges (1999) fügt hinzu, dass dieselben Berater sich an Botschafter und andere Mitarbeiter der amerikanischen, französischen, kanadischen, deutschen und belgischen Botschaft wandten, mit ebenso geringer Wirkung.

Befehlshaber der UN-Militärmission, als einen abwendbaren Genozid bezeichnete, außerdem der RPF, weil sie die einheimischen Tutsi und Dissidenten gefährdete, und schließlich vor allem der Bevölkerung von Rwanda, die des Rassismus und einer autoritätshörigen Willfährigkeit gegenüber dem Bösen bezichtigt wurde. Mit Ausnahme des letzten Vorwurfs – der die Bedeutung des öffentlichen Widerstands der rwandischen Bevölkerung gegen die Staatsmacht unterschätzt und den Grad der öffentlichen Teilhabe am Genozid überschätzt – ist diese Kritik wohlverdient. Doch es wäre ein Fehler, die Rolle der Globalisierungsbefürworter bei diesem Genozid zu minimieren. So wichtig interne Faktoren auch waren, scheint es dennoch höchst unwahrscheinlich, dass diese Faktoren allein zu einem Genozid geführt hätten.[15] Und von den globalen Kräften, die am Genozid beteiligt waren, spielte keine (vielleicht mit Ausnahme der französischen Außenpolitik) eine wichtigere Rolle als die Politik von IWF und Weltbank.

David WOODWARD, ansonsten ein vorsichtiger Kritiker der Globalisierungskräfte in Rwanda, bezeichnet die Schocktherapie als «extrem unverantwortlich. Selbst wenn das Anpassungsprogramm nicht direkt zu den tragischen Ereignissen von 1994 beigetragen hat, musste eine derartig rücksichtslose Missachtung sozialer und politischer Empfindlichkeiten zweifellos das Risiko erhöhen, eine potenziell explosive Situation zu schaffen oder zu verschlimmern.» (1996, 25) Gerald CAPLAN und Anatole SANGARE, die im Auftrag der Organisation für Afrikanische Einheit

---

15 Der interne Faktor, dem meistens eine ursächliche Rolle angesichts des Genozids zugesprochen wird, ist die Überbevölkerung. Diese Behauptung ist meiner Ansicht nach nicht besonders glaubhaft. Obwohl der Populationsdruck in Rwanda sicherlich ein Problem ist, ist es falsch, anzunehmen, Gewalt sei ein einfacher Reflex auf sehr enges Zusammenleben. Wie Peter UVIN (1998) schreibt, fanden beide Perioden bürgerlicher Gewaltausbrüche in Rwanda (1959–1964 und 1973) in einer Zeit hohen Pro-Kopf-Wachstums in der Nahrungsmittelproduktion statt. Und trotz der wohl bekannten Tatsache, dass Rwanda das höchste Bevölkerungswachstum im Afrika südlich der Sahara hat (8,3 Kinder pro Frau), nimmt Rwanda, was die Bevölkerungsdichte angeht, in Afrika tatsächlich nur den sechsten Rang ein.

(*Organisation of African Unity, OAU*) recherchierten, unterstreichen diese Kritik: «Die Weltbank, das sollten wir festhalten, leugnet, dass sie für die eskalierenden ökonomischen Schwierigkeiten in Rwanda verantwortlich war, wenn auch nicht» – und hier wird der Ton des OAU-Berichts sarkastisch – «mit ihrer üblichen Selbstsicherheit.» (2000, 5.7) Tatsächlich argumentierte die Weltbank am 16. Mai 1994, auf dem Höhepunkt des Genozids, in halbherziger Selbstverteidigung, es sei «schwierig, die Auswirkungen des Anpassungsprogramms auf das Einkommen der Armen zu analysieren, *weil sich die wirtschaftliche Situation insgesamt verschlechterte und es allen schlechter ging*». (zitiert nach ibd., Kursivsetzung durch den Autor) Wo sie Recht hat, da hat sie Recht.

In einem klassischen Fall von später Einsicht hat die Weltbank in jüngster Zeit vorgeschlagen, «soziale Abschätzungen, einschließlich einer ausdrücklichen Berücksichtigung von Quellen sozialer Konflikte und sozialer Spannungen als Kernaspekte der Entwicklung» anzusehen (zitiert in STOREY 1999, 58). Dennoch bleibt der Enthusiasmus von IWF und Weltbank für Strukturanpassungen ungebrochen. Selbst LAFAY und LECAILLON, die genau wissen, dass unüberlegte Interventionen «zur Auslösung oder Beschleunigung von revolutionären Prozessen oder Bürgerkriegen [oder] zu vermehrten Terrorakten oder […] zu staatlicher Unterdrückung» führen können, glauben weiterhin, man solle das Risiko eingehen. (1993, 91)

Wege aus der Krise

«Das Alte stirbt, und das Neue kann nicht geboren werden», schrieb Antonio GRAMSCI einst, als er über die Fehlgeburt des Kapitalismus in Süditalien nachdachte. «In dieser Zeit des Interregnums taucht eine Vielzahl morbider Symptome auf.» Für Rwanda und einen Großteil Afrikas war das 20. Jahrhundert eine Epoche des verhinderten Übergangs. Alte Bräuche starben, doch das Jahrtausend des Marktes brach niemals an. Zwangsarbeit und Kaffee-Export zerstörten ganze Reiche, boten aber keine Befreiung. Gibt es eine Lösung? Gibt es einen Weg nach vorn?

Manche Experten behaupten, Rwanda sei von seiner eigenen Vergangenheit eingeholt worden, die sich nicht unterdrücken ließ. Primitiver

Hass, der unter der Oberfläche der Zivilisation pulsierte, sei wieder erwacht. Daher könne die Lösung nur außerhalb Rwandas liegen. Diese Denkweise ist die augenscheinliche Begründung für William PFAFFS Vorschlag in *Foreign Affairs*, den Kolonialismus wiederzubeleben: «Wenn irgendjemand in der Lage ist, verständnisvoll mit diesen Ländern umzugehen, dann sind es die Europäer.» (1995, 4)

Inzwischen sollte die blanke, lachhafte Anmaßung dieser Behauptung offensichtlich sein. Solange Rwanda ein Spielstein des Westens und des Marktes ist, hat es wohl kaum eine Chance, nicht länger ein Zwangsarbeiterstaat zu sein. Es ist in diesem Zusammenhang kulturell sehr aufschlussreich, dass die völkermörderischen Todesschwadronen *interahamwe* genannt wurden – ein Begriff, der einst für die Zwangsarbeiterteams reserviert war. Und der umgangssprachliche Ausdruck für Mord während des Genozids war *work* (Arbeit). Offenbar ist der Weg von Zwangsarbeit zum erzwungenen Mord nicht so weit, wie es scheinen mag. Solange globale Kräfte weiterhin ein Regime in Rwanda favorisieren, das auf Zwangsarbeit und Kaffeeanbau beruht, wird es wohl auch in Zukunft zu Hader und Streit kommen.

Hoffnung für Rwanda könnte meiner Meinung nach aus zwei Bereichen erwachsen: zum einen aus der potenziellen Einheit der unterdrückten Völker der Ostafrikanischen Seenplatte, zum anderen in Rwanda selbst aus denselben Kräften öffentlicher Auflehnung, die Anfang der 1990er-Jahre zum Leben erwachten.

Ende 1994 wurde die Menschenrechtsaktivistin Monique MUJAWAMA-RIYA gefragt, was in ihrem Land passiert sei. Ihre Antwort ist aufschlussreich: «Die Menschen revoltierten gegen ein gut bewaffnetes diktatorisches Regime, und sie zahlen noch immer einen hohen Preis für ihren Versuch, eine Demokratie zu installieren. Der Clan des Diktators wusste, dass er aufgrund von internationalem Druck und der Mobilisierung der Öffentlichkeit die Macht würde teilen müssen. Die Menschen waren in Scharen in die Oppositionsparteien eingetreten, das versetzte das Regime in Panik. Daher beschloss es, die gemäßigte Opposition zu zerschlagen, die Intellektuellen zu töten und jeden umzubringen, der einen Anspruch auf Macht hätte erheben können. Es ist eine Revolution, in deren Verlauf es zu einem Genozid gekommen ist.» (in: SAINT-JEAN 1994, 13)

Nur die rwandische Bevölkerung kann, gestärkt durch die Einheit mit Nachbarländern, die nötigen Schritte unternehmen, um Massensterben in Zukunft zu verhindern. Das leuchtende Beispiel eines Massenwiderstands Anfang der 1990er-Jahre bietet Anlass zur Hoffnung.

Weiterführende Literatur

CAPLAN, Gerald, und Anatole SANGARE. 2000. *The Preventable Genocide.* Online unter http://www.oau-oua.org/Document/ipep/ipep.htm: Organization of African Unity.

CHOSSUDOVSKY, Michel. 1997. *The Globalisation of Poverty: Impacts of IMF and World Bank Reforms.* London and Atlantic Highlands, N.J.: Zed Books; Penang, Malaysia: Third World Network. – Deutsche Ausgabe 2002. *Global brutal. Der entfesselte Welthandel, die Armut und der Krieg.* Frankfurt/Main: Zweitausendeins.

DES FORGES, Alison. 1999. *Leave None to Tell the Story: Genocide in Rwanda.* New York und Paris: Human Rights Watch. – Deutsche Ausgabe 2002. *Kein Zeuge darf überleben. Der Genozid in Ruanda.* Hamburg: Hamburger Edition.

OMAAR, Rakiya, und Alex DE WAAL. 1994. *Rwanda: Death, Despair, and Defiance.* 2. Aufl. London: African Rights.

SMITH, David Norman. 1998a. «Postcolonial Genocide.» In *The Coming Age of Scarcity. Preventing Mass Death and Genocide in the Twenty-first Century,* herausgegeben von Michael Dobkowski und Isidor Wallimann, 220–44. Syracuse: Syracuse Univ. Press.

– 1998b. «The Psychocultural Roots of Genocide: Legitimacy and Crisis in Rwanda.» *American Psychologist* 53, Nr. 7 (Juli): 743–753.

STOREY, Andy. 1999. «Economics and Ethnic Conflict: Structural Adjustment in Rwanda.» *Development Policy Review* 17: 43–63.

UVIN, Peter. 1998. *Aiding Violence: The Development Enterprise in Rwanda.* West Hartford, Conn.: Kumarian Press.

Waltraud Queiser Morales

10 Die Feminisierung von globaler Knappheit und Gewalt

> Strukturelle Gewalt beeinflusst besonders das Leben von Frauen und anderen benachteiligten Gruppen. Wenn wir diese Tatsache ignorieren, ignorieren wir die Sicherheit der meisten Bewohner/innen dieses Planeten.
> (V. Spike Peterson und Anne Sisson Runyan, Global Gender Issues)

Globale Knappheit und Gewalt sind Bestandteile eines weltweiten Netzes aus relativem Mangel und relativer Ungleichheit, das sich auf die schwächsten Mitglieder der menschlichen Gesellschaft überproportional hart auswirkt. Gerade Frauen und Kinder werden unter den Millionen von Armen dieser Welt, die heute unter Ungerechtigkeit und Verzweiflung leiden, systematisch zu Opfern gemacht. Ihr Kampf gegen sich ständig verschärfende Ressourcenverknappung sowie ihre soziale, politische und ökonomische Marginalisierung wirken sich unverhältnismäßig negativ auf die globale Nachhaltigkeit aus. Wenn man den Gefahren einer weltweiten Verknappung vorbeugen will, muss man sich um die Not der schwächsten Mitglieder der menschlichen Gesellschaft kümmern, denn das kommende Zeitalter der Knappheit wird nicht geschlechterneutral sein. Wie in der Vergangenheit gehören geschlechterspezifische Knappheit und strukturelle Gewalt gegen Frauen auch im 21. Jahrhundert zu den grundlegenden Ursachen sozialer und ökonomischer Auflösungserscheinungen.

Die Feminisierung der Knappheit

Einige Fachleute sind der Meinung, die Betonung von geschlechterspezifischen Aspekten innerhalb der allgemeinen Unterentwicklung lenke von der wichtigen Arbeit ab, die vor uns liegt. Die Feminisierung von Armut,

Knappheit und Gewalt ist jedoch eine Realität, die wir nicht ignorieren können. Die Tatsache, dass die in Armut lebenden Frauen in der Dritten Welt eine neue globale Unterklasse darstellen, die die gegenwärtige wirtschaftliche Ordnung und die traditionellen Entwicklungsmodelle fortschreibt, ist entscheidend für die Ressourcenverknappung im 21. Jahrhundert. PETERSON und RUNYAN (1993) haben strukturelle Gewalt als die verringerte Lebenserwartung von Frauen und Kindern infolge gewaltsamer politischer und ökonomischer Strukturen definiert. Die Statistiken sprechen eine deutliche Sprache. Mehr als zwei Drittel Frauenarbeit ist unbezahlte Hausarbeit, die weder im offiziellen Bruttosozialprodukt eines Landes noch im Weltsozialprodukt auftaucht. Frauen verdienen nur ein Zehntel des globalen Einkommens und besitzen weltweit weniger als 1 Prozent des Eigentums. Frauen arbeiten täglich ein Drittel mehr als Männer, verdienen in der Dritten Welt aber nur 70 Prozent des Lohns eines nicht in der Landwirtschaft tätigen Mannes. Fast 50 Prozent aller Frauen in Entwicklungsländern leben unterhalb der Armutsgrenze; bei den Männern sind es «nur» 30 Prozent. In vielen Drittweltländern machen Frauen rund 60 Prozent der in Armut lebenden Landbevölkerung aus. Und obwohl sie aus dem Wirtschaftssystem der Dritten Welt systematisch ausgeschlossen werden und nur geringe Verdienstmöglichkeiten haben, wird in Haushalten mit Frauen als Haushaltsvorstand mehr für die Ernährung der Familie ausgegeben als in Haushalten, denen ein Mann vorsteht.

Überdies hat die Benachteiligung von Frauen auch einen starken negativen Effekt, was die Situation der globalen Knappheit angeht. Entsprechend hat sich gezeigt, dass Arbeitsmöglichkeiten, wirtschaftliche Unabhängigkeit und garantierte Bildungschancen einen positiven Effekt auf eine nachhaltige Entwicklung haben. Aus diesem Grund meinte Mieko NISHIMIZU, Vizepräsidentin der Weltbank: «Wenn man einen Jungen ausbildet, bildet man ein Individuum aus. Wenn man ein Mädchen ausbildet, bildet man Generationen aus.» (zitiert in BUVINIC 1997, 234) Daher sind die Probleme von Unterentwicklung und Knappheit *nicht* geschlechterneutral. Die irrigen Annahmen von traditionellen nicht nachhaltigen und geschlechterdiskriminierenden Entwicklungsmodellen haben zu unbeabsichtigten Konsequenzen geführt, die für Frauen in Entwicklungsländern noch größere Belastungen und noch mehr Hindernisse zur Folge haben.

Unbeabsichtigte Konsequenzen einer nicht nachhaltigen Entwicklung haben wohl auf keinem anderen Gebiet stärkere negative Multiplikationseffekte gehabt als bei der globalen Bevölkerungspolitik.

Frauen und die Bevölkerungskrise

Überbevölkerung ist ein integraler Bestandteil der Feminisierung von Armut, dieses Teufelskreises von Benachteiligung, den Generationen von Frauen in der Dritten Welt erben. Ansätze für eine Bevölkerungsreduktion haben sich bisher fast ausschließlich auf eine Politik der Geburtenkontrolle gestützt. Die relative politische und ökonomische Machtlosigkeit von Frauen in der Dritten Welt hatte jedoch zur Folge, dass Programme zur Geburtenkontrolle ziemlich wirkungslos blieben. Bevölkerungsprogramme haben oft außer Acht gelassen, dass Frauenrechte auch Menschenrechte sind und kulturelle bzw. traditionelle Beschränkungen die Frauen nicht derselben Rechte berauben dürfen, wie sie Männern nach nationalen wie internationalen Gesetzen zustehen. In der Regel haben sich Strategien zur Bevölkerungspolitik vorwiegend darauf konzentriert, die Entscheidungen von Frauen zu kontrollieren, ohne zu erkennen, dass Frauen beim Thema Fortpflanzung eine eigene Stimme haben müssen. Die Spannungen zwischen dem Recht einer jeden Frau auf ihre eigene Fortpflanzungsentscheidung und einer freiwilligen Beschränkung der Familiengröße sind lösbar. Internationale Konferenzen und Bewegungen – zum Beispiel die Vierte Weltfrauenkonferenz 1996 in Peking (Beijing) – haben inzwischen das Recht von Frauen bestätigt, über ihre eigene Sexualität und ihre Fortpflanzung zu bestimmen, und haben eine Entkriminalisierung nationaler Abtreibungsgesetze gefordert.

Die Ermächtigung (Empowerment) der Frauen und die Verbesserung ihrer sozialen und ökonomischen Situation in der Dritten Welt sind entscheidende Komponenten einer jeden Bevölkerungspolitik. Wenn Frauen die Wahl haben, argumentieren Expertinnen und Experten, werden sie nur so viele Kinder in die Welt setzen, wie sie ihnen adäquate Lebensmöglichkeiten bieten können. Untersuchungen haben gezeigt, dass gebildete Frauen meist weniger Kinder haben; das Gleiche gilt für Frauen mit größerer wirtschaftlicher Sicherheit und für Frauen, deren sozialer Status nicht allein oder primär von ihrer Rolle als Gebärerin abhängt. Daraus kann man offenbar den Schluss ziehen, dass eine weltweite Senkung der Geburtenrate eher zu erreichen ist, wenn man Frauen in der Entwicklungspolitik bewusst berücksichtigt und die politische, ökonomische und soziale Stellung von Frauen in der Dritten Welt verbessert (das Gleiche gilt natürlich auch für die benachteiligten Frauen der Ersten Welt). Man muss jedoch berücksichtigen dass Wirtschaftswachstum allein nicht unbedingt automatisch zu einer Bevölkerungsreduktion führt. Die Art des Wirtschaftswachstums und sein Einfluss auf die Geschlechterrollen und auf die Frauen ist entscheidend.

Unter Umständen können Modernisierung und einige marktwirtschaftliche Programme sogar dazu führen, dass es Frauen schlechter geht, insbesondere, weil Arbeitslosigkeit, Missbrauch und sich verschlechternde Sozialleistungen Frauen und Kinder überall auf der Welt unverhältnismäßig hart treffen. Am 12. Oktober 1999, dem «Tag der sechs Milliarden», erinnerten die Vereinten Nationen daran, dass es trotz des größten Reichtums, den die Welt je gesehen hat, einer Milliarde Menschen an den grundlegenden Voraussetzungen für ein menschenwürdiges Leben mangelt – an sauberem Wasser, Nahrung, einem Dach über dem Kopf, einer Grundbildung und einer gesundheitlichen Basisversorgung. In der Dritten Welt haben die meisten Frauen keinen Zugang zu einer anständigen medizinischen Versorgung, und eine beeinträchtigte Gebärfähigkeit stellt die größte Bedrohung für ihr Leben dar. *Eine* Schlussfolgerung muss daher sein, dass wir die globale Bevölkerungskrise deutlich entschärfen können, wenn wir uns um die Frauen der Welt kümmern.

Frauen und Entwicklung

Im Prozess der nationalen Entwicklungsprogramme und des Wirtschaftswachstums sind die Frauen der Dritten Welt generell ignoriert und ungerecht behandelt worden. Frauen gehören besonders häufig und massiv zu den Machtlosen der Dritten Welt in Afrika, Asien, dem Mittleren Osten und in Lateinamerika – insbesondere Frauen, die zu unterdrückten, durch Hautfarbe, Klassenzugehörigkeit oder Religion stigmatisierten Minderheiten zählen. Dennoch haben viele benachteiligte Frauen in den vergangenen Jahrzehnten ihre Fesseln abgestreift und spielen inzwischen eine entscheidende Rolle beim Schaffen unabhängiger politischer *grassroots*-Organisationen und sozialer Basisbewegungen. Durch diese neuen sozialen Bewegungen und die revolutionären neuen Entwicklungsmodelle von *Women in Development* (WID) und *Women and Development* (WAD) haben Frauen neue Wege für soziale Veränderungen eröffnet. Ihr gemeinsamer Erfolg hat sich im Kampf um die Überwindung von globaler Ungleichheit, Überbevölkerung und Ressourcenverknappung als wegweisend erwiesen.

Mehrere Jahrzehnte misslungener Entwicklung haben zu der Erkenntnis geführt, dass Frauen für den Entwicklungsprozess von entscheidender Bedeutung sind. In Afrika kamen landwirtschaftliche Verbesserungen nur mühsam voran, weil traditionelle Entwicklungsprogramme Frauen ausschlossen und fälschlicherweise nur Männer ausbildeten, obwohl eigentlich Frauen das Land bearbeiteten und die Verantwortung für die Nahrungsmittelproduktion trugen. Obwohl die Frauen der Dritten Welt auch wirtschaftlich die Schlüsselpersonen bei der Vermarktung von Nahrungsmitteln waren, wurden sie vom Zugang zu neuen landwirtschaftlichen Methoden, Schulung und Krediten ausgeschlossen. UN-Statistiken belegen, dass mehr Frauen auf dem Land unter der Armutsgrenze lebten als Männer, dass Agrarhilfen aber fast ausschließlich auf Männer ausgerichtet waren, und dies, obwohl diese Ressourcen so gut wie nie den Weg in die Familien fanden oder zu Fortschritten in der Landwirtschaft beitrugen. Infolgedessen schlugen diese ineffektiven und falsch geplanten Entwicklungsprojekte fehl, und es gelang nicht, die chronischen Probleme in den Entwicklungsländern wie Übervölkerung, Armut und Hunger in den Griff zu bekommen.

Eine revolutionäre Schlussfolgerung war die Erkenntnis, dass Frauen bei Entwicklung und Fortpflanzung eine Schlüsselstellung zukommt. Dennoch hatten sich Entwicklungsexperten (die meisten von ihnen Männer) routinemäßig auf Männer konzentriert, wenn es um Bevölkerungs- und Familienplanungsprogramme ging. Eine erfolgreiche Familienplanung hat jedoch niemals nur darin bestanden, Frauen Verhütungsmittel zur Verfügung zu stellen, denn die Modernisierung hat Frauen der Dritten Welt auf unfaire Weise benachteiligt. Wirtschaftswachstum und technischer Fortschritt, die nicht tragfähig waren, schwächten die gefährdete Stellung in Armut lebender Frauen und ihre Lebenschancen noch weiter. So erhöhte die Mechanisierung zum Beispiel die landwirtschaftliche Produktivität, doch sie führte auch zum Verlust von wichtigen Arbeitsplätzen für Männer und Frauen. Und da Frauen seit je auf der untersten Stufe der Wirtschaftsleiter standen, traf es sie doppelt hart.

Globalisierung und Industrialisierung haben die Rolle der Frau in der Wirtschaft von Entwicklungsländern radikal verändert. Frauen wurden in schlecht qualifizierte und schlecht bezahlte Jobs mit den geringsten Arbeitskosten abgeschoben. Der deutliche Lohnunterschied zwischen Männern und Frauen in den modernisierten Wirtschaftssektoren geht ebenfalls auf Kosten der Frauen. Im Allgemeinen werden Frauen nicht nur die weniger wertvollen Arbeiten zugewiesen, sondern Frauenarbeit wird darüber hinaus in vielen Entwicklungsländern (und auch Industrieländern) häufig ignoriert oder unterbewertet. Wirtschaftliche Sparmaßnahmen wie die ökonomischen Strukturanpassungsprogramme, die vom Internationalen Währungsfonds (IWF) und der Weltbank propagiert wurden, haben die Frauen der Dritten Welt ebenfalls unverhältnismäßig hart getroffen. Durch die Strukturanpassungen kommt es kurze Zeit später meist zu einem Anstieg der Arbeitslosigkeit, weil Regierungen und private Unternehmer gezwungen sind, die Arbeitskosten zu verringern – das heißt, weniger Arbeiter/innen neu einzustellen, die Größe der momentanen Belegschaft zu reduzieren und die Löhne zu kürzen. Frauen verlieren nicht nur im formellen Wirtschaftssektor, sondern auch in der wichtigen Schattenwirtschaft (informeller Wirtschaftssektor) ihre Arbeit, dort, wo Frauen mit Männern um knappe Ressourcen und Arbeitsmöglichkeiten konkurrieren. Und wenn es Frauen schlecht geht, geht es der ganzen Familie, besonders den Kindern, schlecht. Die Schattenwirtschaft, das sind die unregulierten Straßenmärkte, die illegale und im Untergrund waltende Wirtschaft der Dritten Welt, wird in Gang gehalten von verzweifelt armen Straßenhändlern und Straßenkindern, die bis zur Erschöpfung arbeiten müssen, um gerade noch zu überleben.

Neue Entwicklungsbewegungen wie *Women in Development* und *Women and Development* haben nicht nur erkannt, welche zentrale Rolle Frauen für den Entwicklungsprozess spielen, sondern auch die kritische

Beziehung zwischen Ökonomie, Ermächtigung (Empowerment) und Wandel durch Entwicklung verstanden. Frauen stellen mehr als 50 Prozent der Weltbevölkerung, doch sie wurden nicht nur ständig ignoriert, sondern darüber hinaus unterdrückt und zu Opfern gemacht. Nur wenn Frauen Zugang zur Macht haben, können sie unabhängig handeln, ihr Leben, ihren Körper, ihre Familie und ihre wirtschaftliche Situation kontrollieren; nur dann können sie die persönlichen sowie sozialen Veränderungen durchsetzen, die für eine nachhaltige Entwicklung wesentlich sind. Daher ermutigen die neuen Entwicklungsansätze Frauen nicht nur zu einem direkten Mitwirken bei der Lösung von Problemen wie Überbevölkerung und Ressourcenverknappung, sondern betonen auch die Bedeutung eines fairen Zugangs zur Macht. Wenn Frauen besseren Zugang zur Bildung, zum Arbeitsmarkt und zu materiellen Ressourcen hätten, dann ließen sich viele Probleme lösen. Solange die Mehrheit aller Frauen in der Dritten Welt systematisch von den traditionellen Karrieremöglichkeiten ausgeschlossen war, mussten individuelle Anstrengungen zur Verbesserung ihrer Situation zwangsläufig scheitern. Ein radikaler Lösungsansatz bot Frauen Entwicklungsmöglichkeiten unter Ausschluss von Männern. Die Frauen sollten die Fesseln männlicher Vorherrschaft abstreifen und ökonomisch unabhängig werden können. Aus diesem Ansatz entstanden innovative Nur-Frauen-Projekte und Wirtschaftsprogramme in kleinem Maßstab wie die Grameen-Bank, die es Frauen eher ermöglichen, ihre eigenen Entwicklungspläne zu entwerfen, statt in Wettbewerb mit der «männerdominierten Entwicklungsarbeit» zu treten.

Bereits 1983 hatte sich die Grameen-Bank, die 1976 von Muhammad YUNUS als Experiment eröffnet worden war, als unabhängige Bank in Bangladesch etabliert. Die Bank bediente schließlich mehr als 36'000 verarmte Dörfer und 2,1 Millionen Kreditnehmer/innen, davon 94 Prozent in Armut lebende Frauen. Im Lauf der Jahre hat die Bank nicht nur mehr als 1 Milliarde Dollar an verarmte Menschen in Bangladesch verliehen, sondern war auch Teil einer progressiven internationalen Entwicklungsbewegung geworden. Der Gründer der Bank hoffte, seine Strategie, fast nur an Frauen Kredite zu vergeben, werde die Geschlechterdiskriminierung von finanziellen Institutionen in Bangladesch und in der Dritten Welt revidieren; dort konnten Frauen nicht unabhängig wirtschaftlich tätig werden oder nominell frei über ihr Eigentum verfügen oder ein Darlehen aufnehmen. In Bolivien wurde 1992 von der Banco Solidario, der ersten privaten Geschäftsbank, die sich der Vergabe von Kleinstkrediten (Microlending) widmete, das Microlending-Experiment aus der Taufe gehoben. Die bolivianische Bank zählte schließlich 76'000 Kreditnehmer/innen zu ihrer Kundschaft, 70 Prozent davon Frauen.

Der Erfolg der Microlending-Programme rüttelte die globale Entwicklungshilfebürokratie auf, weil sie geschlechterbezogene Vorurteile in der Entwicklungspolitik und den «Je größer, desto besser»-Ansatz von Institutionen wie der Weltbank in Frage stellten. Statt vor allem groß angelegte Infrastruktur-Entwicklungsprojekte zu finanzieren wie in der Vergangenheit, begannen die wichtigsten internationalen Entwicklungsinstitutionen, kleine und kleinste *grassroots*-Unternehmen zu unterstützen. Im Jahre 1994 hat sich die von der Uno veranstaltete Internationale Konferenz für Bevölkerung und Entwicklung speziell mit innovativen Entwicklungsmodellen wie Kleinstkrediten und Kleinstunternehmen beschäftigt, die dazu beitragen, Frauen wirtschaftlich unabhängig zu machen. Gleichzeitig hat die wachsende Zahl von weltweiten Basisbewegungen für Frauen die soziale und politische Macht von Frauen gestärkt. Dies beeinflusst nicht nur die Sicht der Frauen von sich selbst und ihrer Rolle in Familie und Gesellschaft, sondern auch das Bild von Frauen in der Gesellschaft. Aus vielen Basisentwicklungsorganisationen von Frauen sind überdies feministische Organisationen hervorgegangen, die sich primär mit Frauenfragen und der Stellung der Frau in der Gesellschaft beschäftigen. Insgesamt hat die Politisierung beider Gruppentypen dazu geführt, dass Frauen als gesellschaftlich handelnde Personen stärker wahrgenommen und als Politikerinnen eher akzeptiert werden.

Geschlechterspezifische[1] Gewalt

> Die geschlechterspezifische Teilung der Gewalt errichtet eine Welt, die von feindlichen Kräften geformt wird.
> (V. Spike Peterson und Anne Sisson Runyan, Global Gender Issues)

Armut, Ungerechtigkeit, Umweltzerstörung und Konflikte stehen auf komplexe Weise in Wechselwirkung miteinander. Die Diskriminierung von Frauen ist zweifellos ein entscheidender Teil des Ursachenkomplexes für Konflikt und Gewalt. So führen Bevölkerungswachstum und Umweltschädigung zu sozialen und politischen Unruhen sowie Konflikten; diese Zustände erhöhen ihrerseits die Gefahr, dass es zu umwelt- und bürgerkriegsbedingten Völkervertreibungen und internationalen Flüchtlingsströmen kommt, von denen 80 Prozent aus Frauen und Kindern bestehen. Flüchtlinge fliehen jedoch nicht nur vor einer zerstörten Umwelt und internen Konflikten, sondern rufen diese Zustände auch hervor. Die ärmsten Flüchtlinge dieser Welt (die Mehrheit davon Frauen) verursachen daher eine ebenso starke Erschöpfung der natürlichen Ressourcen wie die drei Milliarden Bewohner/innen der Entwicklungsländer zusammen. Die Menschen, die verzweifelt vor Bürgerkrieg und ländlicher Armut flüchten, spielen bei Entwaldung und Wasserverschmutzung in der Dritten Welt die wichtigste Rolle. Während des brutalen Bürgerkriegs in Rwanda flohen beispielsweise mehr als zwei Millionen Menschen vor unerträglichen Lebensbedingungen und Völkermord – und schufen und erlebten in übervölkerten und unsicheren Flüchtlingslagern, wo die Gewalt gegen Frauen und Kinder endemische Ausmaße annahm, diese Schrecken aufs Neue.

So wie Knappheit und Umweltzerstörung das Potenzial für Gewalt generell erhöhen, fördern diese Faktoren auch institutionalisierte Gewalt gegen Frauen. Im rwandischen Bürgerkrieg und im internationalen Krieg im früheren Jugoslawien wurde geschlechterspezifische Gewaltanwendung

---

1 Der hier und im übrigen Kapitel gebrauchte englische Begriff *gender* bezeichnet nicht an erster Stelle das biologische Geschlecht (*sex*), sondern soziale bzw. kulturelle Aspekte, die mit dem einen oder anderen Geschlecht einhergehen. Dafür fehlt ein entsprechendes Wort im Deutschen (Anm. d. Übersetzerin)

erstmals als solche gebrandmarkt und schließlich als Kriegsverbrechen unter Strafe gestellt. Zwar sind systematische sexuelle Übergriffe und Vergewaltigungen schon seit je als sexistische Instrumente von Gewalt und Kriegsführung gegen Frauen eingesetzt worden, doch erst kürzlich sind diese Taten als Kriegsverbrechen und schwere Menschenrechtsverletzungen anerkannt worden. Zuvor hatten die meisten Regierungen und internationalen Organisationen Gewalt gegen Frauen im Verlauf von Konflikten offiziell und gesellschaftlich geduldet, vor allem wegen der staatlich unterstützten, massiven Gewaltanwendung gegen Frauen, die von Militär und Polizeikräften in der Dritten Welt ausgeübt wurde. Im Jahre 1993 berichteten die Medien jedoch ausführlich über die systematische Vergewaltigung, Folterung, Versklavung und Ermordung islamischer bosnischer Frauen und Kinder durch serbische Militärs und Paramilitärs, und dies führte zu einer weltweiten Verurteilung von Vergewaltigung als Waffe im Krieg und bei «ethnischen Säuberungen».

Geschlechterspezifische (in diesem Fall gegen Frauen gerichtete) Gewalt war ein integraler und heimtückischer Bestandteil von interethnischen Konflikten und Genoziden. Eine Überlebende der multiethnischen Konflikte im früheren Jugoslawien meinte dazu: «Nationalismus und Sexismus sind eng miteinander verwoben; der eine nährt den anderen und ist von ihm abhängig.» (MOROKVASIC 1998, 68) Während der Kriege in Bosnien und im Kosovo wurden Frauen als Subjekte und Objekte dieses Konflikts von Feinden wie auch von Freunden immer wieder zu Opfern gemacht. Die Frauen waren nicht nur von den nationalen und regionalen Schaltstellen der Macht ausgeschlossen, wo die Kriegspolitik «gemacht» wurde, sondern sie wurden auch zu Gefangenen der geschlechterspezifischen Ideologien und der patriarchalischen Symbole der Gewalt zwischen den Ethnien in dieser Region. Die Frauen wurden als die «Wächterinnen» rassischer Reinheit stereotypisiert und «entweder nach Kräften geschützt oder geschändet», je nachdem, ob sie «als ‹unsere› oder ‹deren› wahrgenommen wurden» (dies.).

Frauen sind daher die direkten und indirekten Opfer von alltäglicher Gewalt und gesellschaftlichem Zerfall, von wirtschaftlichen Nöten und vom politischen Chaos internationaler und nationaler Kriege. In der Tat sind Kriege, insbesondere multiethnische Kriege, in erster Linie Kriege gegen Frauen und Kinder. Durch geschlechterspezifische Gewalt gewinnt Genozid eine andere gefährliche Bedeutung – den Tod der ethnischen Gruppe oder Rasse. Das beabsichtigte Ziel ist der Genozid oder die «ethnische Säuberung» mit anderen Mitteln. Auf diese Weise wurde die Vernichtung des ethnischen Feindes, des «Anderen», im früheren Jugoslawien durch die Vergewaltigung von Frauen erreicht, ebenso in Rwanda, Somalia, Algerien, Haiti, Osttimor, Indien und den vielen anderen Ländern mit inneren multiethnischen Konflikten. Gerade weil diese gegen ein Geschlecht gerichtete Gewalt dazu dienen soll, auch den ganzen Rest der Gruppe zu bedrohen, werden Folter und Vergewaltigung nicht als Verbrechen gegen einzelne Frauen wahrgenommen, sondern als kollektive, religiös beeinflusste Gewalt gegen die ethnischen Gruppen verstanden, denen die Frauen angehören. Auf diese Weise wird Gewalt gegen Frauen politisiert, ideologisiert und sexistisch, wodurch den Opfern weiterhin Persönlichkeit und Menschenwürde abgesprochen werden und dieser Kreislauf von Knappheit und Gewalt weitere Nahrung erhält.

Wege aus der Krise

Es gibt jedoch konstruktive Möglichkeiten, diesen Teufelskreis von Knappheit und Gewalt gegen Frauen zu durchbrechen. Der erste Schritt besteht darin, die Gewalt gegen Frauen als Teil eines weltweiten Netzes der Unmenschlichkeit zu sehen; ferner muss eine Überprüfung der Normen sowie eine Debatte der eingeschliffenen Machtbeziehungen stattfinden, die zu Diskriminierung und Marginalisierung von Frauen geführt haben. Ein zweiter wichtiger Schritt, den Kreis zu sprengen, ist die Suche nach einem neuen und menschlicheren sozialen Paradigma, das auf der Gleichwertigkeit der Geschlechter und der Respektierung aller Gruppen basiert, die aufgrund von Rasse, Ethnie, Klasse, Religion und Geschlecht anders sind, und dieses Paradigma anzunehmen. Drittens muss die Planung einer humanen Zukunft denjenigen aus den Händen genommen werden, die traditionelle Annahmen nicht hinterfragen oder größere Visionen nicht akzeptieren können. Viertens müssen wir uns alle die Tatsache bewusst machen, dass die Sicherheit von Frauen für die Sicherheit der Umwelt und das menschliche Überleben unverzichtbar ist, und danach handeln. Der gefährdete Status von Frauen rund um die Welt stellt eine Herausforderung der herrschenden Machtverhältnisse dar – dazu gehören auch patriarchalische Formen der Macht – und widerspiegelt die Entrechtung der Machtlosen präzise.

Um diese umfassenderen Lösungen umzusetzen, bedarf es spezieller politischer Strategien. Die strukturbedingte Knappheit, der sich die Menschheit gegenübersieht, ist das Ergebnis eines Verteilungsungleichgewichts, das in Institutionen und Klassen, Geschlecht und ethnischen Beziehungen tief verwurzelt ist. Durch die engen Beziehungen zwischen dem Status der Frauen auf der ganzen Welt und der globalen Überbevölkerung, der Krise von nicht tragfähigen Entwicklungsprogrammen und katastrophaler Umweltzerstörung ist es zudem dringend notwendig, dass die Frauen weltweit bei kurzfristigen wie auch langfristigen Lösungen dieser Probleme miteinbezogen werden. Regierungen und internationale Institutionen müssen die Bildung der Frauen, medizinische Versorgung, Familienplanung, wirtschaftliche Unabhängigkeit sowie politische und gesellschaftliche Machtteilhabe von Frauen fördern und unterstützen. Frauenrechte müssen als Menschenrechte respektiert und geschützt werden, und systematische Gewalt gegen Frauen muss nach nationalem wie internationalem Recht als Verbrechen verfolgt werden. Nur durch einen Abbau der Ungleichheiten in der Beziehung der Geschlechter und bei Chancengleichheit werden Frauen in der Lage sein, ihre Bedürfnisse zu formulieren und zu erfüllen. Während wir auf dieser Basis nach Auswegen aus der globalen Knappheit suchen, dürfen wir die wichtigste Lektion nicht aus dem Blick verlieren: Wenn wir uns um die Frauen der Welt kümmern, sorgen wir damit für die ganze Weltgemeinschaft.

Weiterführende Literatur

BUVINIC, Mayra. 1997. «Women in Poverty: A New Global Underclass.» *Foreign Policy 108* (Herbst): 38–53.
ELLIOTT, Lorraine. 1998. *The Global Politics of the Environment*. New York: New York Univ. Press.
HAYNES, Jeff. 1996. *Third World Politics. A Concise Introduction*. Oxford: Blackwell.

JACOBSON, Jodi. 1992. *Gender Bias. Roadblock to Sustainable Development.* Worldwatch Paper 110. Washington, D.C.: Worldwatch Institute. – Deutsche Ausgabe 1994. *Frauendiskriminierung. Die wirkliche Ursache der Unterentwicklung.* Schwalbach/Ts.: Wochenschau-Verlag.

MORALES, Waltraud Queiser, und Megan A. DUNCANSON. 2000. «Gender Theory and Women in Latin America: A Status Report.» *South Eastern Latin Americanist* 43 (Winter): 37–7.

MOROKVASIC, Mirjana. 1998. «The Logics of Exclusion: Nationalism, Sexism, and the Yugoslav War.» In *Gender, Ethnicity, and Political Ideologies,* herausgegeben von Nickie Charles und Helen Hintjens, 65–90. New York: Routledge.

PETERSON, V. Spike, und Anne Sisson RUNYAN. 1993. *Global Gender Issues.* Boulder, Colo.: Westview Press.

SCOTT, Catherine V. 1995. *Gender and Development. Rethinking Modernization and Dependency Theory.* Boulder, Colo.: Lynne Rienner.

WAYLEN, Georgina. 1996. *Gender in Third World Politics.* Buckingham, Eng.: Open Univ. Press.

YUVAL-DAVIS, Nira. 1997. *Gender and Nation.* Thousand Oaks, Calif.: Sage. – Deutsche Ausgabe 2001. *Geschlecht und Nation.* Emmendingen: Verlag Die Brotsuppe.

Leon Rappoport

11 Knappheit, Genozide und das postmoderne Individuum

Wie werden die Menschen wohl reagieren, wenn zukünftige Knappheiten in vielen Teilen der Welt zunehmend zu Konflikten und Genoziden führen? Genauer gefragt, welche Art von sozialen und psychologischen Reaktionen ist von «Postmodernen» zu erwarten – Menschen, die im hoch technisierten und mediensaturierten Lebensraum von Nordamerika und Westeuropa aufgewachsen sind? Dieser Frage wollen wir nachgehen, indem wir zunächst die Formen völkermörderischer Konflikte umreißen, die bei zukünftig auftretenden Knappheiten wahrscheinlich scheinen, und anschließend die Persönlichkeitsmerkmale skizzieren, die nach Ansicht vieler Sozialwissenschaftler/innen und Kulturkritiker/innen typisch für die Jugend in postmodernen Gesellschaften sind. Schließlich wollen wir diskutieren, auf welche Weisen postmoderne Menschen auf Genozid reagieren könnten.

Konflikte, die zum Genozid führen können

Man braucht seine Fantasie nicht allzu sehr anzustrengen, um die Verbindung zwischen Knappheit und tödlichen Konflikten zu verstehen, die in kürzester Zeit so viele Menschen umbringen können, wie im europäischen Holocaust der Nazis oder im Kambodscha der Roten Khmer vernichtet worden sind. Das beste Beispiel ist momentan Afrika, wo es immer wieder zu Knappheiten kommt, entweder aufgrund von Missernten, kriegerischen Auseinandersetzungen oder staatlicher Misswirtschaft und Korruption – häufig wirken sie alle zusammen. Im Verlauf des letzten Jahrzehnts haben diese Faktoren zu massiven Hungersnöten und völkermörderischen Konflikten mit vielen Millionen Toten geführt. Doch selbst wenn Regierungen integer sind und nach bestem Wissen und Gewissen handeln, untergraben Knappheiten, die durch Überbevölkerung, Bodenerosion, Wassermangel und epidemische Krankheiten wie Aids hervorgerufen werden, die Fähigkeit der staatlichen Autoritäten, eine menschliche Politik zu betreiben. Und in der Folge zeigen ihre Gesellschaften die Tendenz, in einen Zustand bewaffneter Stammesrivalitäten zurückzufallen.

Während in einem großen Teil von Afrika Knappheiten in der einen oder anderen Form eindeutig die Ursache von Konflikten und Massensterben sind, gilt für Osteuropa anscheinend das genaue Gegenteil. Hier waren soziopolitische Konflikte offenbar der Grund für Knappheiten, doch für die Opfer «ethnischer Säuberungen» im früheren Jugoslawien oder im Tschetschenienkrieg war das Endergebnis gleich. Die zerstörerischen Auswirkungen solcher *low intensity conflicts* (Kriege unterhalb der atomaren Schwelle) oder *moderate intensity conflicts* sind überall auf der Welt die gleichen. Im Nahen Osten liegen Araber und Israelis in ständigem Konflikt miteinander, die Menschen im Irak sterben weiterhin indirekt an den Folgen der amerikanischen Bombardements, die einen Großteil der Infrastruktur des Landes zerstört haben, und die Menschen in Lateinamerika fallen Guerillakriegen, Narco-Terrorismus, Todesschwadronen und Aufstandsbekämpfungsmaßnahmen zum Opfer. In all diesen Fällen gibt es auch Effekte auf die nachkommende Generation, denn die (männlichen) Kinder, die zwar überleben, aber verelendet und traumatisiert von den erlebten Gewalttätigkeiten zurückbleiben, wachsen zu Jugendlichen heran, die sich leicht von den Gruppierungen rekrutieren lassen, die die laufenden Kriegs- und Terrorkampagnen fortführen. Es muss zudem betont werden, dass mächtige, reiche Länder wie die Vereinigten Staaten nicht immun gegen die Dynamik von Gewalt in Verbindung mit Knappheit sind. Die soziale Entwurzelung, zu der es während der Entwicklung der USA zu einem postindustriellen, auf Globalwirtschaft ausgerichteten Staat gekommen ist, ist offenbar eng mit dem Aufstieg privater Milizen, bewaffneter religiöser Sekten und Bandenkriminalität verknüpft. Auch wenn die Zahl der Opfer von Sekten, selbstmörderischen Paranoikern, Bombenterroristen und gestörten Schuljungen, die ihr Gewehr auf Mitschüler/innen und Lehrer/innen richten, bisher noch relativ gering ist, könnte sie unter dem Eindruck von ernsthaften Knappheiten durchaus einen dramatischen Anstieg erleben.

Eine Diskussion über mögliche Genozide im Zusammenhang mit Knappheit wäre unvollständig, ohne das Schurkenstaat-Kernwaffen-Szenario zu erwähnen. Hier geht es darum, dass der aus Knappheit resultierende soziopolitische Druck die Wahrscheinlichkeit erhöht, dass Nationen oder Terroristen, die von diesen Nationen unterstützt werden, Kernwaffen erwerben und schließlich gegen die Vereinigten Staaten oder Westeuropa einsetzen. Knappheit in der früheren Sowjetunion gilt auch als Grund, dass Material und Technologie aus dem sowjetischen Nukleararsenal offenbar jedem zum Kauf angeboten wurden, der über das nötige Kapital verfügte.

Postmoderne Kultur und Persönlichkeit

Wir können an dieser Stelle nicht im Detail darüber diskutieren, wo die Moderne endet und die Postmoderne beginnt, doch einige kurze Anmerkungen zu diesem Thema seien gestattet. Wie ich an anderer Stelle erläutert habe, hat sich die Grundauffassung der Moderne, der menschliche Fortschritt führe hin zu einer besseren Welt durch wachsende Vernunft, technologische Effizienz und soziale Kontrolle, angesichts der Nazigräuel und der Atombombenabwürfe auf Japan als falsch erwiesen. Nichts in der modernen Wissenschaft, Gesetzgebung oder Religion trug dazu bei, die Massen- und Völkermorde im 20. Jahrhundert zu verhindern oder sie auch nur deutlich zu mildern. Mehr als ein Historiker vertritt im Gegenteil die Ansicht, dass die Massentötungen des 20. Jahrhunderts durch verschiedene Mechanismen erleichtert wurden, die mit Rationalität, Technologie und sozialer Kontrolle assoziiert sind.

Eine andere Perspektive eröffnete der Architekturkritiker Charles JENCKS, der das Ende der Moderne proklamierte, als 1972 in St. Louis die Sozialsiedlung Pruitt-Igoe gesprengt wurde. Entworfen nach den rationalen, funktionalen Kriterien der Moderne, galt dieser Hochhauskomplex für Einkommensschwache schließlich als nicht mehr geeignet für die menschliche Besiedlung. Andere unterscheiden die Postmoderne von der Moderne durch eine Reihe von einfachen materiellen Vergleichen. Entsprechend dieser Unterscheidung sind elektronische Uhren postmodern, mechanische hingegen modern, Kernwaffen, Computer und Fernsehen sind allesamt postmodern, Schießpulver, Addiermaschinen, Schreibmaschinen und Radios hingegen allesamt modern. In einem breiteren kulturellen Kontext kann man die Unterscheidung postmodern versus modern in Vergleichen ähnlich sehen wie Feminismus versus Sexismus, Internet versus Telefon, MTV versus Hitparade, fast alle Filme der 1980er- und 1990er- versus Filme der 1930er-, 1940er- und 1950er-Jahre.

Filme und Fernsehen spielen in der postmodernen Kultur eine besonders wichtige Rolle, weil sie dem Individuum erlauben, sich einer Vorherrschaft durch etablierte, normative Realitäten zu entziehen, und das Bewusstsein für mögliche alternative Welten stärken. Kommentatoren der Postmoderne vertreten zudem die Meinung, die elektronischen Medien hätten in mancher Hinsicht derartige Fortschritte gemacht, dass die von ihnen erzeugten Bilder und Simulationen wichtiger als die angeblich dargestellten Objekte oder Zustände geworden sind. Wie Marshall McLuhan in seinem berühmten Ausspruch bemerkte, wird das Medium zur Botschaft. Diese Aussage impliziert, dass unsere Wahrnehmung von Personen, Themen und Ereignissen tendenziell von der Bilderwelt der Medien beherrscht wird.

Die diskutierten Aspekte der Postmoderne beeinflussen unsere kulturelle Basis, die Sozialwissenschaftler/innen als Fundament der menschlichen Entwicklung und Persönlichkeit ansehen. In der Tat ist es eine Binsenwahrheit in den Sozialwissenschaften, dass sich die Persönlichkeit in jeder Gesellschaft auf Kultur gründet, und Kultur die «Kollektivpersönlichkeit» der Gesellschaft darstellt. Infolgedessen hat eine zunehmende Zahl von Persönlichkeitstheoretikern im vergangenen Jahrzehnt über die Auswirkungen der postmodernen Kultur auf die Persönlichkeitsentwicklung der Jugend diskutiert, die darin aufwächst. Der größte Teil dieser Arbeiten basiert auf der Prämisse, dass das zentrale Selbstgefühl eines Individuums oder seine Identität auf einem System von Bedeutungen (Sprache, Rollen, Normen und Werten) fußt, die von seiner Kultur geliefert werden. Es erscheint daher logisch, dass tief greifende Veränderungen in einer Kultur zu tief greifenden Veränderungen in der Selbstsicht oder Persönlichkeit ihrer Mitglieder führen.

Aber wie kommt es zu solchen Veränderungen? In vormodernen und frühen modernen Gesellschaften wurden die Mechanismen der Identitätsbildung oder -veränderung oder beide nicht als problematisch angesehen. Das eigene Selbstbild oder die Identität galten als weitgehend durch die kulturellen Vorgaben determiniert, die mit dem eigenen Geschlecht, der Stellung in der Familie (Erst- oder Letztgeborene/r) und dem Status der Familie (insbesondere des Vaters) in der Gesellschaft – wie er oft durch den Familiennamen angedeutet wird, zum Beispiel Jäger oder Schmied – verbunden waren. Mit dem Aufkommen der Industriegesellschaften und noch mehr in postindustriellen und postmodernen Gesellschaften sind Identität und Selbst jedoch sehr problematisch geworden, weil die traditionellen Bedeutungen von Geschlecht und Familienhintergrund zunehmend unwichtiger werden. Bereits in den 1940er- und 1950er-Jahren begann man, diese veränderte Situation zu verstehen, und sie wurde von Theoretikern wie David REISMAN (*The Lonely Crowd*), Erich FROMM (*Die Furcht vor der Freiheit*) und Erik ERIKSON (*Kindheit und Gesellschaft*) in populären Werken beschrieben. Den größten Einfluss hatte jedoch ERIKSON, dessen Buch zum Klassiker avancierte. In den 1960er- und 1970er-Jahren wurde sein Konzept von der jugendlichen «Identitätskrise» zum Standard.

Die Zustände, in denen diese Autoren damals eine sich abzeichnende Bedrohung für eine gesunde, soziale Anpassung und eine stabile Persönlichkeitsentwicklung gesehen haben, sind in postmodernen Gesellschaften zur Regel statt zur Ausnahme geworden. Daher ist es heutzutage ungewöhnlich, intakte Familien zu finden, die ihren Kindern ein klares Gefühl eines unabhängigen Selbst vermitteln können. Und selbst da, wo solche Familien existieren, können sie ihre Aufgabe kaum erfolgreich lösen, weil die Bedeutungen und Werte, die sie repräsentieren, oft keinen Bezug zu der Situation haben, der sich junge Menschen in einem postmodernen Umfeld gegenübersehen. Im größeren gesellschaftlichen Kontext ist Identität überdies zunehmend problematisch geworden, weil sich Strukturen und Prozesse inzwischen so rasch verändern, dass sie lediglich eine formlose Basis für eine Identitätsbildung bieten. Die früheren Sicherheiten, wie sie festgelegte Geschlechterrollen und vorbestimmte Karrierewege geboten haben, sind zusammen mit der industriellen Wirtschaft verschwunden, auf der sie einst gefußt haben. Stattdessen treffen junge Leute jetzt auf eine «Informationswirtschaft», die den Konsum stärker als die

Produktion betont und flexible, rasche Anpassungen an sich wandelnde Technologien und Märkte fordert.

Insgesamt ist das frühere Ideal eines integrierten, einheitlichen Selbstkonzepts deshalb für viele junge Leute inzwischen obsolet und hat wie die mechanische Schreibmaschine und das Wählscheibentelefon die Qualität eines historischen Artefakts angenommen. Was sich stattdessen entwickelt hat, ist ein Selbstgefühl, das sich durch Vielfalt, Flexibilität und Multidimensionalität auszeichnet – ein anpassungsfähiges Selbst, das das Potenzial hat, mehr als eine mögliche Identität zu projizieren. Mit anderen Worten: Was geschätzt wird, ist eine Fähigkeit, das Selbst neu zu erfinden, um es wechselnden Anforderungen und Situationen anzupassen. Beispiele für diesen Typ von «postmodernem Selbst» findet man in der Popkultur reichlich in Form berühmter Showstars wie Madonna, die in der Lage zu sein scheint, ihre Persönlichkeit problemlos neu zu erfinden, um den Erfordernissen wechselnder Trends in Musik und Film zu genügen. Auf einer anderen Ebene gilt dies auch für die in den USA inzwischen abgesetzte TV-Serie *Ein Engel auf Erden*, in der Engel die Hauptrollen spielen, die, während sie durch die Lande ziehen und Menschen in Not helfen, eine Vielzahl neuer Identitäten annehmen. Und sicherlich stehen ganz oben auf jeder Liste berühmter Leute, die *per se* die Qualitäten der Postmoderne repräsentieren, Bill und Hillary Clinton. Ein Großteil der Kontroverse rund um die CLINTONS ergab sich aus dem, was viele Kritiker als ihre außerordentliche «Flexibilität» in persönlicher wie auch in politischer Hinsicht ansehen.

Die Anziehungskraft der fiktionalen wie auch der realen Modelle eines pluralen Selbst und einer vielfältigen personalen Identität liegt in den verlockenden Möglichkeiten, die sie bieten. Auf der einen Seite dramatisieren sie die reichen Potenziale, die verfügbar werden könnten, wenn die soziale Konstruktion des Realitätsprinzips auf die Persönlichkeitsentwicklung angewandt wird, auf der anderen Seite stellen sie eine glamouröse Alternative zu den prosaischen Qualitäten dar, die mit einer einzigen, einheitlichen Identität einhergehen. Besonders jungen Leuten, die in einem postmodernen Umfeld mit raschen sozioökonomischen Veränderungen und einer Scheidungsrate von 50 Prozent aufgewachsen sind, kann das alte Ideal einer Identität, die auf konsistenten, eindimensionalen Loyalitäten gegenüber einer bestimmten Karriere und einem bestimmten Partner basiert, daher nur willkürlich erscheinen.

Human-Potential-Psychologen und -Therapeutinnen, wie sie oft in Talkshows auftreten, tragen durch ihre Warnung vor der Falle eines fixierten Selbstwertgefühls, das persönliches Wachstum hemmt, ebenfalls zum kulturellen Trend in Richtung Pluralismus bei. Therapien, die darauf abzielen, eine Selbstverwandlung zu fördern, werden überall angeboten, und durch Rückgriff auf Fitnessstudios und kosmetische Chirurgie kann auch der Körper für dieses Ziel der Selbstverwandlung eingespannt werden.

Einige Psychiatriewissenschaftler/innen meinen, dass dieser Trend, der Pluralismus und Veränderung fördert, eine gefährliche öffentliche Anfälligkeit für psychische Störungen signalisiert. Das Diagnosehandbuch der *American Psychiatric Association* definiert eine Identitätsstörung als die «Unfähigkeit, Aspekte des Selbst zu integrieren», und eine aktuelle Übersicht berichtet über eine deutlich erhöhte Patientenzahl, bei denen eine solche Störung festgestellt wurde. Doch andere Forscher/innen sehen die Dinge anders, und es gibt mindestens einen, der argumentiert, ein «schizoides Bewusstsein» sei eine Anpassung an das zeitgenössische gesellschaftliche Leben, und ein weiterer vermutet, es sei ganz normal, dass Menschen mehrere «Subpersönlichkeiten» haben.

Forschungsergebnisse unterstützen diese positivere Sicht zunehmend. Einer Studie zufolge stellen sich normale Collegestudenten ihre zukünftige Entwicklung als Aneinanderreihung verschiedener «möglicher Selbst-Typen»[1] vor. Eine andere Studie ergab, dass Menschen mit komplexeren, pluralen Selbstkonzepten besser in der Lage sind, mit Stress fertig zu werden; die Prämisse dabei ist, dass ein Verlust von Selbstwertgefühl auf einer Selbst-Domäne durch einen Erfolg auf einer anderen kompensiert werden kann. Und eine dritte Untersuchung spricht dafür, dass Menschen, die bei Tests auf Persönlichkeitsmultiplizität einen hohen Punktestand erreichten, ein höheres Kreativitätsniveau besitzen als Menschen mit einem niedrigen Ergebnis.

---

1 Im amerikanischen Original *selves*; im Deutschen gibt es keinen entsprechenden Plural von «Selbst» (Anm. der Übersetzerin).

Auch wenn die meisten Theoretiker/innen übereinstimmen, dass sich das Selbst unter dem Einfluss von postmoderner Kultur und Technologie verändert, ist man sich über die Langzeiteffekte uneins. Kenneth GERGEN (1991) hat die Vermutung geäußert, das postmoderne Selbst sei «gesättigt» – überreizt und fragmentiert durch die ständige Flut der Kommunikationsmedien, der es ausgesetzt ist. Doch dieselben Umweltbedingungen gelten bei anderen Forschern als Grund für die Entstehung eines «leeren Selbst» bei postmodernen Menschen, die dann versuchen, ihre innere Leere mit Konsumgütern zu füllen. Eine dritte Perspektive hat Edward SAMPSON entwickelt; er stellt die Theorie auf, die Probleme des zeitgenössischen Selbst wurzelten in der Bedeutungslosigkeit des traditionellen amerikanischen Ideals vom «selbstgenügsamen Individualismus». Er vermutet, dass das Individuum im heutigen globalen Weltsystem nicht länger einen Sinn in betonter Unabhängigkeit finden kann, sondern diesen Sinn durch Beziehungen zu und Integration in eine größere Gemeinschaft finden muss. Entsprechend sieht SAMPSON das postmoderne Individuum als eine Person, die sich durch Erhalt einer Vielfalt von Selbstkonzepten anpasst.

Insgesamt spricht all das, was sich aus Analysen der Popkultur, empirischen Studien und theoretischen Diskussionen ergibt, klar für Multiplizität oder Pluralismus als definierende Qualität der postmodernen Persönlichkeit. Diese Definition stellt eine große Herausforderung für das einheitliche, hierarchische Persönlichkeitssystem dar, das die modernen psychologischen Theorien in der Vergangenheit dominiert hat. Das hierarchische Modell, das auf der Vorstellung basiert, Persönlichkeit sei ein zentral organisiertes, vertikal integriertes System, in dem untergeordnete Impulse und Emotionen von übergeordneten kognitiven Prozessen (dem Ich) kontrolliert werden, erscheint nun überholt. Es ist offenbar dazu bestimmt, von einem stärker dezentralisierten, horizontal organisierten System abgelöst zu werden. In diesem neuen System werden kognitive und emotionale Prozesse als miteinander verwoben statt als einander entgegengesetzt verstanden, und das Modell für Bewusstsein ist eine «Unterhaltung Gleichrangiger» statt eines Kampfes um die Macht.

Aus dieser Perspektive gesehen erscheint die moderne Vorstellung obsolet, persönliche Moral erfordere ein Gewissen oder Über-Ich, das gegen niedere Instinkte ankämpft, um Gehorsam gegenüber verinnerlichten moralischen Werten zu erzwingen, und erinnert an eine viktorianische Dampfmaschine. Die postmoderne Perspektive begreift persönliche Moral hingegen als etwas, das auf kontextabhängigen Bewertungsmöglichkeiten basiert. Wie von einem Theoretiker bereits vorgeschlagen, weist der postmoderne Mensch die Vorstellung von universell gültigen moralischen Prinzipien zugunsten vielfältiger, lokal verwurzelter moralischer Alternativen zurück und versucht, Moralität in Form von Beziehungen und gemeinsamen Werten zu definieren. Dieser Moralbegriff ist, zusammengefasst ausgedrückt, agnostisch, höchst relativistisch und unabhängig von irgendeinem einzelnen System der Rationalität. Daraus folgt, dass moralische Entscheidungen nicht länger von Gehorsam gegenüber «natürlichen» Gesetzen oder religiösen Werten bestimmt werden, sondern auf den Status eines Willensaktes reduziert worden sind, der davon abhängt, wie der oder die Einzelne die Situation interpretiert.

Reaktionen postmoderner Menschen auf Genozid

Bevor wir untersuchen wollen, wie postmoderne Menschen auf Genozid reagieren, sollte zunächst die Diskussionsbasis klargestellt werden. Auch wenn sich die Frage auf das postmoderne Individuum konzentriert, wird sie nicht auf wirklich postmoderne Art gestellt. Wenn das das Ziel wäre, dann würde dies sofort eine kritische kontextuelle Analyse der Frage selbst erfordern: Wer stellt sie, aus welchem Grund, und um welche Formen von Genozid geht es? In diesem Fall müsste man die Methodologie der diskursiven Textanalyse übernehmen, bekannt als Dekonstruktion, und die Antwort lautete wahrscheinlich letztendlich nur: «Es hängt immer von den Umständen ab.»

Es sollte auch betont werden, dass sich postmoderne Individuen untereinander ebenso sehr unterscheiden wie moderne und vormoderne Individuen. Auch wenn traditionelle soziale Klassenunterscheidungen heute komplexer geworden und schwieriger zu interpretieren sind als in der Vergangenheit, sind sie noch immer relevant. Zumindest metaphorisch gibt es die postmodernen Proletarier, die den Datenhighway auf diese oder jene Weise funktionstüchtig halten, und die Plutokraten, die darauf herumkreuzen. Und dann gibt es da noch diese «Hohlköpfe» und Outlaws im Cyberspace, die ewig nach neuen Aufregungen und Sensationen suchen, sei es durch Pornographie, betrügerische Websites oder die Programmierung von Viren, wie auch die Avantgardetechnokraten, die stets an die Grenzen der globalen Vernetzung vorzustoßen versuchen. Doch detaillierte Analysen, die auf diesen Unterscheidungen basieren, wären an dieser Stelle nicht praktikabel. Stattdessen geht die folgende Diskussion aus Gründen der Zweckmäßigkeit von einem «durchschnittlichen» postmodernen Individuum aus. Und wenn man betrachtet, wie dieses Individuum auf Genozid reagieren könnte, ist der wichtigste psychologische Faktor Empathie.

Zahlreiche Studien sprechen dafür, dass Empathie, ein spontanes emotionales Gefühl der Identifikation mit den Leiden der Opfer, das Hauptmotiv für die mitfühlende Reaktion eines Beobachters ist. Ervin STAUB stützte sich bei seiner Analyse, wie Menschen auf die schlimmsten Genozide im 20. Jahrhundert reagiert haben, auf diese Forschungsergebnisse und kam zu dem Schluss, dass es zwei allgemeine Bedingungen gibt, die Empathie hemmen. Eine davon ist materielle Knappheit, die dazu führt, dass sich die Menschen vornehmlich mit ihren eigenen Bedürfnissen beschäftigen und sich ihr Gefühl der Gemeinsamkeit mit anderen verringert. Dieser Umstand traf für das Deutschland der Weimarer Republik, für die frühere Sowjetunion und viele andere Regionen zu. Die andere Bedingung ist ein innerer psychologischer Zustand, der nach STAUBS Einschätzung mit einem schwachen Ego oder einem schlecht artikulierten Selbstkonzept zusammenhängt. Dies ist typisch für Menschen, die in ihrer Kindheit durch schweren Missbrauch, durch Chaos und Deprivation wie in Kriegsgebieten, oder durch das Auseinanderbrechen der Familie in bittern Scheidungskonflikten traumatisiert worden sind. Solche Menschen neigen dazu, auf Sorgen und Stress mit paranoiden Abwehrmechanismen zu reagieren und anderen die Schuld für ihre Schwierigkeiten zuzuschieben.

Es gibt keine substanziellen Belege dafür, dass die Multiplizität, die für postmoderne Menschen charakteristisch ist, zu paranoiden Abwehrmechanismen führt oder ein schwaches Ego nach sich zieht, doch es gibt genügend Ähnlichkeiten zwischen diesen Zuständen und Multiplizität, um parallele Reaktionen auf durch Knappheit bedingten Stress zu vermuten. Überdies würde eine Reaktion nach dem Motto «Das Opfer ist schuld» sicherlich zur Marktfreiheitsorientierung der postmodernen Kultur passen. Illustrative Beispiele sind die defensiven Reaktionen von Bill Clinton auf den Lewinsky-Skandal oder die Art und Weise, in der Bill Gates schwachen Konkurrenten die Schuld für den vom Staat angestrengten Prozess gegen Microsoft gab.

Eine andere Erklärung, warum spontane Empathiegefühle unter Umständen unterdrückt oder ignoriert werden, bietet der Sozialpsychiater Robert LIFTON (1986). Aufgrund seiner Forschungen über deutsche Ärzte, die in den Konzentrationslagern der Nazis Grauenhaftes taten, kam er zu dem Schluss, dass die Ärzte ihren Opfern gegenüber durch einen Prozess des Doubling (Verdopplung) indifferent bleiben konnten. Dieser Prozess ist als eine Form der Dissoziation (Spaltung) definiert, wobei sich das Individuum zwei oder mehr alternative Selbstkonzepte zu Eigen macht. Daher fand LIFTON, dass sich die deutschen Ärzte einerseits als empfindsame Humanisten ansahen und andererseits, während sie schreckliche Experimente an hilflosen Frauen und Kindern durchführten, als ehrenwerte objektive Wissenschaftler. In einer Folgestudie fanden LIFTON und Erik MARKUSEN eine ähnliche, wenn auch weniger stark ausgeprägte Form des Doubling bei Amerikanern, die mit Atomkriegsplanung beschäftigt waren.

Doubling ist demnach ein funktionierender Mechanismus, mit dessen Hilfe Menschen sich mit völkermörderischen Taten arrangieren können. Da Doubling anscheinend eine Variante der allgemeinen Multiplizität, wenn nicht gar des «schizoiden Bewusstseins» postmoderner Menschen ist, scheint die Annahme plausibel, dass es postmodernen Menschen wahrscheinlich nicht sehr schwer fallen würde, Genozid in der einen oder anderen Form zu tolerieren. Kurz, es könnte durchaus sein, dass dieselben adaptiven Qualitäten eines pluralen Selbstkonzepts, die zu Kreativität, Flexibilität und einem effizienten Umgang mit Stress führen, auch gegen Empathie isolieren können.

Man hat erkannt, dass auch vorherrschende Kulturtrends, die sich in Wort- und Bildsymbolen ausdrücken, zu einer Gleichgültigkeit gegenüber schrecklichen Ereignissen führen können. Untersuchungen über SS-Leute und Mitglieder anderer Organisationen, die extreme Gewalt ausgeübt haben, sprechen dafür, dass eine abstrakte, «gefühllose» Sprache voller Euphemismen (Beschönigungen), Akronymen (Abkürzungen) und Metaphern den Menschen eine Distanzierung oder Abspaltung von den Realitäten der Menschenvernichtung erlaubt, die ihre Arbeit mit sich bringt. Hier existiert eine starke Parallele zur für die postmoderne Kultur typischen Semiotik (Lehre von den sprachlichen und nicht sprachlichen Zeichen), insofern als ein Großteil zeitgenössischer Sprache und Bildersymbolik augenscheinlich «gefühllos» ist. Man muss nur an die rasche kollagenartige Bildsymbolik, die Metaphern und die Sprache in Musikvideos, Videospielen, Computericons, Passwörtern, PINs oder an die Trivialisierung von Gewalt in Film und Fernsehen denken.

Das Eintauchen in eine derartige semiotische Umgebung muss nicht zu einer manifesten Spaltung führen, doch es begünstigt wahrscheinlich ein signifikantes Maß an Indifferenz oder Desensibilisierung gegenüber Genoziden in jeder Form. Dies ist besonders in Situationen wichtig, in denen den Opfern die Signalqualitäten fehlen, die unter den Beobachtern Empathie hervorrufen können. Eine derartige Desensibilisierung könnte sich ansatzweise bereits in der Art und Weise zeigen, in der postmoderne Menschen mit den Obdachlosen in den Stadtzentren umgehen: Entweder behandeln sie diese Leute als unsichtbar, oder sie werfen ihnen im Vorübergehen ein paar Münzen hin, ohne ihre Schritte zu verlangsamen.

Ein letztes Thema betrifft den bereits angesprochenen Unterschied zwischen moderner und postmoderner Moralität. Es sei daran erinnert, dass postmoderne Werte im Gegensatz zum modernen Ideal universeller moralischer Werte als kontextabhängige Möglichkeiten beschrieben wurden. Postmoderne Menschen werden daher wahrscheinlich keine reflexartigen moralischen Reaktionen auf einen Genozid hin zeigen, sondern darüber in einer komplexeren, stärker sondierenden Weise reflektieren. Der Gegensatz lässt sich deutlich daran ablesen, wie unterschiedlich moralische Fragen abgehandelt werden, wenn wir moderne mit postmodernen Mediendramen vergleichen. Postmoderne Produktionen wie *Pulp Fiction* und *The Sopranos* stellen moderne moralische Werte absichtlich in Frage, indem sie attraktive Charaktere in mehrdeutigen, amoralischen Situationen zeigen, sodass sich ihr Verhalten nicht nach vereinfachten moralischen Prinzipien beurteilen lässt. Die modernen Filme von John Ford und John Wayne drängen dem Zuschauer eine direkte «vorgekaute» Moralität auf, während die moralischen Fragen in den Filmen von Quentin Tarentino im Plauderton angesprochen werden. Die Filme von Ford und Wayne waren als populäre Unterhaltung erfolgreich, weil sie moralische Gewissheiten unterstrichen, die von Tarantino hatten Erfolg, weil sie moralische Zweideutigkeiten betonten. Ein passendes Beispiel – das Leben als Nachahmung der Kunst – kann man darin sehen, wie der Mordprozess um O. J. Simpson zu einem grandiosen Medienereignis wurde.

Andere Aspekte der postmodernen Kultur begünstigen ebenfalls komplexe, mehrdeutige moralische Perspektiven. Während des Golfkriegs bot das Fernsehen oft fast simultan Reportagen von beiden Seiten des Konflikts, und die Zuschauer/innen konnten dazu gebracht werden, den Bombern zuzujubeln, während sie gleichzeitig mit den Bombenopfern fühlten. Der Postmodernismus erkennt sogar die Logik des Terrorismus an. Wenn jeder zum Opfer werden kann, werden Regierungen als ohnmächtig vorgeführt, wenn Terrorattacken ein breites Medienecho garantieren, werden sie zu einer Public-Relations-Taktik, und wenn alle als direkte oder indirekte Mitspieler/innen am Weltsystem definiert werden können, gibt es keine unschuldigen Zuschauer/innen. Diese Aussage soll nicht suggerieren, dass die Logik des Terrorismus als legitim akzeptiert wird. Akzeptiert wird jedoch, dass die Terroristen von gestern, sobald sie auf Gewalt verzichten, zu legitimen Mitspielern im Weltsystem werden.

Berücksichtigt man die ausgeprägte Multiplizität, die mit der postmodernen Persönlichkeitsentwicklung einhergeht, und das wachsende Klima moralischer Mehrdeutigkeit, wie es für die postmoderne Kultur typisch ist, so gibt es nur eine plausible Mutmaßung über die Reaktion des postmodernen Menschen auf Genozid: Diese Reaktion wird wohl zögernd, komplex und facettenreich sein. Wenn die Ereignisse also nicht ständig in den Medien präsent sind und die Opfer bei den Beobachtern kein besonders hohes Maß an Empathie wecken, dann wird die Reaktion vermutlich zu Gleichgültigkeit oder Apathie tendieren. Genau so war es offenbar bei den aktuellen völkermörderischen Konflikten im Afrika südlich der Sahara der Fall. Ganz anders die Reaktionen auf den Konflikt im Kosovo, wo es schließlich zu einer öffentlichen Reaktion kam, die allerdings auf eine möglichst geringe Verwicklung programmiert war. Das operative Prinzip, mit dem postmoderne Öffentlichkeit und Regierung auf die Kräfte reagieren, die für einen Genozid verantwortlich sind, lässt sich in etwa so zusammenfassen: «Wenn man sie nicht aussitzen kann, dann muss man sie ausdiskutieren oder auszahlen oder sie in die Luft jagen, aber nur dann, wenn das Kosten/Nutzen-Verhältnis sehr günstig ist.»

Schlussfolgerungen

Zwar stellen sich die meisten Zukunftsprognosen immer wieder als falsch heraus, doch dies wäre bei den hier vorgestellten Schlussfolgerungen wohl eine gute Sache. Alle relevanten Faktoren – Sprache, Bildersymbolik und ein Klima moralischer Mehrdeutigkeit – sprechen jedoch dafür, dass ein wachsender Prozess der Desensibilisierung im Gange ist. Und die gesamte relevante Persönlichkeitstheorie und -forschung deutet darauf hin, dass die Multiplizität, die für postmoderne Menschen so typisch ist, es erleichtert, desensibilisierende Stresshandhabungs- oder Abwehrmechanismen zu übernehmen.

Was dies für die Zukunft bedeuten mag, bleibt problematisch. Die pessimistische Sichtweise ist, dass kurzfristig alles auf ein dunkles Zeitalter hindeutet, in dem eine privilegierte und selbstgefällige postmoderne Minderheit immer gleichgültiger auf eine wachsende Zahl von völkermörderischen Konflikten reagieren wird. Doch es gibt auch eine optimistischere Langzeitperspektive, nach der diese postmoderne Minderheit schließlich, zwar langsam und zögerlich, die Mittel finden wird, zu retten, was zu retten ist, und die Ausbreitung einer befreienden, humanistischen Multiplizität fördert.

Wege aus der Krise

Es gibt keine einfachen Wege aus der Wahrscheinlichkeit, dass postmoderne Individuen relativ unempfindlich auf Genozid reagieren. Diese Tendenz könnte jedoch durch gemeinsame Anstrengungen von öffentlichen Medien, Kirchen und dem Bildungssystem stark verringert werden. Ein illustratives Beispiel ist der Film *Schindlers Liste*, der nicht nur ein Kassenerfolg war, sondern auch im Schulunterricht eingesetzt wurde, um

Wissen über den Holocaust zu vermitteln und Empathie gegenüber den Opfern zu wecken. Zu mitfühlender Aufmerksamkeit für die Notlage anderer Genozidopfer haben auch berühmte Musiker aufgerufen, die zu diesem Zweck spezielle Konzerte organisiert haben. Und schließlich sollte man die Auswirkungen der Regierungspolitik nicht unterschätzen. Wenn sich die Regierungen in Westeuropa und Nordamerika zu einer raschen Reaktion auf völkermörderische Konflikte verpflichteten, indem sie humanitäre und militärische Hilfsmaßnahmen effizient einsetzten, könnten sich postmoderne Menschen zu einem echten Engagement oder wirklicher Hilfe ermutigt fühlen.

Weiterführende Literatur

BAUMGARDNER, S. R., und L. RAPPOPORT. 1996. «Culture and Self in Postmodern Perspective.» *Humanistic Psychologist* 24: 116–40.
DEBERRY, Stephen T. 1993. *Quantum Psychology: Steps to a Postmodern Ecology of Being.* Westport, Conn.: Praeger.
GERGEN, Kenneth J. 1991. *The Saturated Self.* New York: Basic Books. – Deutsche Ausgabe 1996. *Das übersättigte Selbst. Identitätsprobleme im heutigen Leben.* Heidelberg: Carl-Auer-Systeme.
KAPLAN, Robert D. 1994. «The Coming Anarchy.» *Atlantic Monthly* (Feb.): 44–76.
KVALE, Steinar. 1992. «Postmodern Psychology: A Contradiction in Terms?» In *Psychology and Postmodernism*, herausgegeben von S. Kvale, 31–57. Newbury Park, Calif.: Sage.
LIFTON, Robert J. 1986. *The Nazi Doctors: Medical Killing and the Psychology of Genocide.* New York: Basic Books.
ROWAN, John, und Mick COOPER. 1999. *The Plural Self.* London: Sage.

Literaturverzeichnis

ABERNETHY, Virginia. 1979. *Population pressure and Cultural Adjustment.* New York: Human Sciences Press.
- 1993. «The Demographic Transition Revisited: Lessons for Foreign Aid and U. S. Immigration Policy.» *Ecological Economics* 8: 235–252.
- 1994. «Optimism and Overpopulation.» *Atlantic Monthly* (Dez.): 84–91.
- 1999. *Population Politics.* 1993. Nachdruck. Piscataway, N. J.: Transactions Press.

ARENS, Richard (Hrsg.). 1976. *Genocide in Paraguay.* Philadelphia: Temple Univ. Press.

ATHANASIOU, Tom. 1996. *Divided Planet.* Boston: Little, Brown.

BARNET, Richard, und John CAVANAGH. 1994. *Global Dreams: Imperial Corporations and the New World Order.* New York: Simon and Schuster.

BARTLETT, Albert, und Edward P. LYTWAK. 1995. «Zero Growth of the Population of the United States.» *Population and Environment* 16, Nr. 5: 415–428.

BAUMGARDNER, S. R., und L. RAPPOPORT. 1996. «Culture and Self in Postmodern Perspective.» *Humanistic Psychologist* 24: 116–140.

BELLO, Walden, Shea CUNNINGHAM und Bill RAU. 1994. *Dark Victory: The United States, Structural Adjustment, and Global Poverty.* London: Pluto Press, für das Institute for Food and Development Policy und Food First.

BLUMBERG, Paul. 1980. *Inequality in an Age of Decline.* New York: Oxford Univ. Press.

BOOKMAN, Milica Z. 1997. *The Demographic Struggle for Power: The Political Economy of Demographic Engineering in the Modern World.* London and Portland, Oreg.: Frank Cass.

BORJAS, George. 1995. «Know the Flow.» *National Review* (17. April): 44–49.

BORJAS, George, und Richard B. FREEMAN. 1992. *The Economic Effects of Immigration in Source and Receiving Countries.* Chicago: Univ. of Chicago Press.

BRIGGS, Vernon M., Jr. 1990. «Testimony Before the U. S. House of Representatives Judiciary Committee Subcommittee on Immigration, Refugees, and International Law.» *Congressional Record* (13. März).

Brittain, Victoria. 1995. «The Continent That Lost Its Way.» In *Global Issues*, herausgegeben von Robert M. Jackson, 150–152. Guilford, Conn.: Dushkin.

Brown, Lester, Christopher Flavin und Sandra Postel. 1991. *Saving the Planet: How to Shape an Environmentally Sustainable Global Economy.* New York: W. W. Norton. – Deutsche Ausgabe 1992. *Zur Rettung des Planeten Erde. Strategien für eine ökologisch nachhaltige Weltwirtschaft.* Frankfurt/Main: S. Fischer Verlag.

– 2000. *Vital Signs, 2000.* New York: W. W. Norton. – Deutsche Ausgabe 2000. *Vital Signs – Zeichen der Zeit 2000/2001.* Schwalbach/Ts: Wochenschau Verlag.

– (Hrsg.). 1995. «Nature's Limits». In *State of the World*, 1995, 3–20. New York: W. W. Norton.

Brown, Lester, und Hal Kane. 1980. *Building a Sustainable Society.* New York: W. W. Norton.

– 1994. *Full House: Reassessing the Earth's Population Carrying Capacity.* New York: W. W. Norton.

Buchanan, Patrick J. 1998. *The Great Betrayal.* Boston: Little, Brown.

Buvinic, Mayra. 1997. «Women in Poverty: A New Global Underclass.» *Foreign Policy 108* (Herbst): 38–53.

Chagnon, Napoleon A. 1968. *Yanomamö. The fierce people.* New York: Holt, Rinehart & Winston.

Campbell, Colin. 1998. *The Future of Oil and Hydrocarbon Man.* Houston and London: Petroconsultants.

Caplan, Gerald, und Anatole Sangare. 2000. *The Preventable Genocide.* Online unter http://www.oau-oua.org/Document/ipep/ipep.htm: Organization of African Unity.

Chatterjee, Pratap, und Matthias Finger. 1994. *The Earth Brokers: Power, Politics, and World Development.* New York: Routledge.

Chomsky, Noam. 1994. *World Orders Old and New.* New York: Columbia Univ. Press.

– 1997. *Profit over People.* New York: Seven Stories. – Deutsche Ausgabe 2001 (6. Aufl.). *Profit over Poeple. Neoliberalismus und globale Weltordnung.* Hamburg: Europa Verlag.

Chossudovsky, Michel. 1997. *Tbc Globalisation of Poverty: Impacts of IMF and World Bank Reforms.* London and Atlantic Highlands, N. J.: Zed Books; Penang, Malaysia: Third World Network. – Deutsche Ausgabe 2002. *Global brutal. Der entfesselte Welthandel, die Armut, der Krieg.* Frankfurt/Main: Zweitausendeins.

Cobb, John B., Jr. 1994. *Sustaining the Common Good: A Christian Perspective on the Global Economy.* Cleveland: Pilgrim Press.

- 1998. «The Threat to the Underclass.» In *The Coming Age of Scarcity. Preventing Mass Death and Genocide in the Twenty-first Century*, herausgegeben von Michael Dobkowski und Isidor Wallimann, 25–42. Syracuse: Syracuse Univ. Press.
- 1999. *The Earthist Challenge to Economism: A Theological Critique of the World Bank*. New York: St. Martin's Press.

COHEN, Mark N. 1977. *The Food Crisis in Prehistory*. New Haven: Yale Univ. Press.

CONNELLY, Matthew, und Paul KENNEDY. 1994. «Must It Be the Rest Against the West?» *Atlantic Monthly* 274 (Dez.): 61–83.

CONQUEST, Robert. 1986. *The Harvest of Sorrow: Soviet Collectivization and the Terror-Famine*. New York: Oxford Univ. Press. – Deutsche Ausgabe 1988. *Ernte des Todes. Stalins Holocaust in der Ukraine 1929–1933*. München: Langen Müller Verlag.

CROSSETTE, Barbara. 1995. «UN Parley Ponders Ways to Stretch Scarce Aid Funds.» *New York Times*, 7. März, A6.

DALY, Herman E. 1977. *Steady-State Economics. The Economics of Biophysical Equilibrium and Moral Growth*. San Francisco: Freeman.
- 1992. *Steady-State Economics*. 2. Aufl., London: Earthscan.

DALY, Herman E., und John B. COBB, Jr. 1994. *For the Common Good: Redirecting the Economy Toward Community, the Environment, and a Sustainable Future*. 2. Aufl., Boston: Beacon Press.

DANAHER, Kevin, und Roger BURBACH (Hrsg.). 2000. *Globalize This!* Monroe, Maine: Common Courage Press.

DEBERRY, Stephen T. 1993. *Quantum Psychology: Steps to a Postmodern Ecology of Being*. Westport, Conn.: Praeger.

DES FORGES, Alison. 1999. *Leave None to Tell the Story: Genocide in Rwanda*. New York und Paris: Human Rights Watch. – Deutsche Ausgabe 2002. *Kein Zeuge darf überleben. Der Genozid in Ruanda*. Hamburg: Hamburger Edition.

DILWORTH, Craig. 1997. *Sustainable Development and Decision Making*. Uppsala: Department of Philosophy, Uppsala Univ.
- 1998. «The Vicious Circle Principle.» In *The Coming Age of Scarcity: Preventing Mass Death and Genocide in the Twenty-first Century*, herausgegeben von Michael Dobkowski und Isidor Wallimann, 117–143. Syracuse: Syracuse Univ. Press.

DOBKOWSKI, Michael, und Isidor WALLIMANN (Hrsg.). 1998. *The Coming Age of Scarcity: Preventing Mass Death and Genocide in the Twenty-first Century*. Syracuse: Syracuse Univ. Press.

DOUTHWAITE, Richard. 1996. *Short Circuit.* Dublin: Lilliput. – Deutsche Ausgabe mit Hans Diefenbacher 1998. *Jenseits der Globalisierung. Handbuch für lokales Wirtschaften.* Mainz: Matthias-Grünewald-Verlag.

EHRENFELD, David. 1978. *The Arrogance of Humanism.* New York: Oxford Univ. Press.

EHRLICH, Paul R., und Ann H. EHRLICH. 1981. *Extinction: The Causes and Consequences of the Disappearance of Species.* New York: Random House.

– 1990. *The Population Explosion.* New York: Touchstone.

ELLIOTT, Lorraine. 1998. *The Global Politics of the Environment.* New York: New York Univ. Press.

ELLUL, Jacques. 1964. *The Technological Society.* New York: Vintage Books.

ENGELBERT, Pierre, und Richard HOFFMANN. 1994. «Burundi: Learning the Lessons.» In *Adjustment in Africa: Lessons from Country Case Studies,* herausgegeben von Ishrat Husain und Rashid Faruqee, 11–71. Washington, D.C.: World Bank.

ENZENSBERGER, Hans Magnus. 1993. *Civil Wars: From Los Angeles to Bosnia.* New York: New Press. – Deutsche Ausgabe 1993. *Aussichten auf den Bürgerkrieg.* Frankfurt/Main: Suhrkamp.

ESCOBAR, Arturo. 1995. *Encountering Development. The Making and Unmaking of the Third World.* Princeton: Princeton Univ. Press.

ESMAN, Milton J. 1994. *Ethnic Politics.* Ithaca: Cornell Univ. Press.

ESTRADA, Richard. 1991. «The Impact of Immigration on Hispanic Americans.» *Chronicles* (Juli): 24–28.

ETZOLD, Thomas H., und John Lewis GADDIS (Hrsg.). 1978. *Containment: Documents on American Policy and Strategy.* Bd. 2, 1945–1950. New York: Columbia Univ. Press.

FEIN, Helen. 1993. «Accounting for Genocide after 1945: Theories and Some Findings.» *International Journal on Group Rights* 1: 79–106.

FERGUSON, R. Brian. 1995. *Yanomami Warfare: A Political History.* Santa Fe: School of American Research Press.

FERGUSON, R. Brian, und Neil L. WHITEHEAD (Hrsg.). 1992. *War in the Tribal Zone: Expanding States and Indigenous Warfare.* Santa Fe: School of American Research Press.

FINSTERBUSCH, Kurt. 1973. «The Sociology of Nation States: Dimensions, Indicators, and Theory.» In *Comparative Social Research: Methodological Problems and Strategies,* herausgegeben von Michael Armer und Allen Grimshaw, 417–466. New York: John Wiley and Son.

– 1983. «Consequences of Increasing Scarcity on Affluent Countries.» *Technological Forecasting and Social Change* 23: 59–73.

FRENCH, Hillary. 1995. «Forging a New Global Partnership.» In *State of the World, 1995*, herausgegeben von Lester Brown et al., 170–190. New York: W. W. Norton.
– 2000. *Vanishing Borders*. 1995. Reprint. New York: W. W. Norton.
FREY, William. 1995. «Immigration and Internal Migration ‹Flight›: A California Case Study.» *Population and Environment* 16, Nr. 4: 353–375.
FRIEDMAN, Thomas L. 2000. *The Lexus and the Olive Tree*. Revidierte Ausgabe. New York: Anchor Books.
FUKUYAMA, Francis. 1989. «The End of History.» *National Interest* (Sommer): 3–20.
GARDELS, Nathan. 1995. «Tide of Globalization.» *New Perspectives Quarterly* 12 (Winter): 2–3.
GEORGESCU-ROEGEN, Nicholas. 1971. *The Entropy Law and the Economic Process*. Cambridge: Harvard Univ. Press.
– 1976. *Energy and Economic Myths*. San Francisco: Pergamon Press.
GERGEN, Kenneth J. 1991. *The Saturated Self*. New York: Basic Books. – Deutsche Ausgabe 1996. *Das übersättigte Selbst. Identitätsprobleme im heutigen Leben*. Heidelberg: Carl-Auer-Systeme.
GOLDIN, Claudia. 1993. «The Political Economy of Immigration Restriction in the United States, 1890 to 1921.» *NBER Working Paper* 4345. Cambridge: Harvard Univ.
GORE, Al. 1992. *The Earth in Balance: Ecology and the Human Spirit*. Boston: Houghton Mifflin. – Deutsche Ausgabe 1992. *Wege zum Gleichgewicht. Ein Marshallplan für die Erde*. Frankfurt/Main: 1992.
GOWDY, John M. 1998. *Limited Wants, Unlimited Means. A Reader on Hunter-Gatherer Economics and the Environment*. Washington, D. C.: Island Press.
GRUHN, Isebill. 1995. *Collapsed States in Africa*. Artikel, vorgelegt 1995 auf der American Society for Environmental History, Las Vegas.
GURR, Ted Robert. 1970. *Why Men Rebel*. Princeton: Princeton Univ. Press. – Deutsche Ausgabe 1972. *Rebellion. Motivationsanalyse von Aufruhr, Konspiration und innerem Krieg*. Düsseldorf, Wien: Econ Verlag.
– 1985. «On the Political Consequences of Scarcity and Economic Decline.» *International Studies Quarterly* 29: 51–75.
– 1993. *Minorities at Risk: A Global View of Ethnopolitical Conflict*. Washington, D. C.: U. S. Institute of Peace.
HAUCHLER, Ingomar, und Paul KENNEDY (Hrsg.). 1994. *Global Trends: The World Almanac of Development and Peace*. New York: Continuum. – Deutsche Ausgabe 1993. *Globale Trends 93/94*. Frankfurt/Main: Fischer Verlag.

HAWKEN, Paul. 1993. *The Ecology of Commerce.* New York: HarperCollins. – Deutsche Ausgabe 1996. *Kollaps oder Kreislaufwirtschaft. Wachstum nach dem Vorbild der Natur.* Berlin: Siedler Verlag.

HAYNES, Jeff. 1996. *Third World Politics. A Concise Introduction.* Oxford: Blackwell.

HEILBRONER, Robert. 1992. *An Inquiry into the Human Prospect. Looked at Again for the 1990s.* New York: W. W. Norton.

HERTSGAARD, Mark. 1999. *Earth Odyssey.* New York: Broadway Books. – Deutsche Ausgabe 2001. *Expedition ans Ende der Welt.* Frankfurt/Main: Fischer Taschenbuch-Verlag.

HILSUM, Lindsay. 1994. «Settling Scores.» *Africa Report 39*, Nr. 3: 13–17.

HIRSCH, Herbert. 1995. *Genocide and the Politics of Memory Studying Death to Preserve Life.* Chapel Hill: Univ. of North Carolina Press.

HOBBES, Thomas. 1960. *Leviathan; or, The Matter, Forme, and Power of a Commonwealth Ecclesiasticall and Civil. 1651.* Nachdruck. Oxford: Blackwell. – Deutsche Ausgabe 1996. *Leviathan oder Stoff, Form und Gewalt eines kirchlichen und bürgerlichen Staates.* Frankfurt/Main: Suhrkamp.

HOMER-DIXON, Thomas F. 1991. «On the Threshold: Environmental Changes as Causes of Acute Conflict.» *International Security* 16: 76–116.

HOMER-DIXON, Thomas F., Jeffery BOUTWELL und George RATHJENS. 1993. «Environmental Change and Violent Conflict.» *Scientific American* (Feb.): 33–45.

HUDDLE, Donald L. 1993. «Dirty Work: Are Immigrants Taking Jobs That the Native Underclass Does Not Want?» *Population und Environment* 14, Nr. 6: 515–538.

HUMAN RIGHTS WATCH. 1995. *Slaughter among Neighbors. The Political Origins of Communal Violence.* New Haven: Yale Univ. Press.

IHONVBERE, Julius O. 1992. «The Third World and the New World Order.» In *Developing World,* herausgegeben von Robert J. Griffiths, 6–16. Guilford, Conn.: Dushkin.

JACOBSON, Jodi. 1992. *Gender Bias. Roadblock to Sustainable Development.* Worldwatch Paper 110. Washington, D. C.: Worldwatch Institute. – Deutsche Ausgabe 1994. *Frauendiskriminierung: Die wirkliche Ursache der Unterentwicklung.* Schwalbach/Ts: Wochenschau-Verlag.

JAKUBOWSKA, Longina. 1992. «Resisting ‹Ethnicity›: The Israeli State and Bedouin Identity.» In *The Paths to Domination, Resistance, and Terror,* herausgegeben von Carolyn Nordstrom und Joann Martin, 85–105. Berkeley and Los Angeles: Univ. of California Press.

KANE, Hal. 1995. «The Hour of Departure: Forces That Create Refugees and Migrants.» *World Watch Paper* 125 (Juni): 5–56.

KAPLAN, Robert D. 1994. «The Coming Anarchy.» *Atlantic Monthly* (Feb.): 44–76.
– 1996. *The Ends of the Earth*. New York: Vintage Books.
– 2000. *The Coming Anarchy*. New York: Random House.
KATES, Robert, Billie L. TURNER II und William CLARK. 1990. «The Great Transformation.» In *The Earth as Transformed by Human Action*, herausgegeben von Billie Turner et al., 1–18. New York: Cambridge Univ. Press.
KELLAS, James G. 1991. *The Politics of Nationalism and Ethnicity*. New York: St. Martin's Press.
KENNAN, George. 1995. «On American Principles.» *Foreign Affairs 74*, Nr. 2: 116–125.
KENNEDY, Margrit. 1988. *Interest and Inflation Free Money*. Steyerberg: Permaculture. – Deutsche Ausgabe 1991. *Geld ohne Zinsen und Inflation: Ein Tauschmittel, das jedem dient*. München: Goldmann Verlag.
KENNEDY, Paul. 1987. *The Rise and Fall of the Great Powers. Economic Change and Military Conflict from 1500 to 2000*. New York: Random House. – Deutsche Ausgabe 1989. *Aufstieg und Fall der großen Mächte. Ökonomischer Wandel und militärischer Konflikt von 1500 bis 2000*. Frankfurt/Main: S. Fischer Verlag.
KORTEN, David C. 1995. *When Corporations Rule the World*. West Hartford, Conn.: Kumarian Press.
– 1999. *The Post-Corporate World*. San Francisco: Berrett-Kochler.
KUPER, Leo. 1981. *Genocide: Its Political Use in the Twentieth Century*. New Haven: Yale Univ. Press.
KUZNETS, Simon. 1955. «Economic Growth and Income Inequality». *American Economic Review* 45: 1–28.
KVALE, Steinar. 1992. «Postmodern Psychology: A Contradiction in Terms?» In *Psychology and Postmodernism*, herausgegeben von S. Kvale, 31–57. Newbury Park, Calif.: Sage.
LAFAY, Jean-Dominique, und Jacques LECAILLON. 1993. *The Political Dimension of Economic Adjustment*. Paris: Development Center of the Organisation for Economic Co-operation and Development.
LAFAY, Jean-Dominique, MORRISSON, Christian, DESSUS, Sébastien. 1993. *La faisabilité politique de l'ajustement dans les pays africains*. Paris: OCDE.
LEE, Ronald D. 1980, «A Historical Perspective on Economic Aspects of the Population Explosion: The Case of Preindustrial England.» In *Population and Economic Change in Developing Countries*, herausgegeben von Richard A. Easterlin, 517–557. Chicago: Univ. of Chicago Press.
– 1987. «Population Dynamics of Humans and Other Animals.» *Demography 24*, Nr. 4 (Nov.): 443–465.

LENSKI, Gerhard. 1966. *Power and Privilege: A Theory of Social Stratification.* Chapel Hill: Univ. of North Carolina Press. – Deutsche Ausgabe 1973. *Macht und Privileg. Eine Theorie der sozialen Schichtung.* Frankfurt/Main: Suhrkamp.

LIFTON, Robert J. 1986. *The Nazi Doctors: Medical Killing and the Psychology of Genocide.* New York: Basic Books. – Deutsche Ausgabe 1998. *Ärzte im Dritten Reich.* München: Ullstein Verlag.

LINDEN, Eugene. 1998. *The Future in Plain Sight.* New York: Simon and Schuster.

MALCOLM, Noel. 1995. «The Case Against ‹Europe›.» *Foreign Affairs* 74, Nr. 2: 52–61.

MALTHUS, Thomas R. 1970. *An Essay on the Principle of Population.* 1798. Nachdruck. Harmondsworth, Eng.: Penguin Books. – Deutsche Ausgabe 1977. *Das Bevölkerungsgesetz.* München: Deutscher Taschenbuch-Verlag.

MANDER, Jerry, und Debi BARKER. 2000. *Beyond the World Trade Organization.* Sausalito, Calif: International Forum on Globalization.

MANDER, Jerry, und E. GOLDSMITH, (Hrsg.) 1997. *The Case Against the Global Economy.* San Francisco: Sierra Club. – Deutsche Ausgabe 2002. *Schwarzbuch Globalisierung. Eine fatale Entwicklung mit vielen Verlierern und wenigen Gewinnern.* München: Riemann Verlag.

MARSHALL, Jonathan. 1995. «How Immigrants Affect the Economy.» *San Francisco Chronicle,* Jan. 9, B3.

MCDANIEL, Carl N., und John M. GOWDY. 2000. *Paradise for Sale: A Parable of Nature.* Berkeley und Los Angeles: Univ. of California Press.

MEADOWS, Donella H. et al. 1992. *Beyond the Limits. Global Collapse or a Sustainable Future?* London: Earthscan. – Deutsche Ausgabe 1992. *Die neuen Grenzen des Wachstums. Die Lage der Menschheit: Bedrohung und Zukunftschancen.* Stuttgart: DVA.

MELLARS, Paul, und STRINGER, Chris (Hrsg.). 1989. *The Human Revolution. Behavioural and Biological Perspectives on the Origins of Modern Humans.* Edinburgh: Edinburgh Univ. Press.

MILBRATH, Lester W. 1989. *Envisioning a Sustainable Society: Learning Our Way Out.* Albany: State Univ. of New York Press.

MORALES, Waltraud Queiser. 1998. «Intrastate Conflict and Sustainable Development.» In *The Coming Age of Scarcity. Preventing Mass Death and Genocide in the Twenty-first Century,* herausgegeben von Michael Dobkowski und Isidor Wallimann, 245–268. Syracuse: Syracuse Univ. Press.

MORALES, Waltraud Queiser, und Megan A. DUNCANSON. 2000. «Gender Theory and Women in Latin America: A Status Report.» *South Eastern Latin Americanist* 43 (Winter): 37–57.

Morokvasic, Mirjana. 1998. «The Logics of Exclusion: Nationalism, Sexism, and the Yugoslav War.» In *Gender, Ethnicity, and Political Ideologies,* herausgegeben von Nickie Charles und Helen Hintjens, 65–90. New York: Routledge.

Morris, Frank L., Jr. 1990. «Illegal Immigration and African American Opportunities Testimony Before the U.S. House of Representatives Judiciary Committee Subcommittee on Immigration, Refugees, and International Law.» *Congressional Record* (5. Apr.).

Mumford, Lewis. 1967. *The Myth of the Machine. Vol. 1, Technics and Human Development.* San Diego: Harcourt Brace Jovanovich. – Deutsche Ausgabe 1974. *Mythos der Maschine. Kultur, Technik und Macht.* Wien: Europaverlag.

Newbury, Catharine. 1992. «Rwanda: Recent Debates over Governance and Rural Development.» In *Governance and Politics in Africa,* herausgegeben von Goran Hyden und Michael Bratton, 193–220. Boulder: Lynne Rienner Publishers.

Norgaard, Richard B. 1994. *Development Betrayed.* New York: Routledge.

O'Connor, James. 1994. «Is Sustainable Capitalism Possible?» In *Is Capitalism Sustainable?,* herausgegeben von Martin O'Connor, 152–75. New York: Guilford Press.

Omaar, Rakiya, und Alex de Waal. 1994. *Rwanda: Death, Despair, and Defiance.* 2. Aufl. London: African Rights.

Ophuls, William, und A. Stephen Boyen Jr. 1992. *Ecology and the Politics of Scarcity Revisited: The Unraveling of the American Dream.* New York: W. H. Freeman.

Parker, Geoffrey. 1988. *The Military Revolution: Military Innovation and the Rise of the West, 1500–1800.* Cambridge: Cambridge Univ. Press. – Deutsche Ausgabe 1990. *Die militärische Revolution: Die Kriegskunst und der Aufstieg des Westens 1500–1800.* Frankfurt/Main: Campus Verlag.

Peterson, V. Spike, und Arme Sisson Runyan. 1993. *Global Gender Issues.* Boulder, Colo.: Westview Press.

Petrella, Ricardo. 1995. «A Global Agora vs. Gated City-Regions.» *New Perspectives* Quarterly 12 (Winter): 21–22.

Pfaff, William. 1995. «A New Colonialism?» – *Foreign Affairs* 74, Nr. 1 (Jan./Feb.): 2–6.

Pimentel, David C. Harvey, et al. 1995. «Environmental and Economic Costs of Soil Erosion and Conservation Benefits.» *Science* 267 (24. Feb.): 1117–1123.

Ponting, Clive. 1991. *A Green History of the World: The Environment and the Collapse of Great Civilizations.* New York: St. Martin's Press.

Raghavan, Chakravarthi. 1990. *Recolonization: GATT, the Uruguay Round, and the Third World.* Penang, Malaysia: Third World Network.

RASLER, Karen, und William R. THOMPSON. 1989. *War and State Making. The Shaping of the Global Powers.* Boston: Unwin Hyman.

REDCLIFT, Michael. 1987. *Sustainable Development. Exploring the Contradictions.* New York: Routledge.

RENNER, Michael. 1996. *Fighting for Survival.* New York: W. W. Norton.

RIST, Gilbert. 1997. *The History of Development.* London: Zed Books. – Deutsche Ausgabe 1989. *Das Märchen von der Entwicklung.* Zürich: Rotpunktverlag.

ROWAN, John, und Mick COOPER. 1999. *The Plural Self.* London: Sage.

SAHLINS, Marshall. 1972. *Stone Age Economics.* Chicago: Aldine.

SAINT-JEAN, Armande. 1994. «Rwanda: An Activist Reflects on Her Nation's Trauma and History.» *MS* 5, Nr. 3 (Nov./Dez.): 10–14.

SAMPSON, Edward E. 1985. «The Decentralization of Identity.» *American Psychologist* 40: 1203–1211.

– 1989. «The Challenge of Social Change for Psychology: Globalization and Psychology's Theory of the Person.» *American Psychologist* 44: 914–921.

SCHNAIBERG, Allan, und Kenneth Alan GOULD. 1994. *Environment and Society: The Enduring Conflict.* New York: St. Martin's Press.

SCHWARZ, Benjamin. 1995. «The Diversity Myth: America's Leading Export.» *Atlantic Monthly* 275 (Mai): 57–67.

SCHWARZ, Walter, und Dorothy SCHWARZ. 1998. *Living Lightly.* London: Jon Carpenter.

SCOTT, Catherine V. 1995. *Gender and Development. Rethinking Modernization and Dependency Theory.* Boulder, Colo.: Lynne Rienner.

SHAW, R. Paul, und Yuwa WONG. 1987. «Ethnic Mobilization and the Seeds of Warfare: An Evolutionary Perspective.» *International Studies Quarterly* 31, Nr. 1 (März): 5–31.

SITARZ, Daniel (Hrsg.). 1994. *Agenda 21: The Earth Summit Strategy to Save Our Planet.* Boulder, Colo.: Earthpress.

SMITH, David Norman. 1998a. «Postcolonial Genocide.» In *The Coming Age of Scarcity. Preventing Mass Death and Genocide in the Twenty-first Century,* herausgegeben von Michael Dobkowski und Isidor Wallimann, 220–244. Syracuse: Syracuse Univ. Press.

– 1998b. «The Psychocultural Roots of Genocide: Legitimacy and Crisis in Rwanda.» *American Psychologist* 53, Nr. 7 (Juli): 743–753.

SMITH, Roger W. 1987. «Human Destructiveness and Politics: The Twentieth Century as an Age of Genocide.» In *Genocide and the Modern Age: Etiology and Case Studies of Mass Death,* herausgegeben von Isidor Wallimann und Michael N. Dobkowski, 21–39. Westport, Conn.: Greenwood Press.

– 1998. «Scarcity and Genocide.» In *The Coming Age of Scarcity: Preventing Mass Death and Genocide in the Twenty-first Century*, herausgegeben von Michael Dobkowski und Isidor Wallimann, 199–219. Syracuse: Syracuse Univ. Press.
SPETH, James Gustave. 1992. «A Post-Rio Compact.» *Foreign Policy* (Herbst): 145–161.
STAUB, Ervin. 1989. *The Roots of Evil. The Origins of Genocide and other Group Violence.* Cambridge: Cambridge University Press.
STEINER, Stan. 1976. *The Vanishing White Man.* Norman: Univ. of Oklahoma Press. deutsche Ausgabe 1980. *Der Untergang des weißen Mannes?* München: Trikont-Verlag.
STOREY, Andy. 1999. «Economics and Ethnic Conflict: Structural Adjustment in Rwanda.» *Development Policy Review* 17: 43–63.
SUNDBERG, Ulf, et al. 1994. «Forest EMERGY Basis for Swedish Power in the Seventeenth Century.» *Scandinavian Journal of Forest Research* 1 (Supp.).
TAINTER, Joseph A. 1988. *The Collapse of Complex Societies.* New York: Cambridge Univ. Press.
– 1992. «Evolutionary Consequences of War.» In *Effects of War on Society,* herausgegeben von Giorgio Ausenda, 103–130. San Marino, Calif.: Center for Interdisciplinary Research on Social Stress.
– 1998. «Competition, Expansion, and Reaction: The Foundations of Contemporary Conflict.» In *The Coming Age of Scarcity: Preventing Mass Death and Genocide in the Twenty-first Century,* herausgegeben von Michael N. Dobkowski und Isidor Wallimann, 174–193. Syracuse: Syracuse Univ. Press.
TILLY, Charles. 1978. *From Mobilization to Revolution.* Reading, Mass.: Addison Wesley.
TRAINER, F. E. 1989. *Developed to Death.* London: Green Print.
– 1995a. «Can Renewable Energy Save Industrial Society?» *Energy Policy* 23, Nr. 12: 1009–1026.
– 1995b. *The Conserver Society. Alternatives for Sustainability.* London: Zed Books.
– 1998. *Saving the Environment. What It Will Take.* Sydney: Univ. of New South Wales Press.
– 1999. «The Limits to Growth Case in the 1990s.» *Environmentalist* 19: 329–339.
TURNER, Billie L. II, et al., (Hrsg.) 1990. *The Earth as Transformed by Human Action: Global and Regional Changes in the Biosphere over the Past 300 Years.* New York: Cambridge Univ. Press.
UNION OF CONCERNED SCIENTISTS (Hrsg.). 1993. *World Scientists Warning Briefing Book.* Cambridge, Mass.: Union of Concerned Scientists.
UNITED NATIONS DEVELOPMENT PROGRAM. 1995. «Redefining Security: The Human Dimension.» *Current History* 94, Nr. 592 (Mai): 229–236.

UVIN, Peter. 1998. *Aiding Violence: The Development Enterprise in Rwanda.* West Hartford, Conn.: Kumarian Press.

VAN CREVOLD, Martin L. 1991. *The Transformation of War.* New York: Free Press.

WACKERNAGEL, Mathis, und William REES. 1995. *Our Ecological-Footprint.* Philadelphia: New Society. – Deutsche Ausgabe 1997. *Unser ökologischer Fußabdruck. Wie der Mensch Einfluss auf die Umwelt nimmt.* Basel: Birkhäuser Verlag.

WALL, Alex de. 1994. «The Genocidal State: Hutu Extremism and the Origins of the ‹Final Solution› in Rwanda.» *Times Literary Supplement* 4761 (1. Juli): 3–4.

WALLACH, Lori, et al. 1999. *Whose Trade Organization?* Washington, D.C.: Public Citizen.

WALLIMANN, Isidor. 1994. «Can the World Industrialization Project Be Sustained?» *Monthly Review* (März): 41–51.

WAYLEN, Georgina. 1996. *Gender in Third World Politics.* Buckingham, Eng.: Open Univ. Press.

WEATHERFORD, Jack. 1994. *Savages and Civilization: Who Will Survive?* New York: Crown.

WILKINSON, Richard G. 1973. *Poverty and Progress. An Ecological Perspective on Economic Development.* New York: Praeger.

WILSON, Edward O. 1992. *The Diversity of Life.* Cambridge: Harvard Univ. Press.

WOODBURN, James. 1982. «Egalitarian Societies.» *Man* 17: 431–451.

WOODWARD, David. 1996. *The IMF, the World Bank, and Economic Policy in Rwanda: Economic and Social Implications.* Oxford: Oxford Univ. Press.

YOUNG, John. 1990. *Sustaining the Earth.* Cambridge: Harvard Univ. Press.

YUVAL-DAVIS, Nira. 1997. *Gender and Nation.* Thousand Oaks, Calif.: Sage. – Deutsche Ausgabe 2001. *Geschlecht und Nation.* Emmendingen: Verlag Die Brotsuppe.